本书受到"重庆工商大学经济学院经济学拔尖人才培养示范基地经费（61011600107）"资助

基础设施资本投入对经济增长的影响研究

郭鹏飞　　◎著

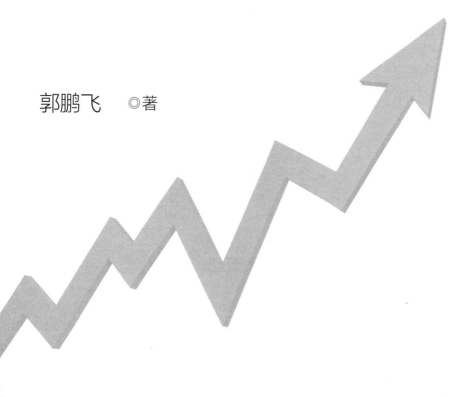

中国财经出版传媒集团
经济科学出版社
Economic Science Press
·北京·

图书在版编目（CIP）数据

基础设施资本投入对经济增长的影响研究/郭鹏飞
著 . -- 北京：经济科学出版社，2024.1
ISBN 978 - 7 - 5218 - 5496 - 1

Ⅰ. ①基…　Ⅱ. ①郭…　Ⅲ. ①基础设施 - 资本投入 -
影响 - 中国经济 - 经济增长 - 研究　Ⅳ. ①F124.1

中国国家版本馆 CIP 数据核字（2024）第 005691 号

责任编辑：李　雪　袁　澂　刘　瑾
责任校对：徐　昕
责任印制：邱　天

基础设施资本投入对经济增长的影响研究

JICHU SHESHI ZIBEN TOURU DUI JINGJI ZENGZHANG DE YINGXIANG YANJIU

郭鹏飞　著

经济科学出版社出版、发行　新华书店经销
社址：北京市海淀区阜成路甲 28 号　邮编：100142
总编部电话：010 - 88191217　发行部电话：010 - 88191522
网址：www. esp. com. cn
电子邮箱：esp@ esp. com. cn
天猫网店：经济科学出版社旗舰店
网址：http://jjkxcbs. tmall. com
固安华明印业有限公司印装
710 × 1000　16 开　16.5 印张　211000 字
2024 年 1 月第 1 版　2024 年 1 月第 1 次印刷
ISBN 978 - 7 - 5218 - 5496 - 1　定价：80.00 元
（图书出现印装问题，本社负责调换。电话：010 - 88191545）
（版权所有　侵权必究　打击盗版　举报热线：010 - 88191661
QQ：2242791300　营销中心电话：010 - 88191537
电子邮箱：dbts@ esp. com. cn）

前　言

　　本书是关于基础设施资本投入影响经济增长的理论与实证研究。探索经济增长的动力源泉是经济学永恒的研究热点。历史经验表明，加强基础设施投资有利于促进经济增长。事实上，与中国经济高速和中高速增长相伴随的是高投资率，基础设施投资在国内生产总值中的占比从1985年的4.9%攀升至2017年的21.8%，将如此高的基础设施投资占比置于近10%的经济增速背景下更令人瞩目。然而，基础设施投资也具有边际产出递减规律，存在一个"适度"发展问题，否则可能出现由于政策惯性而导致基础设施投资无效或者低效情况。投资规模只是经济增长的必要而非充分条件，实现经济长期可持续增长不仅要扩大投资规模，更要注重投资效率。同时，部分研究也认为大规模基础设施建设可能会固化投资驱动型增长模式，抑制全要素生产率提升，从而不利于经济长期可持续发展。因此，全面系统地研究中国基础设施资本积累情况、基础设施资本投入还能否促进经济增长、基础设施资本投入如何促进经济增长，具有非常重要的理论价值和现实意义。

　　本书在系统梳理基础设施资本投入及其影响经济增长的理论与经验研究基础上，清晰界定了基础设施等相关概念的内涵，搭建起基础设施资本投入通过直接和间接作用于经济增长的理论分析框架。同时，通过进一步明晰资本投入的估算原理，审慎调整基础设施的统计范围，采用永续盘存法的非传统途径，系统估计出整体和不同类型基础设施的全套资本存量（包括财富性资本存量总额、财富性资本存量净额和生产性资本存量）。基于此，描述性统计分析了全国和各地区基础设施资本投入与经济增长的现状及问题，综合采用固定效应组内差分方法（FE）、面板修正标准误方法（PCSE）、空间计量、面板分位数和工具变量等计量方法，分别实证检验了基础设施资本投入对总体经济增长的影响，基础设施资本投入对区域经济增长的多维影响；并从市场一体化和区域创新能力的视角，分别实证检验了基础设施资本投入促进经济增长的传导机制。本书的主要研究结论如下：

第一，伴随着中国近 40 年的高投资率，基础设施资本存量在总体层面急剧攀升，在区域之间却存在不平衡和不充分问题。测算结果表明：与财富性基础设施资本存量总额或净额相比，生产性基础设施资本存量由于综合考虑了该类资本品的退役和生产力损失等情况，从而更能反映实际服务于生产过程的基础设施资本投入规模。中国生产性基础设施资本存量在 1993~2017 年间以年均 12.66% 的速度急剧攀升，然而在区域之间并不平衡，由东向西呈阶梯式分布，具有典型的"核心—外围"特征，即以东部的沿海地区为核心，以中西部地区为外围。在消除人口规模的影响之后，西南和大西北地区的人均水平目前普遍高于东部地区，显著高于中部地区。在具体省份之间，广东、江苏、山东、浙江和四川等省份的生产性基础设施存量处于全国领先水平，西藏、青海、宁夏、海南和甘肃则处于落后状态。在不同基础设施类型之间，点基础设施的生产性资本存量在早期低于网络基础设施，但是近年来不仅超越了后者，而且仍以更快速度攀升。

第二，中国基础设施资本投入仍然能显著促进经济增长，但是在不

同基础设施类型、不同发展阶段和不同区域之间存在差异。综合采用
FE、PCSE、空间计量、面板分位数和工具变量等计量方法的实证结果
表明：中国总体生产函数在纳入基础设施资本存量后，各生产要素产出
弹性之和在 1.0296～1.0372 之间，具有轻微规模报酬递增的性质。将
研究尺度聚焦至区域层面后，基础设施资本投入对经济增长整体上仍产
生显著促进作用，但存在倒"U"形变动趋势。从不同类型基础设施来
看，点基础设施资本投入和网络基础设施资本投入均对经济增长具有显
著促进作用。前者的产出弹性值更大，且在经济进入"新常态"后依然
保持扩大态势；而后者的产出弹性值更小，且呈现更为明显的倒"U"
形特征。就不同区域而言，整体基础设施资本投入的产出弹性值从高到
底依次为西部地区、中部地区和东部地区。其中，东部地区内点基础设
施资本投入和网络基础设施资本投入的产出弹性值较为接近，中部地区
内网络基础设施资本投入的产出弹性值偏高，而西部地区内点基础设施
资本投入的产出弹性值较高。在具体空间影响方面，整体基础设施资本
投入和点基础设施资本投入具有稳健负向溢出效应，网络基础设施资本
投入整体上具有正向溢出效应。

第三，基础设施资本投入可通过促进市场一体化推动经济持续增
长，并且在不同基础设施类型、不同细分市场和不同地区之间，市场一
体化程度的传导作用存在异质性。综合采用"价格法"、中介效应分析
和工具变量等实证方法的研究结果表明：国内综合市场以及商品、资本
品和劳动力三大细分市场的分割程度在样本期间内均呈现波动变小的趋
势。其中，东部地区的数值在大部分年份相对更小，而西部地区更大；
劳动力市场的波动幅度更大且在大部分年份数据也更大，商品和资本品
市场则反之。市场一体化在基础设施资本投入影响经济增长中的中介效
应为 0.0203，在总效应中的占比达到 6.05%。相比点基础设施资本投

入，综合市场分割程度在网络基础设施资本投入促进经济增长中的传导作用更为明显。在三类细分市场中，进一步打破商品市场分割、促进商品市场融合，对于发挥基础设施资本投入促进经济增长的作用更有意义。在沿海地区，综合市场分割程度的传导影响更为突出，其中介效应为0.0804，在总效应中的占比高达23.39%。

第四，基础设施资本投入亦可通过提升区域创新能力推动经济持续增长，并且在不同基础设施类型和经济处于不同发展水平的地区之间，区域创新能力的传导作用存在差异。综合采用中介效应分析、工具变量等实证方法的研究结果表明：区域创新能力在基础设施资本投入促进经济增长中具有显著的中介效应，在去掉自治区样本后，其中介效应达到0.0252，在总效应中的占比提升至13.79%。区域创新能力的中介效应占比在直辖市、省和自治区样本中依次降低，表明在经济越发达的地区，区域创新能力的传导作用越明显。点基础设施资本投入和网络基础设施资本投入均可通过增强区域创新能力促进区域经济增长，但是区域创新能力的中介效应占比在前者中更高。此外，将市场一体化和区域创新能力两条作用机制纳入统一框架后，实证检验发现，在基础设施资本投入影响经济增长的总效应中，市场一体化和区域创新能力的相对贡献份额分别为10.47%、4.24%，故市场一体化的作用机制相对更为重要。

本书的研究所蕴含的政策启示主要有以下几个方面：一是不断完善资本核算制度。全面对接国际最新资本核算标准，采用将资本存量和资本流量纳入统一框架的估算方法；加快整理各层面统计数据，开展各类专项调查，获取符合中国实际的第一手相关资料，为后续各层面分行业（包括基础设施）资本核算储备历史基础数据。二是持续优化基础设施投资策略。继续将基础设施投资作为积极财政政策的重要手段，重点围绕短板和弱项领域加大投入力度；因地制宜地优化基础设施投资策略，缩小区域差异；推动投资主体间跨区域协作，促使基础设施负向溢出效应内部化。三是着力提升国内市场融合程度。在"全国一盘棋"的顶层设计指导下，合理划分功能分区，制定差异化的绩效考核标准；持续放宽市场准入条件，实行统一的市场准入负面清单制度；加大户籍制度改革力度，加快农民市民化步伐；中西部内陆地区加快承接产业转移，加速融入国际国内市场，提升区域市场整合程度。四是不断增强区域创新能力。加强各区域沿线网络基础设施建设，推动知识与技术等关键创新要素在跨领域和跨区域间传播与溢出；持续优化基础设施结构，降低由于点基础设施投资不足而对企业创新和发展形成阻力的可能性；加快创新模式转变，注重提升专利申请质量和后期应用水平。

需要说明的是，由于《中国固定资产投资统计年鉴》在 2018 年后停滞更新，这导致在获取分省份基础设施所属行业全社会新增固定资产投资数据存在挑战，从而难以估算其资本投入。虽然本书所用数据多在 1985（或者 1993）~2017 年之间，但是所得结论不仅为中国基础设施在此期间的资本积累情况，以及对经济增长的直接和间接影响提供经验证据，而且对我国在现阶段持续完善资本核算制度、不断优化基础设施投资策略、着力提升国内市场融合程度和不断增强区域创新能力等方面仍然具有较为重要的政策启示。此外，除有特殊说明，本书所有数据均是作者根据历年《中国统计年鉴》《中国固定资产投资统计年鉴》《新中国 60 年统计资料汇编》《中国贸易外经统计年鉴》和各省区市统计年鉴等，自行测算所得。

郭鹏飞

2024 年 1 月

目 录

第一章

绪　论

本书主要是关于基础设施资本投入影响经济增长的理论与实证研究。作为全书的导入部分，本章的核心目的在于为全书勾勒出一个清晰、系统的研究轮廓，并详细交代本书的研究背景与具体问题、研究的理论价值与实践意义、研究思路与方法、研究内容与框架以及可能存在的主要创新点。

第一节　研究背景

为什么有的地区已经处于相对发达水平了，却还能保持较高的增长率？为什么投资驱动经济增长模式在近年来备受批评，但实践部门仍然不放松公共基础设施领域投资？为什么基础设施资本在某些地区的产出效率明显高于其他地区？这些疑惑始终是经济增长理论需要不断探究的重要命题。早在凯恩斯主义时期，公共工程等基础设施投资主张，由于很好地解决了"大萧条"时期个人有效需求不足的问题，从而逐渐进入理论视野，并成为政府应对经济危机的重要手段。受凯恩斯主义思想洗礼,随后的一大批发展经济学家们也非常青睐基础设施投资,认为其作为一项要素投入不仅能直接增加总产出,而且还能通过乘数效应影响资本持续积累、扩大社会总需求,从而对经济社会发展带来显著推动作用(李平等,2011)。然而,进入 20 世纪 60 年代,以索洛(Solow)和拉姆齐(Ramsey)为代表的新古典经济增长理论认为,基础设施等生产要素投入由于受"边际报酬递减规律"影响,对经济增长仅有短期效应,并非长期经济增长的关键因素。随着基础设施正外部性在经济实践活动中不断凸显,并引起内生经济增长理论学家的高度重视,基础设施重要性得以再次确立。具体表现为,基础设施投资作为中间投入品,不仅有利于提升人力资本水平、改善科教文卫条件,而且有利于降低其他生产要素的生产和交易成本,提高企业生产效率,延缓甚至避免要素边际生产力下降,从而使经济增长获得内生动力。基于此,内生经济增长理论认为基础设施投资的外部性与企业研发和人力资本投资等活动产生的外部性一起,是经济长期增长的根本源泉。

在经验研究层面,虽然少数研究显示基础设施投入并不必然带来经济增长(Garcia - Mila et al. , 1996;Evans & Karras,1994;Boarnet,1998),甚至发现基础设施投入对经济增长的影响为负(Hulten & Schwab,1991;Ghali,1998);但是大部分研究还是基本证实了基础设施投入对经济增长具有积极意义(Aschauer,1989a;Munnell,1990,1992;Eisner,1991;Finn,1993;Wylie,1996;Shioji,2001;Démurger,2001;Esfahani & Ramirez,2003;郭庆旺、贾俊雪,2006;金戈,2016;曹跃群等,2019)。尽管基础设施对经济增长的重要性得到了理论与经验研究的支持,但是其贡献度检验和机制检验却尚无定论,仍有进一步探索的空间。早期在研究基础设施贡献度时,采用的是时间序列数据,得出的产出弹性值偏大,在 0. 34 ~ 0. 41 之间(Aschauer,1989a;Munnel，1990）。而后采用面板数据，控制州（省）的个体效应，发现基础设施产出弹性值大幅度降低（Canning & Fay，1993；Holtz - Eakin，1994）。事实上，由于基础设施的网络性、外部性、不可分割性等使其对经济增长的影响并非简单的线性关系，部分研究尝试采用基础设施投入与时间趋势交互项（Duggal et al.，1999）、添加基础设施投入的二次项甚至三次项作为解释变量（Démurger，2001）、设置基础设施水平的门槛变量（Hurlin，2006），以及考虑基础设施投入的空间影响（Boar-net，1998；张学良，2012；曹跃群等，2019）等，各自所得的基础设施产出弹性并不一致。此外，需要说明的是，基础设施统计口径的不一致也是导致其贡献度差异较大的重要原因。就国内而言，由于缺乏一套由官方提供的基础设施资本存量数据，现有研究大部分采取某些替代方案，例如，以实物量（刘生龙、胡鞍钢，2010a，2010b，2011）或者投资流量替代（郭庆旺、贾俊雪，2006），这或多或少存在一些缺陷（金戈，2016）。即使部分研究者（张光南等，2010；金戈，2012，2016）采用自行测算的基础设施存量数据，由于结果大多属于资本存量总额或净额，衡量的是以市场价格估计的资产价值，难以有效反映资产的实际生产能力和服务效率。因此，不管是从理论研究层面还是经验研究层面，均需要我们对基础设施资本投入的测算以及基础设施资本投入对经济增长的贡献度与作用机制，展开进一步分析。

就中国实践而言，改革开放以来，我国经济发展取得了举世瞩目的成就，已经成为全球第二大经济体、第一大制造国和商品贸易国，经济增速由1979年的7.6%波动攀升至2007年的14.2%，最终至2017年的6.8%，平均高达9.5%，保持了近40年连续不断的高速和中高速增长态势。与高经济增长速度相伴随的是高投资率，在1978~2002年间投资率（固定资本形成总额/国内生产总值GDP）基本维持在30%~40%

之间，平均值为 37.0%；2003 年之后每年均超过 40%，个别年份接近 50%，高于部分发达国家在经济高速增长过程中的最高投资率（典型的如，德国最高值为 1964 年的 26.6%，日本在 20 世纪 70 年代达到最高峰为 35% 左右）①。因此，中国过去高速和中高速增长的背后是高投资率的支持，而以交通通信、能源水利和科教文卫等为代表的基础设施投资在其中发挥着尤为重要的作用。基础设施投资在总投资中的占比在 1985 ~ 2017 年间平均达到 41.6%，在最高峰时接近 70%，其在 GDP 中的比重由 1985 年 54.9% 攀升至 2017 年的 21.8%。将如此高的基础设施投资占比放在近 10% 的经济增速背景下更令人瞩目，故研究基础设施投入对以往中国经济增长是否起到关键作用，具有非常重要的现实意义。然而，随着中国经济进入"新常态"，经济发展由高速增长阶段转向高质量发展阶段，隐含在以往发展过程中的突出问题逐渐显现并引起高度关注，典型的如新旧动能转换不足、区域间经济发展水平不平衡等，"质量变革""效率变革"逐渐成为政策高频词汇。事实上，投资规模只是经济增长的必要而非充分条件，实现经济长期可持续增长不仅要扩大投资规模，更要注重投资效率（赵善梅、吴士炜，2018）。同时，部分研究也认为大规模基础设施建设可能会固化投资驱动型增长模式，抑制全要素生产率提升，从而不利于经济长期可持续发展（贾俊雪，2017）。鉴于此，针对中国经济发展实践，中国基础设施投入还能否促进经济增长？如果还能促进经济增长，是通过何种渠道影响的？这些问题都是我们需要做出回答的。

---

① https://www.163.com/dy/article/I15GOLMN0519C6134.html.

第二节　研究目的与意义

一、研究目的

本书旨在基于资本积累理论、新经济增长理论与新经济地理理论视角下，结合中国现实背景，把握中国整体与不同类型基础设施资本积累情况，明晰基础设施资本投入的经济增长效应，检验基础设施资本投入影响经济增长的作用渠道。拟解决以下关键性问题：

（一）中国基础设施资本积累情况如何

在任何试图采用增长核算框架研究中国经济增长问题都必然面临资本投入核算工作。综观现有文献，仅有少数研究试图测算整体或个别类型基础设施资本存量。遗憾的是，这些研究的测算结果均量化的是财富性基础设施资本存量，而作为投入纳入生产函数测量其经济效率的应是基础设施的生产性存量或资本服务量。因此，本书首先关注的基础且至关重要的问题是：在从概念和理论上辨析财富资本存量和生产性资本存量有何区别？如果生产性资本作为物量指标，可更好地用于资产生产能力与效率测度，是衡量经济增长的基础，那么在中国近40年的高投资率过程中，全国和分省基础设施的生产性资本存量积累如何？不同类型基础设施的生产性资本存量有何差异？不同地区各类基础设施的生产性资本存量是否存在差异？该差异与各地区经济增长的差异是否同步？

(二) 中国基础设施资本投入是否还能促进经济增长

虽然内生经济增长理论强调基础设施资本投入有利于延缓甚至避免私人投资边际生产力下降，甚至推动技术进步，从而使经济增长获得内生动力。但是作为需要大量建设资金且主要依靠政府出资的基础设施投资，也应具有边际产出递减规律，存在一个"适度"发展问题。然而，现实是由于基础设施投入的效益很难量化，导致很难把握其"适度"发展的标准，可能出现由于政策惯性而导致基础设施投资无效增长问题（廖茂林等，2018）。这自然引发我们思考：在纳入基础设施资本投入后，中国总体生产函数是否满足规模报酬递增性质？以及基础设施资本投入还能否促进经济增长？如果还能促进，其产出弹性值的时间变化趋势有何规律？在进一步将研究尺度缩小到区域层面，综合考虑基础设施资本投入的效率性、异质性和空间性后，其产出弹性值又有何变化？在东部、中部和西部地区，基础设施资本产出弹性值是否存在差异，可能的原因何在？

(三) 中国基础设施资本投入如何促进经济增长

理论与经验研究表明，基础设施资本投入除了作为国民经济的一项投入要素直接增加总产出之外，还可通过"乘数效应""外部效应"间接促进经济增长。关于基础设施资本投入的"外部效应"，已有研究从其能提高要素生产率、降低企业库存成本和提高交易效率等方面展开了分析或实证检验。事实上，基础设施资本投入除了对这些传导途径产生影响外，还可通过缩短地区间运输时间、降低区域间贸易成本、促进专业分工等，打破各地在自然性和技术性市场分割，进而推动劳动力和资本等生产要素在区域间更自由的流动并流向最有效率的部门。与此同时，基础设施作为区域创新体系的重要组成部分，也能显著提升区域创新能力，对该地区的技术进步产生正外部性。区域创新能力的提升以及整合、统一的市场体系，无疑能显著促进经济增长。因此，本书还关心的是，市场一体化和区域创新能力是基础设施资本投入促进经济增长的两条潜在传导渠道吗？如果是，如何进一步加强这两条潜在渠道的传导作用？

二、研 究 意 义

本书在解答上述关键性问题过程中所产生的主要结论和政策启示具有一定的理论价值和现实意义。

（一）理论意义

近年来，随着内生经济增长理论将公共基础设施资本存量纳入总量生产函数后，国内外学者对基础设施资本投入的产出和增长效应展开了深入研究。但是就国内而言，由于缺乏一套由官方提供的基础设施资本存量数据，现有研究大部分采取某些替代方案，这或多或少存在一些缺陷。即使部分研究者采用自行测算的基础设施存量数据，由于结果大多属于资本存量总额或净额，衡量的是以市场价格估计的资产价值，难以有效反映资产的实际生产能力和服务效率。对此，本书在采用永续盘存法的非传统途径系统估计整体和不同类型基础设施的全套资本存量基础上，借鉴巴罗（Barro，1990）和赫尔腾等（Hulten et al.，2006）的经济增长建模思路，搭建起基础设施资本投入影响经济增长的理论分析框架，并纳入中国现实背景与个体特征进行实证研究。这既有助于为后续研究提供集财富性和生产性为一体的全套基础设施资本存量数据集，又有助于以中国的实践检验内生经济增长模型，因此，具有一定的理论意义。此外，本书还试图检验市场一体化和区域创新能力对基础设施资本投入促进经济增长的传导作用，这也是对既有基础设施资本投入影响经济增长研究的有效深化和拓展。

（二）现实意义

首先，在中国经济进入"新常态"，区域经济下行加大的现实背景下，部分研究认为投资增长乏力，尤其是基础设施领域的投资不足，成为经济下行的主要表现（汪同三，2019）。事实上，中国基础设施资本存量虽然经历了近 40 年的快速积累阶段，但是仍存在不充分、不平衡现象，人均基础设施资本存量不到西方发达国家的 30%，西部贫困地区人均基础设施存量仅达到全国平均水平的 50% 左右①。因此，进一步开展基础设施资本投入的经济增长效应研究，对于确保区域经济运行在合理区间并实现高质量发展具有较为重要的现实意义。其次，尽管近年来大规模依赖基础设施投资拉动经济的做法遭到质疑，但是不可否认的是，基础设施不仅是一项"投资"，具有短期逆周期调节效果，而且还具有外部性，有助于推动经济长期可持续增长。因此，本书通过对市场一体化和区域创新能力在基础设施资本投入影响经济增长的传导作用展开研究，既有利于纠偏对基础设施投资的某些不合理看法，又可为优化区域创新战略、加快现代一体化市场体系建设并最终推动经济高质量增长的公共政策制定提供有价值的参考。最后，随着 2018 年以来整体投资增速放缓，特别是基础设施投资增速回落较多，一些领域和项目存在

---

① 周煜祺. 基建投资转热平衡风险是关键［EB/OL］.（2018 - 08 - 10）. http：//www. sohu. com/a/246256958_115362.

较大投资缺口，亟须聚焦基础设施领域突出短板，保持有效投资力度。因此，本书将基础设施资本投入按照网络属性的差异拆分为点基础设施资本投入和网络基础设施资本投入，进一步研究不同类型基础设施资本投入的异质性经济增长效应，对于优化基础设施投资策略，深化供给侧结构性改革具有较为重要的现实意义。

第三节 研究思路与方法

一、研究思路

本书的基本研究思路遵循从"发现并提出问题→理论分析→特征事实研究→实证研究→对策研究"的一般过程。第一，本书基于经济增长的理论研究背景和中国现实发展背景提出拟解决的关键问题：中国整体和不同类型基础设施的资本积累情况如何？中国基础设施资本投入还能促进经济增长吗？基础设施资本投入能解释中国经济增长的区域差异吗？国内市场一体化和区域创新能力提升是基础设施资本投入影响经济增长的潜在传导渠道吗？第二，在明确基础设施等基本概念基础上，从直接和间接两个层面构建基础设施资本投入与经济增长的理论分析框架。第三，进一步明晰资本投入的估算原理，采用永续盘存法的非传统途径，系统估计出整体和不同类型基础设施的全套资本存量，以分析中国基础设施资本积累的特征事实，同时为后续研究扫清数据障碍。第四，在总体层面，采用计量方法实证检验纳入基础设施资本后，总体生产函数的规模报酬问题，并初步估计基础设施资本的产出弹性及其随时间变化的趋势；在区域层面，综合考虑基础设施资本投入的效率性、异质性和空间性，采用空间面板模型、面板分位数模型，实证检验基础设施资本投入对经济增长的多维影响。第五，构建中介效应模型，检验市场一体化和区域创新能力在基础设施资本投入促进经济增长中的传导作用，并进行稳健性分析和内生性讨论。第六，基于中国现实发展背景与本书主要研究结论，提出优化基础设施投资策略、促进国内市场一体化、提升区域创新能力以及推动区域经济协调发展的对策建议。

二、研究方法

为科学、可靠地释疑本书提出的关键性问题，在系统论的观点和基本分析方法指导下，本书综合采用了规范分析与实证分析、理论分析与经验分析、定量分析与定性分析等相结合的方法，具体方法如下：

（一）文献分析法

根据实际研究需要，本书对资本投入度量、基础设施资本投入度量、基础设施资本投入与经济增长等方面的国内外文献进行全面系统的梳理和述评，有助于厘清基础设施资本投入与经济增长的研究脉络，掌握其最新研究动态，从而为研究探明切入点。

（二）数理模型分析法

本书以新古典经济增长理论和新经济增长理论为基础，借鉴索罗（Solow，1957）、巴罗（Barro，1990）和赫尔腾等（Hulten et al.，2006）的经济增长建模思路，以较为规范的数理推导方法，从直接和间接层面搭建起基础设施资本投入与经济增长的理论分析框架。此外，新经济地理理论在一般均衡分析框架中纳入空间因素，为基础设施资本投入的空间影响分析奠定数理基础。

（三）统计与计量分析法

本书多处采用描述性统计方法，对相关数据以图表的方式进行了显示处理。典型的如，第四章关于基础设施资本存量的总量和结构性特征分析，第五章刻画了基础设施资本投入与经济增长的空间相关性，第六章对综合市场以及商品市场、资本品市场和劳动力市场的分割指数进行了描述分析。与此同时，本书在第五～七章展开的实证检验工作，依赖于固定效应组内差分法、空间计量方法、面板分位数模型和工具变量法等实证计量方法。

（四）比较与历史分析法

横向比较分析和纵向历史分析贯穿本书始终。其中，在使用比较分析法方面，本书不仅对不同类型和不同区域的基础设施资本存量进行了比较分析，而且还比较分析了不同类型和不同区域的基础设施资本投入对经济增长的异质性影响。此外，本书还比较了国内不同细分市场的分割程度在基础设施资本投入影响经济增长中的异质性传导作用。在纵向角度，本书采用历史分析方法，考察了中国基础设施资本存量的动态变化过程。

第四节 研究内容与框架

本书共分为八章。其中，第一章为绪论。本章主要阐明本书的研究背景、研究目的与意义、研究内容与框架，介绍本书的研究思路与方法以及可能的创新点。

第二章为相关研究文献综述。首先，本章在区分并系统梳理传统意义阶段和现代意义阶段资本投入度量的研究基础上，综述基础设施领域资本投入度量的相关文献。其次，结合经济增长理论和经济地理理论的发展阶段，评述基础设施资本投入与经济增长的理论研究。再次，从基础设施资本投入影响经济增长的相关性、贡献度以及潜在作用机制等方面，梳理相关实证研究文献。最后，对以上梳理的文献进行综合评价，以期为本书后续研究提供可借鉴的思路。

第三章为基础设施资本投入与经济增长的理论分析框架。本章在对基础设施等相关概念及其内涵进行界定的基础上，首先将基础设施资本存量作为一般的物质资本投入，分析其对经济增长的直接作用机理，进一步从基础设施资本投入的空间外部性、对生产要素产生外部性和对技术进步产生外部性等方面，剖析其对经济增长的间接作用机理。据此，为后续章节研究提供坚实的理论基础。

第四章为基础设施资本投入估算：原理、框架与结果分析。本章在阐明资本投入核算原理的基础上，采用永续盘存法的非传统途径，运用统一口径的权威统计数据，审慎获取基期资本存量、当年资产投资系列、固定资产投资价格指数、资产使用年限和折旧率等关键指标，从而系统地估算出全国与省级层面整体和不同类型基础设施的资本存量总额、资本存量净额、生产性资本存量，并对其展开时空和结构差异分析。

第五章为基础设施资本投入影响经济增长的实证检验。现代经济增长理论将基础设施资本投入引入经济增长模型，使其成为除私人资本、劳动力和技术进步之外能够影响长期经济增长的又一重要变量。本章基于第三章提出的理论分析框架，运用第四章审慎估算出的生产性基础设施资本存量数据，从总体和区域两个层面，构建省级面板数据，采用普通面板模型、空间面板模型和面板分位数模型等方法，实证检验基础设施资本投入对经济增长的时空异质性影响，为相关后续研究提供有益借鉴的思路与稳健可信的经验证据。

第六章为基础设施资本投入、市场一体化与经济增长。本章在采用"价格法"审慎测度了1993～2017年国内综合市场以及商品、资本品和劳动力市场的分割指数基础上，将基础设施资本投入、市场一体化和经济增长纳入一个统一的研究框架，采用中介效应分析方法，实证检验基础设施资本投入如何通过促进市场一体化推动经济增长的三个研究假设，并进一步对估计的结果展开了稳健性分析和内生性讨论。

第七章为基础设施资本投入、区域创新能力与经济增长。本章基于第三章的理论机理分析，将基础设施资本投入和区域创新能力同时纳入经济增长模型，编制1993～2017年省份面板数据，实证检验基础设施资本投入如何通过增强区域创新能力影响经济增长的两个研究假设。此外，本章进一步将市场一体化和区域创新能力两条作用机制纳入统一框架，检验两者在基础设施资本投入促进经济增长中的总体中介效应，以判断这两条作用机制的相对贡献大小。

第八章为结论与展望。本章在总结本书主要结论的基础上，得到相应的政策启示，并进一步指出本书存在的不足以及展望未来的研究方向。

本书各章之间的逻辑关系如图1.1所示：

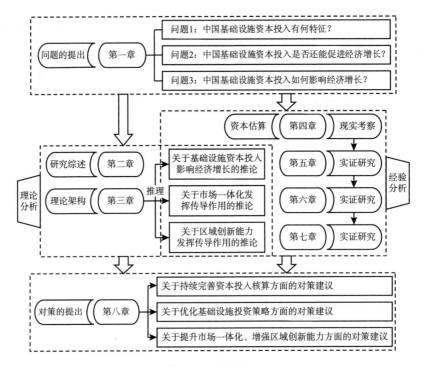

图 1.1　逻辑关系

第五节　主要创新点

（1）审慎系统地估算出口径一致的整体和不同类型基础设施的全套资本存量数据，并且获得的财富性资本存量与生产性资本存量在基础数据来源、参数假设等方面保持一致。现有研究在基础设施资本投入估算方面与国际最新标准（OECD，2009）还有较大差距，主要存在混淆使用财富性资本存量总额（K）、财富性资本存量净额（KN）与生产性资本存量（KP），以及未对 2003 年前后基础设施所属行业进行统计范围调整，导致估算数据可比性较差等问题。事实上，相比 K 或 KN，KP 的估算过程由于考虑了资本品的效率损失情况，从而使其能更好地反映资本品的实际生产能力，用于投入产出分析（杨玉玲、郭鹏飞，2017）。而现有研究估算的基础设施资本存量数据基本均是基础设施 K 或 KN，仅有少数研究（曹跃群等，2019）估算出基础设施 KP。对此，本书在合理界定基础设施内涵并谨慎调整其统计范围的基础上，全面对接国际资本测算的最新标准，采用永续盘存法的非传统途径，系统估算出口径一致的整体和不同类型基础设施的全套资本存量（包括基础设施 K、KN 和 KP）。其中，基础设施 KP 的获取对于将基础设施资本投入纳入生产函数，估计其产出弹性值具有更为重要的意义和创新。

（2）基于效率性、异质性和空间性的三维视角，深入探讨了基础设施资本投入在结构类型、发展阶段和区域配置间对区域经济增长的多维影响，为优化我国不同类型基础设施投资策略提供更直接、严谨的经验证据。受限于不同类型基础设施的实物量或使用量数据难以加总，早期文献在分析基础设施投入对区域经济增长时，主要从某一类型设施出发进行研究，鲜有文献考察整体基础设施的作用，以及从网络属性差异的视角将整体基础设施投入进行异质性拆分进而分析各自的作用（曹跃群等，2019）。与此同时，随着空间经济学理论研究的不断深入和空间计量实证方法的不断完善，现有文献在研究基础设施资本投入对区域经济增长的作用时，也逐渐考虑到基础设施资本投入的空间影响。然而，正是由于缺乏对基础设施资本投入进行网络异质性拆分，导致现有研究更多地从交通设施或通信设施等层面（张学良，2012；Yin et al.，2013；Celbis & Crombrugghe，2018）检验单一类型设施的空间影响，难以判断整体基础设施的空间溢出效应，同时也忽略了点基础设施可能存在的要素空间聚集影响。此外，不管是进行异质性还是网络性分析，都要以基础设施的实际投入作为必要前提条件，要考虑其投入的效率性。相比财

富性基础设施 K、KN，本书估算获取的基础设施 KP 由于能反映该类资产的生产能力和服务效率，从而具有效率性。鉴于此，本书在实证检验基础设施资本投入对总体经济增长的影响后，综合考虑基础设施资本投入的效率性、异质性和空间性作用，采用空间面板模型，实证分析其在结构类型、发展阶段和区域配置间对区域经济增长的多维影响，为优化其投资策略提供更直接、严谨的经验证据，这在研究视角上较为创新。

（3）聚焦基础设施资本投入对生产要素和技术进步可能产生的外部性，从市场一体化和区域创新能力视角，阐释出基础设施资本投入间接影响经济增长的理论作用机理，并采用中介效应分析方法，实证检验了这两条潜在作用机制的传导影响。现有研究中仅有少数文献分析了基础设施资本投入如何影响经济增长。典型的如，曹跃群等（2019）从基础设施资本投入对生产要素流动产生影响的思路出发，探讨了工业集聚和就业增长作为两条潜在作用机制的可能性。张勋等（2018）则从企业库存的视角，检验了交通基础设施促进经济增长的作用机制。具体就从市场一体化和区域创新能力视角而言，现有研究鲜有将两者分别与基础设施资本投入同时纳入经济增长模型框架下展开分析，因而也无法检验两者在基础设施资本投入影响经济增长中的传导作用。历史经验表明，整合和统一的市场不仅有利于扩大市场规模和深化专业分工（盛斌、毛其淋，2011），而且能够促进市场充分竞争并推动市场规则逐步规范，从而使各类生产要素更易自由流动并流向最有效率的部门和区域，最终推动总体经济持续增长。与此同时，创新作为知识创造的重要输出，区域创新能力的高低将直接关乎知识溢出、现有技术提升和新产品运用对技术进步的影响（Romer，1986，1990；Grossman & Helpman，1991），进而传导作用于该地区经济的长期增长。鉴于此，本书基于巴罗（Barro，1990）和赫尔腾等（Hulten et al.，2006）的经济增长建模思路，聚焦基础设施资本投入对生产要素和技术进步可能产生的正外部性，从市场一体化和区域创新能力视角，系统阐释并采用中介效应分析方法实证检验了基础设施资本投入影响经济增长的作用机制，这在研究内容上有所创新和深化。

第二章

相关研究文献综述

基础设施资本投入与经济增长一直是发展经济学和公共经济学重点关注的研究领域。为进一步探究基础设施资本投入对经济增长的影响，需要回顾和梳理相关理论，并归纳和评述国内外相关研究文献。对此，本章将首先围绕基础设施资本投入度量问题，区分并系统梳理传统意义阶段和现代意义阶段资本投入度量，以及具体到基础设施领域资本投入度量的相关文献；其次，基于经济增长的不同发展阶段，梳理基础设施资本投入与经济增长的理论研究脉络；再次，从基础设施资本投入影响经济增长的相关性、贡献度以及潜在作用机制等方面，梳理相关实证研究文献；最后，对以上梳理的文献进行综合评价，以期为本书后续研究提供可借鉴的思路。

第一节 基础设施资本投入度量

一、资本核算

资本投入度量是宏观经济运行的前提和基础，也是宏观国民经济核

算的逻辑起点与终点（夏进文，2009；曹跃群，2014）。资本可测性作
为 20 世纪"两个剑桥之争"的重要议题，吸引着许多有影响力的经济
学家进入并深挖该领域。由于在概念界定、时间因素和价格因素等方面
存在分歧以及宏观统计数据的不完整，资本投入核算在理论和技术两个
层面面临诸多难题，资本理论也由此成为经济研究中最为活跃和最具有
挑战性的领域之一。梳理资本投入核算研究的历史脉络，可将其大致分
为传统意义和现代意义上的两个阶段。其中，传统意义阶段的代表人物
包括罗宾逊（Robinson）、索罗（Solow）、丹尼森（Denison）和戈德史
密斯（Goldsmith）等，现代意义阶段的代表人物和机构包括乔根森
（Jorgenson）、赫尔腾（Hulten）、经济合作与发展组织（OECD）等。

（一）传统意义阶段的资本投入核算

英国经济学家、新剑桥学派的重要代表人物罗宾逊（Robinson，
1954）认为，资本是指现实中存在于某一点上所有资本品总和，强调的
是资本品加总问题。为了避免资本测度的"维克赛尔效应"，罗宾逊基
于生产函数和资本理论，从生产的时间模型出发，对资本品所投入的劳
动量按照现行的利息率进行复利计算，试图在真实资本的基础上建立以
人均资本存量表示的人均产出"伪生产函数"。在此基础上，可推导出
资本投入的度量公式为：

$$K_L = L_g (1 + r)^t$$

其中，K_L 是用劳动时间表示的资本存量，L_g 表示为生产资本品所
投入的劳动量，r 为利率。相应的消费量公式为：

$$Q = W \times L_c + r \times W \times K_L$$

其中，Q 为消费量，W 为实际工资率，L_c 表示为生产消费品所投入
的劳动量。

据此可以发现，与新古典生产函数不同的是，罗宾逊的"伪生产函数"仅将工资和利率视为外生变量，故不需要通过求解劳动力和资本的导数值来决定分配问题（曹跃群，2014；吴明娥，2016）。

新古典学派的代表人物索罗（Solow，1957，1962）认为，资本存量的变化主要受到新增资本投入和资本折旧两方面的影响。其中，新增资本投入量恒等于产出减去消费，或储蓄率与产出的乘积。故此，资本存量的计算公式可表示为：

$$\dot{K}_t = s \times Y_t - \delta K_t$$

其中，$\dot{K}_t = \mathrm{d}K_t / \mathrm{d}t$ 表示资本存量的变化，s 表示储蓄率，δ 表示资本折旧率。

丹尼森（Denison）在索罗的基础上，进一步将资本品细化为住宅建筑和住宅土地、非住宅建筑和设备、非住宅土地以及存货四类，以更为细致地估算资本投入量。同时，丹尼森还谨慎地区分了总资本投入量和净资本投入量，并采用两者的算数平均刻画资本投入消耗量，充分考虑了资本品折旧的影响。这种资本投入度量方法虽然在一定程度上有助于克服采用因生产函数测算所带来的循环估算问题，但是由于需要较高质量的分行业或者不同资产类型的基础数据，从而使其的应用推广受限。

与罗宾逊、索罗和丹尼森的研究所不同的是，戈德史密斯（Goldsmith，1951）开创性地提出了基于耐用品生产模型的永续盘存法（perpetual inventory method，PIM），为资本投入核算开辟了广阔前景。该方法在资产累加时不仅考虑了资本品效率下降所产生的重置需求，而且明确了资本投入核算的四个关键变量，即基期资本存量、资产投资序列、资产价格平减指数和资产重置率。当资产折旧率和重置率相等时，资本投入核算公式可推导为：

$$K(t) = I(t) + [1 - \delta(t)]K(t-1)$$

其中，$K(t)$ 表示 t 期期末资本存量，$K(t-1)$ 为上一期或基期资本存量，$I(t)$ 为 t 期投资额，$\delta(t)$ 表示平均重置率（或资产折旧率）。PIM 虽然在确定基期资本存量和资产使用年限方面有一定难度，但是由于具有资产投资序列和价格指数等可靠数据容易获取、估算操作性较强等优势，从而得到了广泛应用。

（二）现代意义阶段的资本投入核算

相比传统意义阶段，现代意义阶段的资本投入核算区分了资本存量和资本流量，不仅测度出财富性资本存量，涉及资本存量总额（gross capital stock）和资本存量净额（nross capital stock），两者的差额为固定资本消耗；而且进一步分析了资本流量对生产的贡献，具体涉及生产性资本存量（productive capital stock）和资本服务（capital service）。梳理现有文献发现，乔根森（Jorgenson）与赫尔腾（Hulten）主导了现代资本测度理论研究的学术前沿，并做出了突出的贡献。OECD 在集合了世界各国一大批经济学家和相关机构后，编制出两版资本投入核算领域的操作手册，将资本投入核算从理论研究层面上升到国际统计标准层面。

乔根森（1963，1967，2005，2013）基于新古典增长理论的最优资本积累假设，推导出投资行为模型，并在此基础上引入资本租赁价格及其度量方法，从而建立起资本投入数量—价格对偶的统一分析框架，这不仅拓展了戈德史密斯的 PIM，而且为现代资本测度理论奠定了基础。乔根森对现代资本测度理论的主要贡献可概括为以下几点：一是区分了财富资本存量和生产性资本存量。二是在确定资本品相对效率下降模式后，引入资本租赁价格，构造不同类型资产的资本投入指数，从而进一步发展了资本服务理论。三是不仅发展了资本测度理论，而且将测算出的资本存量与流量数据和美国经济增长相结合，展开实证研究（魏辉和王春云，2016）。如乔根森（1988）认为战前美国各行业经济增长的源泉在于企业投资水平的高低。乔根森（2005）进一步研究了资本体现式技术进步对美国经济结构及其经济增长的影响。

赫尔腾（1981，1991，2006）通过全面系统地分析和比较资本投入核算和生产率测算领域的发展现状以及在实证研究中存在的问题，对现代资本测度理论的一些亟待解决的问题提供了可资借鉴的处理方式。其中，最为重要的几个问题的解决方式得到了广泛采用。一是关于折旧问题的处理。赫尔腾和威科夫（Hulten & Wykoff，1981）利用美国二手资本品的价格数据，探讨了资本品的退役模式和相对效率递减模式，研究结果表明相对效率几何递减模式的假设更加符合实际，并且此时资本品的相对效率与折旧率是一致的。此外，该文还给出经济折旧的概念、理论框架和估计方法。二是关于资产效率下降问题的处理。赫尔腾和施瓦布（Hulten & Schwab，1991）在对美国二手资本品的相对效率模式进行研究后，进一步引入"效率单位"概念，据此可将资本存量总额转化为标准效率单位的生产性资本存量，该概念的提出对于准确测度生产性资本存量、反映技术进步及生产性特征优化具有重要意义。三是开创性地提出经济流量循环模型理论框架，用以展示资本的作用（魏辉和王春云，2016）。

OECD（2001，2009）通过系统编制《资本测算手册——关于资本存量、固定资本消耗及资本服务测算（2001）》（Measuring Capital – OECD Manual（2001））、《生产率测算手册——基于总量层次和产业层次生产率增长的测算（2001）》（Measuring Productivity – OECD Manual（2001））和《资本测算手册（2009）》（Measuring Capital – OECD Manual

（2009）），最终构建起资本存量与资本流量互为补充的综合资本测算体系。具体而言，《资本测算手册——关于资本存量、固定资本消耗及资本服务测算（2001）》在全面阐述与资本存量测算相关的概念内涵及相互关系基础上，侧重于呈现资本存量测算的全过程；而《生产率测算手册——基于总量层次和产业层次生产率增长的测算（2001）》在全面阐释生产率测算的基础上，侧重于呈现资本服务估算过程，并给出了与此相关的概念内涵、测算思路与方法等。由于 2008 年新修订的国民经济核算体系（System of National Accounts，SNA）纳入了资本服务的内容，为与之相协调，OECD 在 2001 版基础上，再次编制了第二版《资本测算手册（2009）》。第二版更为详细地阐释了资本服务的测算过程，最终形成资本存量与资本流量互为补充的综合资本测算体系。

在国内，资本投入度量的研究主要分为两大类。一类研究是采用传统意义阶段的资本投入核算方法，估算出中国总量以及分省份、分产业、分行业的资本存量总额或资本存量净额，并将其作为资本投入的替代变量。代表性研究如张军扩（1991）、贺菊煌（1992）、邹至庄（Chow，1993）、邹至庄和刘满强（1995）、谢千里等（1995）、吴方卫（1999）、王小鲁和樊纲（2000）、张军和章元（2003）、王益煊和吴优（2003）、何枫等（2003）、李治国和唐国兴（2003）、张军等（2004）、陈志国（2005）、薛俊波和王铮（2007）、单豪杰（2008）、郝枫等（2009）、徐杰等（2010）、叶宗裕（2010a，2010b）、李宾（2011）、古明明和张勇（2012）、柯善咨和向娟（2012）、叶明确和方莹（2012）、林仁文和杨熠（2013）、陈碧琼等（2013）、贾润崧和张四灿（2014）、李成等（2014）、沈利生和乔红芳（2015）、金戈（2012，2016）、田友春（2016）、蔡新民（2017）等。另一类研究逐渐意识到资本存量和资本流量的区别，认为在实证研究中应以资本品所提供的资本服务量（或

者生产性资本存量）作为其资本投入项。鉴于此，这些研究采用现代意
义阶段的资本投入核算方法（即拓展的 PIM），估算出各类资产的生产
性资本存量，并进一步根据可获得的资产租赁价格，测算出相应资产的
资本服务量（或者指数）。其中，代表性的研究如汪向东（1996）、任
若恩和刘晓生（1997）、黄勇峰等（2002）、孙琳琳和任若恩（2005a，
2005b，2008，2014）、任若恩和孙琳琳（2009）、蔡晓陈（2009）、向蓉
美和叶樊妮（2011）、曹跃群等（2012，2013，2019）、孙川（2013）、吴
明娥等（2015，2016）、蔡跃洲和张钧南（2015）、蔡跃洲和付一夫
（2017）、王亚菲和王春云（2017，2018a，2018b）、杨玉玲和郭鹏飞
（2017）、郭鹏飞和曹跃群（2020）等。总体而言，由于在估算方法、
参数假设以及关键指标的选择等方面不尽相同，导致现有研究估算出的
中国全国层面、分行业层面和分省份层面的资本存量和资本流量数据存
在较大差异，同时行业层面、地区层面与全国层面的数据衔接方面也有
待加强，从而在一定程度上影响了现有估算结果的可比性和科学性。因
此，借鉴 OECD 系统编制的两版《资本存量测算手册》和《生产率测算
手册》，在概念上辨析财富性资本存量和生产性资本存量的区别及用途
基础上，明确并统一中国资本投入核算体系，审慎收集和整理固定资本
形成总额、资产使用年限等估算所需的历史基础数据，进而获得系统权
威的各层面资本存量和资本流量估算结果就具有十分重要的理论与现实
意义。

二、基础设施资本核算

鉴于公共基础设施资本投入对经济增长产生的重要作用，国外早期
学者尝试对该国政府所拥有的资本进行了估算。典型的如，博斯金等

（Boskin et al.，1987）、芒内尔和库克（Munnell & Cook，1990）和霍尔茨－埃金（Holtz－Eakin，1994）先后采用永续盘存法，估算了美国州级层面及其下属地方政府层面的公共资本存量。伯恩特和汉森（Berndt & Hansson，1991）尝试性地估算了瑞典1960～1988年的公共资本存量。坎普斯（Kamps，2005）较为系统地估算了22个OECD国家1960～2001年的公共资本存量。随着资本测算理论研究的不断深入以及OECD前后编制出两版关于资本测算的手册，美国、加拿大和澳大利亚等许多发达国家的官方统计机构测算并系统公布了本国的资本存量和资本流量数据。其中，美国经济分析局（BEA）利用PIM，测算了1925年以来美国公共和私人部门不同类型资产的资本存量和资本流量数据，为后续研究提供了一套由官方权威机构定期公布的经济基础数据。

在国内，随着1994年分税制改革的全面铺开以及扩张性财政政策的周期性实施，我国公共基础设施领域的固定资产投资增速不断提升，在固定资产总投资中的占比也始终处于较高水平。由此也引发了一系列值得学术界重点关注的问题，典型的如，我国基础设施的资本积累是否过量、对私人资本是否会产生挤出挤入效应、对长期经济增长是否会产生显著促进作用、基础设施资本的区域配置是否合理等。上述问题的有效回答，依赖于一套完善的中国基础设施资本存量数据。然而，中国官方机构并没有公布一套完整的分行业（包含基础设施）资本存量数据，因此早期研究者只能尝试采取某些替代方案予以解决。典型的如，范九利等（2004）、郭庆旺和贾俊雪（2006）、张学良（2007）等采用不同口径的基础设施投资量作为基础设施资本投入的衡量指标；德缪杰（Démurger，2001）、樊胜根和张晓波（Fan & Zhang，2004）、踪家峰和李静（2006）、王任飞和王进杰（2006）、刘生龙和胡鞍钢（2010a）等采用公路（铁路）里程、交通设施密度以及电话普及率、电力装机容量、能源消耗量等不同的实物量作为基础设施资本投入的衡量指标。这些指标虽然在一定程度上能反映基础设施的资本投入，但是或多或少存在着一些缺陷。正如阿根诺（Agenor，2008a，2008b）所反复强调的一样，对长期经济增长起作用的是资本存量而非是投资流量。同时，不同类型基础设施的实物指标由于衡量单位不同导致很难加总，从而难以反映总量基础设施的经济增长效应。

对此，部分研究者尝试采用 PIM，自行测算基础设施资本存量数据。范九利（2004）采用国民经济行业统计数据和国家建设部的年度投资统计数据，估算了 1981～2001 年中国国家层面的基础设施存量数据。张光南等（2010）直接将《工业企业数据库》中提供的"电力热力的生产和供应业""燃气生产和供应业""水的生产和供应业"和"交通运输行业"的资本存量数据加总，作为 1998～2006 年的基础设施资本存量数据。张光南等（2014）选取《中国固定资产投资统计年鉴》中"交通运输、仓储和邮电通讯业"的年度数据，估算了 1998～2005 年基础设施资本存量数据。张学良（2012）选取 1993～2003 年的"交通运输和邮电通讯业"和 2004～2009 年的"交通运输仓储和邮政业""信息传输、计算机服务和软件业"的年度数据，估算了 1993～2009 年中国各省份交通基础设施资本存量。金戈（2012）选取 1952～2002 年"电力、煤气及水的生产和供应业""地质勘查业、水利管理业""交通运输、仓储及邮电通讯业"和 2003～2008 年"电力、燃气及水的生产和供应业""交通运输、仓储和邮政业""信息传输、计算机服务与软件业""水利、环境和公共设施管理业"的年度数据，估算了 1953～2008 年全国层面和 1993～2008 年省际层面的经济型基础设施资本存量。金戈（2016）在此基础上，进一步估计出 1981～2012 年全国层面与 1997～2012 年省际层面的经济基础设施、社会基础设施、非基础设施资本存量。胡李鹏等（2016）在金戈（2012）的基础上，通过进一步调整 2003 年前后基础设施所涉及行业的统计范围，并审慎获取折旧率等关键数据，对全国和省际经济型基础设施资本存量进行了再测算。

上述国内研究主要采用传统的 PIM，估计整体和不同类型基础设施的资本存量，获取的仅是各类资产的财富性资本存量。近年来，也有部分研究者尝试采用拓展的 PIM（Jorgenson，1963；OECD，2001a，2009），从而不仅估算出整体和不同类型基础设施的财富性资本存量，而且得到其生产性资本存量。典型的如，杨晓维和何昉（2015）估算出 1990～2013 年全国硬件、软件等各类信息基础设施的生产性资本存量。蔡跃洲和张钧南（2015）估算出 1977～2012 年全国信息通信技术（ICT）和非 ICT 及其所属各类资产的生产性资本存量和资本服务数量。吴明娥等（2016）在合理界定公共资本内涵及统计范围基础上，估算出 1985～2013 年中国省际生产性公共资本存量。郭鹏飞和罗玥琦（2017）估算出 2003～2015 年 ICT 总量及硬件计算机、通信设备和软件分行业的资本存量总额、生产性资本存量和资本存量净额。曹跃群等（2019）在合理界定并调整 2003 年前后基础设施所属行业的统计范围后，估算出 1993～2016 年中国省际整体基础设施及其所属点基础设施、网络基础设施的生产性资本存量。

第二节　基础设施资本投入影响经济增长的理论研究

基础设施资本投入与经济增长的关系一直是许多经济学家们，尤其是公共或发展经济学家所重点关注的问题。在经济理论的不同发展阶段，经济学家们对基础设施资本投入与经济增长的关系认识也存在差异，故下面将主要基于不同的经济增长理论阶段，阐释基础设施资本投入与经济增长的理论研究。需要说明的是，为了更全面地综述理论研究，本书按照时间顺序，将新经济地理理论阶段置于新经济增长理论阶段之后展开论述。

一、古典经济增长理论阶段

早期经济学家重点关注财富的聚集和分配，研究经济总量与利益集体间协调问题，认为资本积累和劳动分工是经济增长的动力源泉，忽略了技术进步的潜在影响。亚当·斯密（Adam Smith）认为国民财富的增长在很大程度上取决于劳动者的素质与相对比重，分工对于提高劳动生产率和形成规模经济具有重要意义。大卫·李嘉图（David Ricardo）试图从财富分配的视角探索经济增长源泉，认为工资、利润和地租的分配格局将通过资本积累作用于经济增长。托马斯·罗伯特·马尔萨斯（Thomas Robert Malthus）更加强调人口因素的重要作用，认为必须以外生手段控制人口增长才能推动经济增长。约翰·穆勒（John Stuart Mill）认为生产要素的边际递减规律促使要素投资回报率下降，进而致使要素投资率随之降低，经济增长陷入停滞，只有通过财富分配改革的方式实现经济增长。

在古典经济增长理论中并没有将基础设施作为特定的研究对象，但是此时的经济学家们已经意识到了交通、航海、港口、仓库和公共事业等设施对于财富聚集具有重要影响，认为这些设施是聚集财富的资本，属于国家的经济职能。亚当·斯密认为为了发展经济，国家有义务修建公路、桥梁、运河等公共设施，并建立保护通商贸易的守备队和防御工事。让·巴蒂斯特·萨伊（Jean Baptiste Say）认为政府消费应主要用于修建铁路、桥梁、运河等工程，而非修建宫殿、"凯旋门"之类的无用工程。托马斯·罗伯特·马尔萨斯除了强调人口的重要性外，也注重政府应雇佣贫民从事修建道路等公共工程。约翰·穆勒认为政府除了承担保护人身安全和财产安全外，还应加强建设公共工程和公共事业。弗里德里希·李斯特（Friedrich List）将邮政、交通工具等看成是生产力增长的丰富源泉。综上，早期的经济学者们将基础设施有利于集聚财富作为一种思想，并未将基础设施作为特定的研究对象进行深入探索，还未形成系统的理论。

二、新古典经济增长理论阶段

新古典经济增长理论认为影响经济增长的因素是多个方面的，资本和劳动力供给增加可推动经济增长，并且两者之间是可以相互替代的，由此也得出生产要素具有"边际报酬递减规律"，各国经济发展水平将逐渐趋于收敛。具体而言，在该理论逐渐成型之前，由于产业结构升级逐渐完成和资本主义生产方式的最终确立，效用理论和分配理论成为19世纪末和20世纪初的主流经济学重点关注的命题。此时，数学工具逐渐应用于微观经济学理论体系，强调自由竞争的市场机制将自动调节供求关系，从而实现经济均衡状态。其中代表人物阿尔弗雷德·马歇尔（Alfred Marshall）继承并适当发展了亚当·斯密的分工理论，认为收益递增与完全竞争关系是可以共存的，由此产生了马歇尔外部经济。

直到20世纪30年代初资本主义面临空前的经济危机和第二次世界大战之后各国亟需重整经济，经济增长理论再次回归主流经济学视野。此时，以凯恩斯（Keynes）为代表的一大批发展经济学家强调基础设施投资对于经济增长的重要作用，应处于优先投资地位。哈罗德—多马模型通过建立数理模型，拓展和延伸了凯恩斯主义所产生的宏观经济理论，认为实现经济增长需要不断提高储蓄率并将之有效转化为投资，在储蓄和投资水平一定时，实际经济增长率取决于资本产出比的倒数。这一动态分析的建模过程为经济增长理论提供了一个科学的方式，因此被作为现代经济增长理论研究的起点。哈罗德—多马模型假设在经济增长过程中，资本和劳动的比例不变，即两者不具有替代性。对此，索罗—斯旺模型在严格遵守"稻田条件"并引入要素边际收益递减性质基础上，构建了资本和劳动力可完全替代的柯布道格拉斯生产函数。拉姆齐模型在索罗—斯旺模型的基础上，进一步将储蓄率内生化，构建了"无限期界模型"，研究跨时资源的分配问题。拉姆齐模型尽管完善了经济增长的微观基础，但是仍然没有改变索罗—斯旺模型的基本假设，即假定技术进步是外生的。因此，新古典经济增长理论仍然难以解释人均产出持续增长和区域发展存在差距的原因，故受到诸多批评和诟病，但其也不失为现代经济增长理论研究的基准范式，为后续的经济增长理论发展奠定坚实基础。

在新古典经济增长理论阶段，基础设施投资对经济增长具有重要作用受到发展经济学家们的认可。保罗·罗森斯坦·罗丹（Paul Rosenstein Rodan）在《"大推进"理论笔记》中指出基础设施是一种社会先行资本，必须优先发展。罗格纳·纳克斯（Ragnar Nurkse）发展了罗丹（Rodan）的理论，提出了"贫困恶性循环"理论，认为摆脱贫困恶性循环需要政府部门实行平衡增长战略，进行大规模的基础设施投资。华尔特·惠特曼·罗斯托（Walt Whitman Rostow）在充分吸收了熊彼特（Schumpeter）的"创新"学说、凯恩斯的宏观分析和哈罗德—多马模型等理论思想后，在《经济成长阶段》中指出，基础设施发展是实现"经济起飞"的一个重要前提条件，属于社会先行资本。发展经济学家们虽然意识到基础设施投资对经济发展的重要作用，但是受限于未进行数理模型构建，难以解释基础设施等资本投入对经济增长的具体作用。索罗—斯旺模型和拉姆齐模型也仅是将基础设施资本作为整个社会的普通物质资本，认为其投入对经济增长的影响依然受制于"要素边际收益递减规律"，仅有短期经济增长效应。

三、新经济增长理论阶段

新经济增长理论是由持有相近观点的多位经济学家们各自提出的经济增长模型集合形成的理论，突破了传统经济增长模型强调资本积累或劳动力增加等外生因素对经济增长的影响，将经济增长的可能源泉完全内生化，认为经济增长是由经济体系内部各因素共同推动的结果，同时经济增长率也由构建的经济增长模型自身确定。新经济增长理论认为"干中学"、知识溢出、人力资本积累、基础设施投资和国际贸易分工等活动的外部性是长期经济增长的根本源泉。因此，下面在简要总结"干中学"、知识溢出等理论观点后，重点阐述与基础设施投资相关的新经济增长理论研究。

肯尼斯·约瑟夫·阿罗（Kenneth J. Arrow，1962）提出"干中学"的概念，并在此基础上将技术进步内生化于经济增长模型。该模型假设知识增加或技术进步是资本积累的副产物，产出增长不仅来源于资本存量和劳动力等传统生产要素投入，而且也是知识经验积累和技术水平提升的结果。同时，考虑到技术知识作为公共品具有正外部效应，单个企业可以从其他企业或整个社会的技术知识溢出效应中获益而不用付出成本，从而导致生产要素产生规模报酬递增，使经济获得持续增长的动力。罗伯特·卢卡斯（Robert Lucas，1988）假定将生产者的时间按一定的比例分别用于生产实物和从事人力资本积累，由此使人力资本产生内部和外部两种效应。其中，内部效应主要指人力资本拥有者通过正规或非正规的教育，增强自身人力资本积累水平的同时，提高自身的生产效率。而外部效应主要指个人人力资本水平提高的同时也会拉升全社会平均人力资本水平，从而可改善所有要素的生产效率，使产出呈现规模报酬递增的性质，是经济增长的真正源泉。保罗·罗默（Paul Romer，1986）提出有意识的研究开发也会引起技术变化，进而对经济增长产生作用，从而在一定程度上修正了阿罗的"干中学"模型。修正后的模型通过假设知识在社会生产中具有报酬递增性质，而在本身积累中呈现报酬递减特征，由此形成一个由外部因素投入、规模报酬递增和无限增长条件下的动态竞争性均衡。但是，修正后的模型在研究开发的投资动力问题上解释不足。对此，保罗·罗默（1990）将垄断竞争的 D-S 生产函数引入理论研究中，把技术进步视为专门从事研发活动的成果，只要研发活动收益大于投入成本，理性的企业就会加大研究开发投入。格罗斯曼和赫尔普曼（Grossman & Helpman，1991）、阿格因和豪伊特（Howitt & Aghion，1992）等又从不同角度推进了研究开发的外部性可推动经济内生增长这一研究思路的发展。

与基础设施投入相关的新经济增长理论模型主要包括线性增长模型（AK 模型）、巴罗（Barro，1990）建立的内生增长模型以及赫尔腾等（Hulten et al.，2006）建立的内生经济增长模型。其中，线性增长模型假设生产函数为人均资本的线性函数，即 $y(t) = \alpha k(t)$，产出量和资本积累（包括物质资本积累和人力资本积累）同比例变动，资本存量的持续增加并不必然导致资本边际生产力递减，由此获得内生增长动力。其中，基础设施资本作为物质资本的重要组成部分，其资本边际生产力也不会递减。巴罗（1990）将包含基础设施在内的生产性公共资本引入经济增长模型，假定政府实行收支平衡政策，在平衡增长路径上，由于公共资本存量的正外部性可阻止资本的边际效用递减，从而保证经济长期可持续增长。赫尔腾等（Hulten et al.，2006）在巴罗模型的基础上，进一步放宽了技术水平外生的假设，认为基础设施资本投入不仅可以对私人资本和劳动力等要素产生正外部性，提高要素边际生产率，而且还可以影响技术水平，从而使生产可能性曲线向外移动，进而使生产函数产生规模报酬递增影响。赫尔腾（Hulten）模型具体可写为 $Y = A(B, t)F(K, L, B)$。其中，Y 表示总产出水平，B 表示基础设施资本存量，K 表示非基础设施资本存量，L 表示劳动力投入。

四、新经济地理理论阶段

在经过早期的经济地理学（区位论）、新贸易理论之后，以克鲁格曼（Krugman）为代表的一大批经济地理专家提出了新经济地理理论。与传统的经济增长理论关于生产要素和产品在地理空间上的流动是瞬时完成的假定不同，新经济地理理论假设在垄断竞争和规模报酬递增的条件下，将空间因素以运输成本的形式纳入一般均衡分析框架，进而系统深入地研究经济活动的空间集聚现象（周亚雄，2013）。具有代表性的是克鲁格曼（Krugman，1991）基于 12 个研究假设构建的核心—外围（C - P）模型，旨在说明一个对称结构的经济系统（即两个初始资源禀赋和技术完全相同的地区）如何通过可流动要素在聚集力与分散力的合力作用下转化为工业核心区和农业边缘区。其中，可流动要素主要指工业人口，农民只能进行农业生产，不能在区域间流动。聚集力的作用主要取决于两个经济效应，即本地市场效应和价格指数效应；而分散力主要取决于市场聚集规模较大时所产生的一种经济效应，即市场拥挤效应。本地市场效应主要是指工业企业在选择生产区位时，为降低运输成本、实现规模经济，更倾向于选择具有较大市场规模的地区。价格指数效应主要是指在工业企业和工业人口向某一地区聚集时，该地区生活成本的降低以及实际工资水平的提高。市场拥挤效应主要是指随着更多的企业和工人集聚于市场规模较大的地区，企业之间为抢占市场、取悦消费者会加大竞争力度，从而降低企业能力；同时工人的聚集会加剧职位竞争力度。

具体而言，假设 A、B 两个地区初始资本禀赋和生产技术完全一样，处于对称状态。当受到外部因素作用时，A 地区的部分工人迁移到 B 地区，导致两地区的初始状态发生微小变动，从而使 B 地区的消费需求增加并带动市场规模相应扩大，与之相反的是，A 地区的消费需求降低并影响其市场规模萎缩。随着 B 地区的市场规模不断扩大，将增加更多本地产品供应并较少进口外地产品，这不仅会使该地区企业所需产品的运输成本降低，而且也会引起该地区的生活成本降低。如果没有其他外部因素影响，在本地市场效应和价格指数效应的相互作用下，在两个地区之间将形成一种经济活动空间聚集的循环累积过程，即 A 地区的工业企业和工人将会持续迁移到 B 地区，直到所有的工业企业和工人均集聚到 B 地区。然而，在实际中，由于市场拥挤效应的存在，两个地区几乎不可能形成完全的工业核心区和农业边缘区。当流动性要素的聚集力和分散力相等时，两地区经济活动的空间分布达到均衡状态。

在新经济地理理论中，涉及基础设施部分的主要有两个。一是基础设施投入可通过影响"冰山交易成本"，进而嵌入到新经济地理理论研究中。"冰山交易成本"最早在由萨缪尔森（Samuelson，1952）提出时，并未考虑到空间因素的影响，通常被假定是外生的，数值上保持不变。这显然与运输成本随着运输条件或运输距离的改变成非线性变化的现实不符。对此，克鲁格曼（1991）在将"冰山交易成本"引入新经济地理模型中时，将运输成本表示为距离的连续方程。随着同质性假设和区域政策假设的放松，由于基础设施投资可降低产品运输成本，缩短两地运输上的距离，因此可用"冰山交易成本"来表达基础设施，进而使基础设施投入内生化于新经济地理理论研究中。典型的如，格鲁贝和莫拉蒂（Grube & Marattin，2010）在分析税收、基础设施与运输成本之间的关系时，将运输成本内生化，进而发现基础设施投入有利于降低边缘地区工业品价格指数。二是随着基础设施投入嵌入到新经济地理理论，部分文献在新经济地理学的视角下，探索了基础设施投入对区域经济增长及其收敛性的研究，研究结论也未达成一致。例如，马丁和罗杰（Martin & Roger，1995）在将整体基础设施分为本地和跨区域两类基础设施后，研究发现落后地区加强本地基础设施建设有利于吸引企业迁入，然而跨区域基础设施的完善，虽然有利于降低区域间运输成本，但将导致企业从落后地区迁出。鲍德温和克鲁格曼（Baldwin & Krugman，2004）的研究表明基础设施建设并不能改变落后地区的经济环境，反而会扩大区域差距。施普尔伯（Spulber，2007）研究发现自工业革命以来，随着欧洲各国之间运输成本的降低，与英国距离较近的地区经济发展最快，而远离英国的区域经济发展缓慢。因此，他认为建立新的和更为有效的运输型基础设施，可能会加剧区域不平等，导致更高的空间分异。与上述研究不同的是，科恩和保罗（Cohen & Paul，2004）发现某地基础设施的发展，有利于降低邻近地区的运输成本和交易费用，从而对邻近地区的经济发展产生正向溢出效应。

第三节　基础设施资市投入影响经济增长的实证研究

随着实证分析方法的广泛运用，针对美国以公路和高校等为主的基础设施投资高潮至 20 世纪 60 年代后期开始下降，且 1973 年后生产率也相应下降的特征事实，阿肖尔（Aschauer，1989a）不同于以往学者将可能的解释归因于同期石油等能源价格上涨的冲击影响，而是首次在新古典经济增长模型基础上，构建基础设施投资与生产率的实证模型，采用计量方法检验发现基础设施投入对经济增长具有重要作用，其产出弹性值达到 0.39，认为基础设施投资的减少才是美国 70 年代和 80 年代初生产率下降的主要原因。阿肖尔（Aschauer）的实证分析引发了学者们关于基础设施资本投入与经济增长的研究热潮，他们分别利用不同方法和不同类型的数据展开了对世界各国基础设施资本投入与经济增长关系的广泛讨论。并且随着中介效应或调节效应实证分析方法的引入，一些文献也逐渐深入到基础设施资本投入影响经济增长的作用机制领域。鉴于此，本书接下来在综述基础设施资本投入对经济增长的相关性和贡献度之后，进一步从市场一体化和区域创新能力两个视角，综述基础设施资本投入影响经济增长的作用机制。

一、基础设施资本投入影响经济增长的相关性与贡献度

（一）相关性研究

各国经济学者在沿袭阿肖尔（1989a）的研究思路，展开基础设施

资本投入对经济增长的实证分析时，由于在理论假设、研究视角、样本验证、控制变量选取以及实证计量方法的使用等方面存在差异，故研究结论也不尽相同，可谓见仁见智，存在较大争议。

一是认为基础设施资本投入对经济增长具有正相关。阿肖尔开创性地通过实证检验发现，基础设施资本投入增速放缓是美国生产率降低的主要原因，该结论得到芒内尔（Munnell，1990，1992）和芬恩（Finn，1993）等学者们的认可。其中，芒内尔（1990）基于新古典经济增长模型，采用美国州级面板数据，实证检验发现每增加1单位的基础设施资本存量，将增加0.6单位的经济产出。在进一步控制固定效应或随机效应后，芒内尔（1992）发现基础设施投资依然可促进各州经济增长，并且主要是通过直接增加产出、对私人投资产生"挤入效应"和促进社会就业来实现。C. K. 胜和 D. S. 科瑞比（C. K. Seung & D. S. Kraybill，2001）以美国俄亥俄州的数据为样本，采用一般均衡模型进行实证检验，发现基础设施投资对经济增长具有促进作用，并且在基础设施具有拥挤性后，这种促进作用会相应降低。埃特热·希奥杰（Etsuro Shioji，2001）通过构建美国 1963～1993 年州级面板数据和日本 1955～1995 年地区面板数据，同样采用一般均衡模型进行实证检验，发现在这两个地区基础设施投资的增加均有利于提升该地区的人均产出水平。伊斯法哈尼和拉米雷斯（Esfahani & Ramirez，2003）以世界上 75 个国家数据为样本，实证检验也得到相似的结论，尤其是认为一些非洲国家如果能提升该地区的基础设施水平，将提升其经济增长率。德缪杰（Démurger，2001）、范九利和白暴力（2004）、郭庆旺与贾俊雪（2006）、刘生龙和胡鞍钢（2010a，2010b，2011）、金戈（2016）、曹跃群等（2019）采用中国的省级面板数据，也实证检验出基础设施资本投入对经济增长存在显著正向促进作用。

二是部分研究认为基础设施资本投入与经济增长的相关性并不显著。埃文斯和卡拉斯（Evans & Karras，1994）采用美国1970～1986年州级面板数据，实证检验发现除了政府教育服务具有生产性外，其他政府活动并没有证据支持其具有生产性。霍尔茨·埃金（Holtz Eakin，1994）以美国1969～1986年州级面板数据为样本，采用空间面板分析方法，实证检验发现基础设施投资与经济增长并没有显著相关性。加西亚·米拉等（Garcia Mila et al.，1996）以1970～1983年美国州级面板数据为样本，实证检验了高速公路、供水和污水处理、其他公共投资等不同类型基础设施资本投入对经济增长的影响。研究发现，不管是否考虑区域状态差异，高速公路、供水和污水处理等基础设施投入对经济增长的作用均不显著。伯南特（Boarnet，1998）以美国加利福尼亚州1969～1988年各地区的面板数据为样本，采用空间计量模型实证检验，发现基础设施投资只是对经济活动进行分配，而不会增加净产出，这与霍尔茨·埃金（Holtz Eakin，1994）结论较为一致。

三是少数研究发现基础设施资本投入对经济增长具有负向影响，至少对经济增长的贡献低于私人资本（Everaert，2003）。赫尔腾和施瓦布（Hulten & Schwab，1991）以美国1949～1985年的时间序列数据为样本，实证检验发现基础设施投资整体上对经济增长的影响不显著，甚至部分类别基础设施投资还会对经济增长产生抑制作用。德瓦拉贾等（Devarajan et al.，1998）以1970～1990年69个发展中国家的面板数据为样本，实证分析不同类型基础设施投资对经济增长的影响，发现政府性消费支出与经济增长存在正相关，而交通通信、科教文卫等基础设施投资与经济增长不相关，甚至部分存在负相关。加利（Ghali，1998）以发展中国家的数据为样本，实证检验发现基础设施投资在长期内对私人投资和经济增长均具有负向影响。李强和郑江淮（2012）在将基础设施投资和教育支出纳入经济增长模型后，构建 1980～2010 年的省际面板数据，采用误差修正模型，实证检验发现基础设施投资虽然在短期内可能对经济增长产生正向影响，但是在基础设施投资超过一定规模后，并不一定有利于人力资本投资和经济长期增长。

总体而言，基础设施投资与经济增长的相关性关系众说纷纭，但是前者对后者具有正相关性的观点逐渐得到了认可。卡尔德龙和舍温（Calderón & Servén，2004）分析了发展中国家的 17 篇相关文献，发现有 16 篇文章认为基础设施投入对经济增长具有正向影响；在针对 29 篇高收入国家的相关文献中，有 21 篇文献显示基础设施投入与经济增长正相关。罗普和哈恩（Romp & Haan，2007）研究 OECD 国家的 39 篇相关文献，发现有 32 篇文献的结论支持基础设施投资对总产出、生产率、私人投资和社会就业具有正向影响。不过，我们也注意到，近年来部分研究发现基础设施投入与经济增长关系表现出阶段性变化。鲍希阿斯等（Bougheas et al.，2000）、马姆尼斯（Mamuneas，2000）认为基础设施投资和经济增长之间的关系呈倒 "U" 形关系，目前绝大多数国家正处于曲线的向上部分。孙琳琳等（2013）认为 2001 年后我国基础设施存量水平已经超过了稳态基础设施存量水平。孙早等（2015）研究发现我国东、中部地区基础设施与经济增长之间存在倒 "U" 形关系，但在西部地区不存在。李献国（2017）、李献国和董杨（2017）发现无论从全国层面还是从东、中、西部层面，基础设施投资与经济增长之间均呈现倒 "U" 形关系并存在最优规模。廖茂林等（2018）采用多种实证计量检验方法的结果表明，基础设施投资总体上对中国经济增长有显著正向的影响，但这种影响呈现出明显的倒 "U" 形特征，并且发现 2012 年以后，基础设施投资的增长已经不能显著促进经济增长。曹跃群等（2019）发现基础设施整体上显著促进区域经济增长，且存在倒 "U"

形影响，网络基础设施的产出弹性值已越过"拐点"，而点基础设施仍处于上升期。

（二）贡献度检验

为了进一步判断基础设施资本投入对经济增长的贡献程度，学者们通过实证基础设施资本投入的产出弹性来衡量。阿肖尔（Aschauer，1989a）采用美国 1945~1985 年的时间序列数据和州级截面数据，估计出公共基础设施资本的产出弹性为 0.39，是私人投资的 3 倍左右。芒内尔（Munnel，1990）延续了这一研究，进一步估计出基础设施资本的产出弹性在 0.34~0.41 之间，并且认为 20 世纪 70 年代末期美国生产率下降主要是由人均基础设施投资下降引起的。博纳格利亚等（Bonaglia et al.，2000）对早期过高的基础设施资本产出弹性提出了质疑，认为采用时间序列数据进行估计容易产生"伪相关"，要考虑不同横截面数据间的差异性。塔托姆（Tatom，1991）在阿肖尔的研究基础上，进一步采用一阶差分方程进行再次回归，发现基础设施资本产出弹性大幅度降低至 0.14。霍尔茨·埃金（Holtz Eakin，1994）将美国州与州之间的个体效应纳入模型后，再次估计基础设施投入的产出弹性，此时结果为 0.2 左右。卡扎维兰（Cazzavillan，1996）以 1957~1987 年欧洲 12 个国家的面板数据为样本，采用固定效应模型方法，估计出公共基础设施资本的产出弹性为 0.25。以早期中国的数据为样本，估计的基础设施资本产出弹性值也普遍偏高。马栓友（2000）采用中国 1981~1998 年的数据，估计出公共资本的产出弹性值为 0.55。刘国亮（2002）采用中国省级混合数据，估算出公共资本的产出弹性也为 0.55。范九利等（2004）以 1981~2001 年间的数据为样本，估计出基础设施资本的产出弹性高达 0.695。

基础设施资本投入对经济增长的贡献度存在较大差异的原因是多方面。一些研究认为基础设施由于具有不可分割性和网络性等特性，只有在达到甚至超过一定规模后才能发挥应有的促进作用。弗纳尔德（Fernald，1999）发现美国的州级公路网络在完成后才产生了高额的投资收益，一次性地推进了该国的生产力。罗勒和伟弗尔曼（Röller & Waverman，2001）的研究也显示，电信基础设施对经济产出的正向作用也存在门槛效应，即技术普及程度更高的国家或地区，正向影响更为明显。其他部分研究认为基础设施投入对经济增长的影响并非简单的线性关系，在经济发展的初中期可能较高，然而当经济较为发达后则趋于降低。达加尔等（Duggal et al.，1999）使用基础设施投入与时间的交互项，赫林（Hurlin，2006）采用基础设施的普及水平作为门槛变量，德缪杰（Démurger，2001）引入基础设施的二次方甚至三次方作为解释变量，伯南特（Boarnet，1998）、张学良（2012）和曹跃群等（2019）考虑基础设施资本投入的空间影响，这些研究从多个方面证实了基础设施资本投入对经济增长的非线性影响。此外，还有部分研究认为基础设施统计口径的不一致也是导致其贡献度差异较大的重要原因。就国内而言，由于缺乏一套由官方提供的基础设施资本存量数据，现有研究大部分采取某些替代方案，例如，以实物量（刘生龙、胡鞍钢，2010a）或者投资流量（郭庆旺、贾俊雪，2006）替代，这或多或少存在一些缺陷（金戈，2016）。即使部分研究者（张光南等，2010；金戈，2012，2016）采用自行测算的基础设施存量数据，由于结果大多属于资本存量总额或净额，衡量的是以市场价格估计的资产价值，难以有效反映资产的实际生产能力和服务效率（曹跃群等，2019）。

二、基础设施资本投入、市场一体化与经济增长

市场对经济增长的影响研究由来已久，最早可追溯至亚当·斯密时代，保罗·罗默（Paul Romer，1986，1990）和罗伯特·卢卡斯（Robert Lucas，1988）等许多学者随后对两者的关系展开了深入研究。斯密—杨格定理认为市场容量的扩大可通过提升分工水平实现经济长期增长，这表明市场分割的出现将会抑制市场规模的扩大和分工水平的提升，从而不利于经济增长。庞塞特（Poncet，2003）的研究再次证明了这一结论，她实证发现市场分割无论是对人均实际农业增加值，还是对人均实际 GDP 均具有负向作用，并且对前者的影响更甚。国内部分学者的研究也发现，市场分割对于经济绩效具有负向影响。典型的如，余东华（2008）发现地方保护可能降低资本配置效率并将此影响传导至企业，从而不利于企业经济绩效改善和产业竞争力提升。师博和沈坤荣（2008）采用贸易流量法测度市场分割后，实证检验发现 1995～2004 年间市场分割对地区全要素能源效率具有负向作用。韦倩等（2014）基于市场化指数和市场一体化指数两个指标，解释了市场整合在中国沿海崛起中起到的重要作用。与上述研究结论不同的是，陆铭和陈钊（2009）发现市场分割对于本地即期和未来的经济增长具有倒"U"形影响，即在一定程度上市场分割有利于本地经济增长。付强（2017）在此基础上进一步辨识了市场分割促进区域经济增长的实现机制，发现市场分割主要是基于各地区具有较高的产业同构程度，从而对区域经济增长产生促进作用。范欣等（2017）发现市场分割对区域经济增长的影响在东部、中部、西部和东北部并不一致，没有规律性结论。由此可知，市场分割与经济增长的关系虽尚无定论，但是大部分的研究仍支持市场分割不利

于经济绩效的改善。即使陆铭和陈钊（2009）认为市场分割在一定程度上有利于本地经济增长，但也指出这是以规模不经济为代价，即不利于总体经济增长。

采取市场分割的竞争政策是各省份之间博弈的占优策略。这种策略在短期内可能有利于本地经济增长，但是长期来看是不利于总体经济增长的。因此，在"双循环"新发展格局下，更应打破国内地方市场分割，建立统一、循环的国内市场。以往研究中，更多的文献侧重于分析打破制度性市场分割的可行策略，忽视了研究由于削弱自然因素和技术因素导致的市场分割。典型的如，皮建才（2008）建议调整现有的财政制度和官员绩效考核制度以重塑地方政府的激励结构，从而推动国内市场进一步融合。冯兴元和刘会荪（2002）较早从司法制度改革方面，提出削弱地方保护主义和促进国内市场整合的思路。陈刚和李树（2013）在此基础上进一步将2008年中国各省份高院院长异地交流作为刻画地方司法独立性提升的一次自然实验，实证检验发现提高地方司法独立性有利于显著降低国内地方市场分割程度。

事实上，交通通信、能源水利和市政公用等基础设施建设，有利于降低企业和居民的交易成本，提高交易效率，从而能有效降低由于两地空间距离等物理因素所产生的自然市场分割和因两地劳动者素质、技术水平的成熟度不同所产生的技术市场分割（范欣等，2017）。遗憾的是，现有研究大多忽视了基础设施建设对于自然市场分割和技术市场分割的重要作用。仅有少数学者予以关注，刘建等（2013）基于FGLS模型实证发现，改善交通基础设施能显著降低空间距离的阻碍，并且铁路网密度相比公路网密度具有更为明显的贸易成本降低效应。陈宇峰和叶志鹏（2014）基于农产品市场分割程度的测算，也实证发现铁路基础设施建设相比公路基础设施建设能更为显著地促进农产品市场整合。刘刚和谢贵勇（2019）也发现公路建设对农产品市场分割程度具有显著负向影响，但在公路高收费政策下，负向作用将减弱。范欣等（2017）基于新经济地理学理论，采用空间杜宾模型，实证检验了交通通信、能源水利等经济性基础设施建设有利于打破商品市场分割。王伟和孔繁利（2020）采用空间杜宾模型进行实证检验，发现交通设施建设和互联网发展均能显著降低地区市场分割程度。

三、基础设施资本投入、区域创新能力与经济增长

创新并非一个孤立的现象，作为知识创造的重要输出，对经济增长具有举足轻重的作用。索罗（Solow，1957）早在新古典经济增长模型中，就强调了外生余数对长期经济增长的重要作用。知识和技术作为创新的外显变量，对外生余数具有重要作用，从而受到后续学者的广泛关注。熊彼特（Schumpeter，1991）进一步强调了创新对于经济增长的驱动力作用。肯尼斯·约瑟夫·阿罗（Kenneth J. Arrow，1962）和保罗·罗默（Paul Romer，1986，1990）更是通过把创新表达为研发（R&D）活动以及对知识存量的有效利用，将其内生化于经济增长模型。巴罗（Barro，1991）和罗伯特·卢卡斯（Robert Lucas，1988）在内生经济增长模型基础上，进一步深入研究了创新对经济增长的重要作用。

区域作为创新的重要载体，区域创新能力的培育和提高对于促进经济增长和提高区域整合竞争力具有重要促进作用，在由库克等（Cooke et al.，1998）进行了较全面的理论与实证研究后，逐渐成为后续学者研究的重点。在国内，柳卸林和胡志坚（2002）较早建立了一套综合的创新能力指标体系，并对中国区域创新能力进行了测度和成因分析，为后续的研究奠定了数据测度基础。陈柳和刘志彪（2006）通过构建

1987～2003年中国省级面板数据，发现本土技术创新能力对经济增长具有显著促进作用。朱勇和陶雪飞（2006）采用2000～2003年中国31个省份的面板数据，实证检验发现区域技术创新能力对区域经济发展有较高的贡献度，并且该贡献度在发达地区相对更大。万勇（2011）采用省际面板数据模型，实证检验发现创新总体能力对中国及其各区域经济增长具有积极作用。史自力（2013）以中原经济区作为样本，采用1991～2010年的时间序列数据，建立在险价值（VAR）模型进行检验发现，在短期，创新制度能力有利于提升区域经济增长质量；在长期，创新资金投入强度和创新人力资本的作用效果更为明显。谢波（2013）基于1990～2010年的省级面板数据，采用动态面板和空间面板模型进行实证检验，回归结果表明技术创新能力的提升对总体经济增长具有显著的促进作用，但是存在区域异质性。彭迪云等（2016）以长江经济带的11个省市为例，采用耦合协调度模型，检验发现除云南外，其他省域均达到初级协调发展类型。李二玲和崔之珍（2018）通过采用协整检验和耦合协调模型方法，检验发现中国区域创新能力与经济发展水平之间存在动态稳定的均衡关系。江艳泓等（2019）以北京市1999～2016年的数据为样本，实证检验发现创新能力和创新溢出对经济增长的影响均为正向。

一般而言，区域创新能力的高低取决于该区域整个技术创新链条的完善程度，该链条包括知识创造能力、知识获取能力、企业创新能力、创新环境和创新绩效等关键环节（柳卸林、胡志坚，2002）。基础设施由于其自身特性，不仅能增强建设地的自主创新能力，而且能加快知识信息、各类要素和产品在区域间自由流动，促进区域间的创新溢出，从而完善知识创造、知识获取等区域技术创新的各环节。李平和黎艳（2013）、李平等（2014）、潘雄锋等（2019）等重点关注科技基础设施对技术创新的影响，发现前者对后者具有显著促进作用。蔡晓慧和茹玉骢（2016）利用制造业企业微观数据实证发现，在短期内，基础设施投资通过金融市场挤出企业研发投资；在长期，随着产品市场规模扩大，有利于提高企业研发投资的资本回报，从而激励企业投入研发。储伊力和储节旺（2016）、孙早和徐远华（2018）、陶秋燕和高腾飞（2019）、李长英和张骞（2019）等研究发现信息基础设施建设对于区域创新能力（本地技术创新或高新技术企业的创新效率）具有显著促进作用。薛成等（2020）以"宽带中国"战略为准自然实验，并匹配 2008～2017 年上市公司数据，实证检验发现良好的网络基础设施不仅可以促进公司内部的技术知识扩散，而且还可以促进公司之间的技术合作。近年来，诸竹君等（2019）、谭建华等（2019）、卞元超等（2019）、王春杨等（2020）、何凌云和陶东杰（2020）等较多研究以高铁开通作为准自然实验，采用双重差分方法进行实证检验，发现高铁开通提高了沿线城市的（企业）创新水平。杨思莹和李政（2020）检验发现不仅高铁有利于区域创新能力，而且还发现高铁开通主要通过推动高素质人才集聚和投资聚集以及促进城市之间知识关联与溢出，拉大高铁城市与非高铁城市创新水平差距。

第四节　文　献　述　评

通过系统梳理和总结国内外相关文献可以发现，涉及基础设施资本投入、基础设施资本投入与经济增长关系研究的文献较多。尽管学者们对基础设施资本投入与经济增长的相关性研究并未达成一致结论，但是相关文献的理论与实证结果大多支持"基础设施资本投入在经济增长中扮演着重要角色"的研究结论，这为我们认识中国情景下基础设施资本投入对经济增长的影响及其作用机制提供了极为重要的参考价值和逻辑起点。然而，纵观国内外相关研究，仍然存在进一步改善和深化的空间。

首先，现有文献虽然已经意识到在基础设施资本投入与经济增长的实证研究中，采用基础设施的投资流量或实物量来替代其资本投入量是存在缺陷的，遂使用自行测算的基础设施资本存量指标，但是更多文献的估算结果属于基础设施资本存量总额或净额，衡量的是以市场价格估计的资产价值，难以有效反映该类资产的实际生产能力和服务效率。事实上，相比资本存量总额或净额，生产性资本存量的测算由于对资本的生产进行了相对效率的转化，从而更能反映资本在役龄阶段的实际生产情况。因此，目前国内关于基础设施资本投入测算的理论与实践和国际最新标准还有较大差距，存在资本存量总额（K）或净额（KN）与生产性资本存量（KP）的混淆使用问题。此外，由于我国统计数据经过两次重大补充、一次重大调整和三次重大修订，因此在确定整体和不同类型基础设施的历年投资数据前，需要对其统计范围进行归并。现有文献中仅有胡李鹏等（2016）、曹跃群等（2019）等少数文献对基础设施的统计范围进行了适当调整。鉴于此，本书在谨慎调整2003年前后基础设施统计范围的基础上，采用永续盘存法的非传统途径，系统估计出整体和不同类型基础设施的K、KN 和KP。其中，基础设施KP 的获取对于将基础设施资本投入纳入生产函数，估计其产出弹性值具有更为重要的意义。

其次，受限于不同类型基础设施的实物量或使用量难以加总，早期文献主要分析某一类型基础设施对经济增长的影响，鲜有考察整体基础设施的作用，以及从网络属性差异的视角将整体基础设施投入进行异质性拆分进而分析各自的作用。此外，随着空间经济学理论研究的不断深入和空间计量实证方法的不断完善，现有文献在研究基础设施资本投入对经济增长的作用时，也逐渐考虑到基础设施的空间影响。典型的如佩雷拉和罗卡·塞格拉斯（Pereira & Roca Sagales，2003）。然而，正是由于缺乏对基础设施资本投入进行网络异质性拆分，导致现有研究在检验基础设施资本投入的空间影响时，更多地从交通设施或通信设施等层面（如 Boarnet，1998；Cantos et al.，2005；张学良，2012；Yu et al.，2013；任晓红、张宗益，2013；Celbis & Crombrugghe，2018；赵鹏，2017；Donaldson，2018）进行分析，难以判断整体基础设施的空间溢出效应，同时也忽略了点基础设施可能存在的要素空间聚集影响。当然，不管是进行异质性还是网络性分析，都要以基础设施的实际投入作为必要条件，要考虑其投入的效率性。基础设施 KP 由于能反映该类资产的生产能力和服务效率，从而具有效率性。鉴于此，本书拟基于效率性、异质性和空间性的三维视角，采用空间面板模型，实证检验基础设施资本投入对区域经济增长的多维影响，从而使研究结论更具有可靠性。

最后，现有相关文献中鲜有对基础设施资本投入影响经济增长的作用机制展开研究。仅有少数文献分析了基础设施资本投入如何影响经济增长，典型的如，曹跃群等（2019）从工业聚集和就业增长的视角，探讨了基础设施投入影响经济增长的作用机制。张勋等（2018）采用宏微观数据，系统检验了交通基础设施投入如何通过影响企业库存，进而影响经济增长。胡晨光等（2020）从理论与实证层面，实证检验了大都市带基础设施可通过城市规模的中介效应，对城市经济增长产生影响。就市场一体化视角而言，现有文献更多的是分别从基础设施资本投入或者市场一体化出发，探究其对经济增长的影响，较少地研究基础设施资本投入对地方市场分割的影响，更是鲜有将基础设施资本投入和市场一体化同时放入经济增长模型框架下展开研究。就区域创新能力视角而言，现有文献更侧重于研究区域创新能力对经济增长的影响，以及各类基础设施对区域创新能力的影响，仅有少数文献将两者同时放入经济增长模型框架下展开研究。如马昱等（2019）基于 2005~2017 年中国 30 个省区市的面板数据，采用中介效应模型进行实证检验，发现技术创新在城市基础设施促进区域经济发展中具有完全中介效应。鉴于此，本书在搭建起基础设施资本投入与经济增长的理论分析框架基础上，分别从市场一体化和区域创新能力视角出发，探究基础设施资本投入如何通过对其他生产要素和技术进步产生正外部性，进而影响经济增长。

第三章

基础设施资本投入与经济
增长的理论分析框架

为系统全面地分析基础设施资本投入对经济增长的影响，首先需要构建相应的理论分析框架，明晰基础设施等相关概念的内涵、特征和类型划分，廓清基础设施资本投入与经济增长的基本关系。因此，本章首先对相关概念及其内涵进行界定；其次将基础设施资本存量作为一般的物质资本投入，分析其对经济增长的直接作用机理；最后从基础设施资本投入的空间外部性、对生产要素产生外部性和对技术进步产生外部性等方面，剖析其对经济增长的间接作用机理。据此，为后续章节研究提供坚实的理论基础。

第一节　基础设施的基本概念

一、内涵界定

随着国民经济社会的不断发展，基础设施所涉及的范围逐渐扩大，到目前为止，国内外学者在对其应用时并未形成一个精确、统一的定义。在《韦氏国际英语词典》里面，基础设施最早主要被用于指军队的军事基地或日常训练设施等。进入 20 世纪 40 年代中后期，部分发展经济学家逐渐认识到公共工程等基础设施投入，对于政府应对经济危机，弥补有效需求不足具有重要作用，遂将之纳入经济学研究。保罗·罗森斯坦·罗丹（Paul Rosenstein Rodan，1943）率先将基础设施定义为"社会先行资本"，具体包括电力、运输、通信和供水等经济性设施。随后，罗格纳·纳克斯（Ragnar Nurkse，1953）、阿尔伯特·赫希曼（Albert Otto Hirschman，1958）和西奥多·舒尔茨（Theodore W. Schultz，1962）等进一步扩展了罗丹的界定，认为基础设施还应该包括教育、公共卫生、法律和秩序等公共服务设施。西奥多·舒尔茨（1992）从更加广义的角度定义基础设施，认为政治制度、法律体制和经济体制等因素，也同交通、通信和电力等一样是社会存在和经济发展的基础，具有规模经济和外部性的特点。世界银行（Word Bank，1994）从相对广义的角度定义基础设施，将其指为长期使用的工程建设、设备、设施及其为经济生产和居民生活所提供的服务，并划分成经济基础设施（economic infrastructure）和社会基础设施（social infrastructure）。其中，前者是指永久性的工程建筑、设备、设施及其为经济生产和家庭所提供的服务，具体包括：（1）公共设施（public utilities），如电力、通信、管道煤气、自来水、排污、固体垃圾收集与处理；（2）公共工程（public works），如大坝、水利工程和道路；（3）其他交通部门（other transport sectors），如铁路、城市交通、海港、水运和机场。后者则主要包括教育和卫生保健设施。

在国内，学者们关于基础设施的认识也存在一个逐步发展的过程，对其内涵的界定也不断扩大。钱家骏和毛立本（1981）在 20 世纪 80 年代初，首次引入"基础结构"的概念时，认为其有广义和狭义之分。其中，狭义专指有形资产部门，如动力、运输、通信和供水等；广义则进一步纳入"无形"产出部门，如教育、科研、卫生等部门。刘景林（1983）认为基础结构应是为企业生产和居民生活提供公共服务的部门、设施和机构的总和，根据职能不同可划分为生产性基础结构（交通、能源、供水和邮电等）、生活性基础结构（公用设施、生活服务、公用事业等）和社会性基础结构（商业、教育、卫生、科研等）。高新才（2002）从更为广义的层面定义了基础设施概念，将其划分为物质性和制度性两类基础设施。其中，物质性基础设施包括常规意义上的生产性和非生产性设施，制度性基础设施则包括法律、政治制度、政策法规等。金戈（2012，2016）、曹跃群等（2019）在研究基础设施资本存量核算及其对经济增长的影响时，采用世界银行（Word Bank，1994）定义的基础设施内涵。

综上所述，根据研究目的的不同，国内外学者各自从不同的视角理解基础设施的内涵及其外延，大致可分为广义、相对广义和狭义三个层面，如图3.1所示。

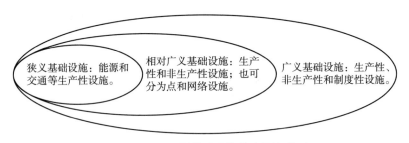

图3.1 不同层面基础设施的内涵和外延

资料来源：作者自绘。

其中，广义层面的基础设施包括制度性（无形）基础设施（主要包括法律、政治制度和政策法规等）和物质性（有形）基础设施。相对广义层面的基础设施主要指物质性基础设施，包括生产性（经济）基础设施和非生产性（社会）基础设施。狭义层面的基础设施则主要指生产性基础设施。综合考虑以下三个方面的原因，本书主要从相对广义的层面定义基础设施，并深入分析其对经济增长的影响。首先，中国作为单一制国家，各地区的基本政治制度是较为一致的，难以区分由制度性基础设施的不一致所产生的差异化影响。同时，量化制度性基础设施也存在较大挑战，并没有公布统一的官方数据。其次，世界银行（World Bank，1994）对基础设施的定义目前已为国内外学者所广泛接受，其与本书相对广义的内涵基本一致。最后，现有关于基础设施与经济增长的研究，多是从交通和通信等单一类型基础设施或者狭义的经济性基础设施出发，分析其对经济增长的综合影响，鲜有从相对广义的层面分析基础设施对经济增长的影响，揭示点基础设施和网络基础设施的差异化影响。

二、基本特征

（一）基础性

基础设施作为经济社会发展的先行资本，是其他生产部门得以生存和发展的基础，因此该类设施的发展至少平行甚至优先于直接的生产性投资。基础设施的基础性主要体现在以下三个方面：一是基础设施部门为居民生活提供保障性条件。如果基础设施供给不足，居民的用电用水难以得到保证，将影响到正常的生活，从而进一步传导至社会生产部门，抑制整个社会的产出水平。二是基础设施部门为其他直接生产或再生产部门提供其所必需的中间投入品。如果电力和燃气等能源以及交通通信等基础设施供给不足，不仅会提高企业的生产成本，而且会降低企业的生产效率，从而不利于整个社会的经济增长。三是正是由于基础设施部门对社会生产和居民生活具有重要影响，因此基础设施供给及其价格变动将引起其他部门或产业的连锁反应。

（二）整体性

基础设施由许多部分组成，各组成部分之间互相联系、缺一不可，其功能只有在各部门全部完工后才能有效发挥。以铁路基础设施为例，如果仅修建了轨道，铁路基础设施是难以发挥作用的，必须同时建成机车、铁路车站、电力系统、通信系统和控制系统等，整个铁路设施才能真正投入运营并发挥作用。正是由于基础设施具有这种整体性和不可分割性，使其又衍生出投资规模大和建设周期长的特性。例如一条高速公路的建设，不仅需要前期的需求分析、实地调研和可行性研究等，而且还需要政府部门批复、招投标、环境保护、工程施工和竣工通车等环节，各环节缺一不可，也要满足整体性要求，故一般需要较长时间，并且资金需求也比较庞大。

（三）外部性

按照是否具有竞争性和排他性，基础设施可以分为纯公共产品、准公共产品和私人产品。例如，以空旷的农村公路为代表，当行驶车辆非常少的时候，具有非常强的非排他性和非竞争性，此时属于纯公共产品；当行驶的车辆增多后，消费者使用的边际成本增加，该类设施的非竞争性减弱，此时属于准公共品；而当这种拥挤性变得足够强时，该类设施接近于私人产品。作为公共品或者准公共品，基础设施由于能降低其他要素的生产成本，有利于深化劳动分工和扩大市场规模，从而具有很强的外部性。正是因为基础设施具有强外部性且初始固定成本高、可变运营成本低等特征，当主要由私人部门提供时，可能存在市场失灵情况，因此需要由政府大量供给。

（四）空间性

基础设施的空间性在某种程度上也属于外部性，即空间外部性。传统的经济学理论一般假设生产要素在地理空间上的流动是瞬时完成的，不需要花费任何成本，认为基础设施对区域经济发展并不存在所谓的空间溢出影响。然而现实的经验观察告诉我们，生产要素和商品的运输成本不可能为零，基础设施对产出增长的影响不可能仅局限于建设地，而且对邻近地区的经济增长也产生作用，具有典型的空间外部性。

三、类型划分

由于基础设施是由若干部分组成，既可以作为整体，又具有可分性，因此采用总体和分立的观点对其进行研究，在理论和实践中日益得到确认。具体而言，可以根据职能、地域、形式和方向等多种分组标志划分基础设施类别。其中，以职能划分而言，可分为生产性、生活性和社会性；从地域划分来看，可分为全国性、区域性和地区性；就形式划分而言，可分为点状和线性等；从需求方向来看，可分为日常所需（如供水、道路和通信等）和随机所需（只是部分单位或居民需要，如专业维修和高等教育等）。各种分类方法并不相斥，研究者们往往根据自身的研究需要，采用不同的分类方法，从不同角度研究基础设施的作用。

就本书而言，我们借鉴比尔（Biehl，1991）、莫雷诺和洛佩兹·巴佐（Moreno & Lopez Bazo，2007）、边志强（2014，2015）的分类，根据基础设施的形式以及是否执行要素流动职能，将其划分为点基础设施和网络基础设施，以进一步挖掘不同基础设施类型的异质性影响。其中，网络基础设施作为一种运输通道，能实现各种生产要素（劳动、资本、原材料、能源）和信息在区域间进行流动和转移，包括能源、交通和通信设施。点基础设施作为地方性基础设施，在空间上主要是点状结构而非线状或网络状结构，包括市政和科教文卫等设施。

第二节　基础设施作为投入项直接作用于经济增长

一般而言，决定经济增长的基本要素主要有三个：劳动力供给、资本形成与技术进步。根据对基础设施内涵的界定，发现其具有基础性、整体性、外部性和空间性等特征。这些特征使基础设施投资不仅能直接转化为生产资本，加快资本形成，而且能带动劳动力供给增加和技术进步，从而有利于促进经济增长。更为重要的是，基础设施作为公共物品，不仅能为私人业主免费使用，而且溢出了大量的正外部效益，从而间接增加私人投资收益，提高私人投资回报率，产生持久的增长动力。现代经济增长理论在20世纪80年代之后，试图将基础设施投入引入经济增长模型，使其成为除私人资本、劳动和技术进步等基本要素之外能够长期影响经济增长的又一重要变量。在此，我们借鉴索罗（Solow，1957）、巴罗（Barro，1990）、赫尔腾等（Hulten et al.，2006）、于长革（2004，2006）、刘卓珺和于长革（2006）、吴明娥（2016）等的研究思路，搭建起基础设施资本投入影响经济增长的理论分析框架。首先，我们基于以索罗为代表的新古典经济增长理论，分析基础设施作为投入项直接作用于经济增长的过程。

根据索罗的新古典经济增长模型，我们将总量生产函数设定为 C - D 形式，即为：

$$Y = AL^{\beta_L} K^{\beta_K} \tag{3.1}$$

其中，Y 表示总产出，A 表示外生技术进步，L 表示劳动力投入，K 表示资本存量，包括公共基础设施资本存量和私人资本存量。参数 β_L、β_K 分别表示劳动产出弹性和资本产出弹性，满足条件 $0 < \beta_L < 1$、$0 < \beta_K < 1$ 和 $\beta_L + \beta_K = 1$，故该生产函数具有规模报酬不变特征。进一步对式（3.1）变形，可改写为：

$$\frac{\Delta Y}{Y} = \frac{\Delta A}{A} + \beta_L \frac{\Delta L}{L} + \beta_K \frac{\Delta K}{K} \tag{3.2}$$

因此，经济增长率 = 技术进步率 + 劳动产出弹性 × 劳动力投入增长率 + 资本产出弹性 × 资本投入增长率。由此可知，决定经济增长的基本要素主要有三个：劳动力供给、资本形成与技术进步。此时，基础设施资本投入 K^I 作为总资本投入 K 的重要组成部分，直接作用于生产过程，将对经济增长产生直接的促进作用。

第三节　基础设施通过外部性间接作用于经济增长

一、空间外部性：基于区域经济增长层面

当将研究尺度由总体进一步缩小到区域层面时，传统的经济增长理

论认为生产要素在区域之间的流动是瞬时完成的，故生产要素的迁移是不需要运输成本的。然而现实的经验观察告诉我们，生产要素和商品的运输是需要成本的，运输条件越差的地区成本越高，交通、通信等基础设施具有典型的空间外部性。具体而言，点基础设施和网络基础设施由于能使节点与节点之间、节点与域面之间以及域面与域面之间的功能相联系，促进产品和要素在区域间自由流动，从而对相邻区域产生空间溢出效应。一方面，作为重要的社会公共品，网络基础设施会改变所在地的可达性和吸引力，提升该区域的区位竞争优势，吸引邻近区域的生产要素向本地区集聚。另一方面，网络基础设施在将不同地区连成一个整体的同时，也会降低企业和家庭的运输成本，推动发达地区的生产要素向邻近落后地区扩散。当生产要素向优势地区聚集时，表现为正向空间溢出效应；反之，扩散时则产生负向空间溢出效应。与之不同的是，点基础设施虽然不承担要素流动职能，但是有利于增强建设地的公共资本禀赋，从而可能对生产要素产生集聚作用，表现为负向空间溢出效应。生产要素和商品的聚集或扩散取决于经济发展和运输成本的高低。普加和维纳布尔斯（Puga & Venables，1996）、奥塔维亚诺等（Ottaviano et al.，2002）等采用最新的经济地理模型测算发现，当运输成本逐渐降低，生产要素会出现"扩散→聚集→再扩散"。据此提出：

假设3.1：基础设施资本投入对生产要素既能产生聚集作用，又能产生扩散作用，故对区域经济增长的空间溢出效应并不确定。

假设3.1a：点基础设施资本投入对区域经济增长具有负向的空间溢出效应，而网络基础设施资本投入对区域经济增长空间溢出效应并不确定。

二、对生产要素产生外部性：基于市场一体化视角

在短期来看，基础设施资本可作为资本要素的重要组成部分，直接作用于经济增长。然而，从长期来看，随着基础设施资本存量的不断积累，各类基础设施由于自身的公共品属性，对劳动力和其他物质资本产生正向溢出效应。典型的如，随着交通和通信等基础设施的持续完善，有利于降低企业运输成本，提高企业交易效率。教育和医疗等卫生设施的完善，将有利于提升该地区劳动者的身体素质和生产技能。鉴于此，以巴罗（Barro，1990）为代表的新经济增长理论试图将基础设施资本 K^I 从总资本投入 K 中分离出来，单独纳入生产函数，以分析其是否通过对其他生产要素产生外部性，从而影响经济增长。接下来，本书通过借鉴巴罗（1990）、于长革（2004）、阿根诺（Agenor，2008a，2008b）和吴明娥（2016）等的内生经济增长建模思路，分析基础设施资本投入通过对生产要素产生外部性作用于经济增长的过程。

（一）基本模型

假定在一个无限连续时间的封闭经济系统中，工人与消费者的人数与人口总数是一致和固定的，代表性家庭是单一和无限存活的，并追求效用最大化。其效用函数 U 具体为：

$$U = \int_0^x u(c) e^{-\rho t} \mathrm{d}t \tag{3.3}$$

其中，C 为人均消费，$\rho > 0$ 为常数，表示时间偏好率。

进一步，我们分两种情况假定瞬时效用函数的形式，即：

$$U = \begin{cases} \dfrac{c^{1-\sigma} - 1}{1-\sigma}, & \sigma > 0 \text{ 且 } \sigma \neq 0 \\ \ln c, & \sigma = 0 \end{cases} \qquad (3.4)$$

此时，边际效用有固定的弹性 $1/\sigma$。

另外，假定每个家庭作为生产者，生产单一的交易商品，可用于消费或投资。其生产函数为：

$$y = f(k) \qquad (3.5)$$

其中，y 和 k 分别代表工人的人均产出和人均资本。同时，假定每位生产者的工作时间是既定的，在劳动与闲暇二者之间别无选择。因此，当代表性家庭追求其效用最大化时，可获取人均消费的增长率，即：

$$\frac{\dot{c}}{c} = (1/\sigma)(f' - \rho) \qquad (3.6)$$

其中，f' 表示广义资本的边际产出。进一步假定广义资本具有规模报酬不变特征，即：

$$y = Ak \qquad (3.7)$$

其中，A 为正数，表示资本规模报酬不变时的净边际产出，即 $f' = A$。需要说明的是，当广义资本主要包括人力和非人力两类资本时，资本规模报酬不变的假设才更为符合现实。同时，在实际生产中两类资本之间并不需要具有完全替代弹性，每一类资本仍然具有规模报酬递减性质。在此基础上，将 $f' = A$ 代入式（3.6），人均消费增长速度 γ 可改写为：

$$\gamma = \frac{\dot{c}}{c} = (1/\sigma)(A - \rho) \qquad (3.8)$$

假定生产技术既可以使经济达到平衡路径时人均消费增长率为正；又可以使其限定在一定范围内。由此可得：

$$A > \rho > A(1 - \sigma) \qquad (3.9)$$

此时，不等式的前半部分意味着人均消费的稳态增长率为正；而后一部分 $A > 0$、$\rho > 0$ 和 $\sigma \geqslant 1$ 时成立，保证了人们可获得的效用是有限的。

根据上述模型的推导，我们认为经济总是处于平衡增长路径之上，人均水平的产出、消费和投资均以 γ 的速度增长。当给定初始资本存量 K_0 后，其他变量的大小亦可相应推导而出。尤其是，在净投资为 γk 时，初始的消费水平可表示为：

$$c_0 = k_0 \times (A - \gamma) \tag{3.10}$$

（二）基础设施资本投入与内生经济增长

假定在封闭经济中，仅有一个典型无限寿命的个人，其目标是追求效用贴现流量的最大化：

$$C_t = \max_{\{c_t\}} \int_0^{\times} U(c_t) e^{-rt} \mathrm{d}t \tag{3.11}$$

其中，C_t 表示私人消费，r 表示主观不变贴现率，效用函数 $U(\cdot)$ 为严格凹函数，并且一阶导数小于零。假设劳动供给没有弹性且恒定不变，即 $n = 0$ 和 $\ln t = 1$，所有的变量将是人均数，个人的预算约束随政府征税的变化而变化。

假定封闭经济中的生产部门由各式各样的企业组成，代表性企业的生产函数满足柯布—道格拉斯（Cobb – Douglas）形式，即：

$$Y_t = a(K_t^F)^{1-\alpha}(K_t^I)^{\alpha} \tag{3.12}$$

其中，Y_t 表示企业经济总产出；α 为正值，代表技术进步；K_t^F 为企业物质资本存量；K_t^I 为公共基础设施资本存量，在模型中不考虑其可能存在的挤出效应。与此同时，进一步假定市场是自由竞争的，资本和劳动力等生产要素可以自由流动。在经济处于稳态增长水平时，资本成本 i_t 和工资率 W_t 分别等于各自的边际产出，即：

$$i_t = (1 - \alpha) a (K_t^F)^{1-\alpha} (K_t^I)^\alpha \tag{3.13}$$

$$W_t = \alpha a (K_t^F)^{1-\alpha} (K_t^I)^\alpha \tag{3.14}$$

一般而言，政府通过征税筹集财政收入，然后用于公共基础设施投资 K_t^I、公共消费 Cp_t、一次总付性转移支付 Tp_t 和企业投资补贴 θK_t^F 等领域。在此，我们假定政府预算保持平衡，既不存在盈余也不留缺口，政府预算约束可表示为：

$$T_t = K_t^I + Cp_t + Tp_t + \theta K_t^F \tag{3.15}$$

其中，T_t 表示政府 t 时期的税收收入。如果用 φ_1 和 φ_2 分别表示税收收入用于公共消费和转移支付的部分，并且 $\varphi_1 + \varphi_2 < 1$，$\varphi_j \lfloor (0, 1)$，$j = 1, 2$。因此，则有：

$$Cp_t = \varphi_1 T_t \tag{3.16}$$

$$Tp_t = \varphi_2 T_t \tag{3.17}$$

将式（3.16）和式（3.17）代入式（3.15），政府预算约束可重写为：

$$T_t = K_t^I + (\varphi_1 + \varphi_2) T_t + \theta K_t^F \tag{3.18}$$

根据以上推导过程，我们试图展开公共基础设施投资对经济增长的影响分析。首先，假定政府支出来源于同期所得税，个人的预算约束随政府征税的变化而变化，具体可表示为：

$$C_t + K_t^F = (1 - \tau) [W_t + i_t K_t^F] + Tp_t + \theta K_t^F \tag{3.19}$$

其中，所得税税率 $\tau \lfloor (0, 1)$，投资补贴 $\theta \lfloor (0, 1)$，采用每年单位总投资中的消费品衡量。需要说明的是，在求解个人效用最大化时，将 Tp_t 看作是既定的，同时为保持一般性，将企业物质资本与公共基础设施资本的折旧率均假定为零。

然后，我们运用庞特里亚金最大化原则来求解典型个人的效用最大化，其现值哈密尔顿函数可以表示为：

$$H(\,\cdot\,) = U(C) + \gamma\left[-C + (1-\tau)(W + iK^F) + Tp \right] / (1-\theta)$$

$$(3.20)$$

于是，必要最优条件为：

$$\gamma = U_C(C)(1-\theta) \tag{3.21}$$

$$\gamma = \gamma r - \gamma\left(\frac{1-\tau}{1-\theta}\right)i \tag{3.22}$$

$$K^F = \frac{-C + (1-\tau)(W + iK^F) + Tp}{1-\theta} \tag{3.23}$$

由于 $H(\,\cdot\,)$ 是控制变量和状态变量上的联合凹函数，故在有限横截性条件得到满足的情况下，即 $\lim_{t\to\infty} e^{-rt}\gamma(N - (K^F)^*) \geqslant 0$，最优必要条件也是充分条件。其中，$(K^F)^*$ 为企业资本的最优值。

已知在均衡状态下 $T_t = \tau a(K_t^F)^{1-\alpha}(K_t^I)^{\alpha}$ 成立，政府的预算约束可重写为：

$$\tau a(K_t^F)^{1-\alpha}(K_t^I)^{\alpha} = K_t^I + (\varphi_1 + \varphi_2)\tau a(K_t^F)^{1-\alpha}(K_t^I)^{\alpha} + \theta K_t^F \tag{3.24}$$

这等同于：

$$K_t^I = (1-\varphi_1-\varphi_2)\tau a(K_t^F)^{1-\alpha}(K_t^I)^{\alpha} - \theta K_t^F \tag{3.25}$$

利用均衡条件 $i_t = (1-\alpha)a(K_t^F)^{1-\alpha}(K_t^I)^{\alpha}$、$W_t = \alpha a(K_t^F)^{1-\alpha}(K_t^I)^{\alpha}$ 和定义 $Tp_t = \varphi_2\tau a(K_t^F)^{1-\alpha}(K_t^I)^{\alpha}$ 以及表示公共资本变化的方程式，我们可以用一组微分方程来描述经济发展：

$$\frac{\dot{C}}{C} = \frac{1}{\sigma}\left[-r + (1-\alpha)\left(\frac{1-\tau}{1-\theta}\right)a(K^F)^{1-\alpha}(G^I)^{\alpha} \right] \tag{3.26}$$

$$\frac{\dot{K}^F}{K^F} = -\frac{C}{K^F}\frac{1}{1-\theta} + \frac{1-\tau(1-\varphi_2)}{1-\theta}a(K^F)^{1-\alpha}(K^I)^{\alpha} \tag{3.27}$$

$$\frac{\dot{K}^I}{K^I} = a\left(\frac{K^F}{K^I}\right)^{1-\alpha}\left(\tau(1-\varphi_1-\varphi_2) - \frac{\theta[1-\tau(1-\varphi_2)]}{1-\theta} \right) + \frac{\theta}{1-\theta}\frac{C}{K^I}$$

$$(3.28)$$

其中，$-\sigma\cdots U_{cc}(C)C/U_c(C)$ 为常数，表明边际效用弹性不变。

根据式（3.26）、式（3.27）和式（3.28）所组成的微分方程组，我们可分析封闭状态下的经济运行状况。据此可发现，企业物质资本投入将受制于"规模报酬递减规律"，即进一步增加该类资本投入将导致其边际产量不升反降。然而，随着公共基础设施资本投入增加，企业物质资本的边际产量下降趋势将得以遏制，经济增长可获得内生动力。原因在于，企业物质资本投入受制于"规模报酬递减规律"，随着该类资本投入的持续增加，企业不仅没有获取较为理想的收益，反而由此造成投资需求不足，进而使企业产出增长率难以保障。与此同时，如果由政府投资的基础设施能够及时供给，由于该类投资具有非竞争性和非排他性，将对企业产生很强的正外溢效应，从而弥补企业因投资增加所造成的边际产量损失。

本书认为基础设施资本投入是私人资本和劳动力等其他生产要素能产生正外部性的关键因素之一，在于基础设施资本投入有利于打破国内市场分割，促进市场一体化发展。典型的如，通过加强交通通信、能源水利以及科教文卫等基础设施建设，有利于缩短地区间空间运输时间、降低区域间贸易成本、促进专业分工等，以打破各地的自然性和技术性市场分割（范欣等，2017）。历史经验表明，分割和孤立的市场难以发挥市场机制的积极作用，整合和统一的市场不仅有利于扩大市场规模、深化专业分工（盛斌、毛其淋，2011），而且能够促进市场充分竞争、推动市场规则逐步规范，从而使各类生产要素更易自由流动并流向最有效率的部门和区域，最终实现总体经济的高质量增长。鉴于此，我们首先从市场一体化的视角出发，揭示基础设施资本投入如何通过对私人资本产生正外部性，进而推动经济增长。具体理论机理分析如下：

在促进市场一体化过程中基础设施资本投入，通过降低企业的交易成本，提高企业的交易效率，进而推动经济增长。一般而言，产品价值在两地贸易过程中犹如冰山一样会融化掉一部分，这部分消耗掉的产品价值就是产品交易成本。事实上，在现实生活中，两地基于各自的比较优势进行生产，由此产生套利分工的空间，该行为发生时将不得不考虑产品的交易成本。产品交易成本的发生，既受到地理距离阻隔的影响，又受到两地因劳动者素质、技术水平的成熟度等不同而形成的技术性市场分割影响（范欣等，2017），同时还受制于制度性壁垒的掣肘（陆铭、陈钊，2009）。如何打破这些自然性、技术性和制度性市场分割，成为各生产要素能否自由流动的关键？除了通过调整当前的财政制度和官员绩效考核制度（皮建才，2008；范子英，2010 等）、提高各地司法独立性（陈刚、李树，2013）等制度设计优化来削弱地方市场分割外，也可通过加强交通通信和科教文卫等基础设施建设，改善区域间运输条件，畅通区域间产品信息交流，从而削弱信息不对称发生的可能性，最终使地方市场趋于整合、统一。此外，产品在跨区域流动过程中，需要考虑产品征税情况，税收收入的高低将影响市场分割程度（沈坤荣、付文林，2006）。同时，我国基础设施建设的资金基本来自政府的财政收入和地方融资，因此产品征税的高低也将影响基础设施建设。由此使基础设施资本投入影响市场分割程度的作用机理变得复杂化。总体而言，基础设施资本投入对市场一体化的正向作用居多。

"以邻为壑"的市场分割政策在短期内对本地经济增长的作用还具有不确定性，但从长期和总体经济增长来看，毫无疑问是存在负向作用的。具体而言，一方面当其他地区采用市场分割政策时，本地区放弃市场分割策略，则不利于对该地处于相对弱势企业的保护和扶持，从而不利于本地经济增长。但是，另一方面当两地政府均采取分割市场政策后，将相互限制外地的产品流入本地市场，人为地割裂区域之间的贸易往来，不利于发挥各地的比较优势，从而对本地经济增长产生不利影响（刘小勇，2013）。因此，从短期来看，地方市场分割政策对本地经济增长的影响并不确定。但是，从长远来看，随着市场经济体制改革的不断深入，民营经济将迎来飞速发展，企业组织形式也将多元化，区域之间的经济联系将越发紧密，统一、整合的国内市场将更有利于市场充分竞争和规模经济的产生，从而对总体经济增长产生显著促进作用。

将地区间的综合市场按产品类型进一步细分，可分为商品、资本品和劳动力三大市场。由于每一类市场所包含的产品种类不同，并且每一类产品在区域间的相对价格也存在差异，这使中国各省份三类市场的分割程度存在显著差异。按照以往经验，相比商品和资本品市场，劳动力市场的分割程度更高（赵奇伟、熊性美，2009），劳动力要素限制是中国以往最为严重的地方保护形式（李善同等，2004）。三类市场分割程度的不同，导致其在基础设施投入促进经济增长中的传导作用将存在差异。此外，各类产品的流通对不同类型的基础设施依赖程度不同，商品市场和劳动力市场的运输可能更多地与铁路和公路等交通基础设施建设有关，而资本品市场的流通可能不仅仅依赖交通基础设施的完善，还与能源、市政等其他基础设施有关。与此同时，不同产品的市场分割程度对本地经济增长的影响也可能存在差异。相比资本品和劳动力，商品的流通与否直接关乎企业的绩效，因此其市场一体化程度对本地经济增长的影响将更为明显。

改革开放以来，中国沿海地区相比内陆地区具有更快的经济发展速度，是什么因素导致两大地区存在如此巨大的差异？王小鲁等（2009）、樊纲等（2011）和韦倩等（2014）均认为市场因素在其中扮演着重要角色。相比内陆地区，沿海地区由于地处沿海，能更早地承接国际产业转移和外商直接投资，从而快速做大了区域内经济体量，同时也培养起一大批锐意进取的民营企业，提高了市场发育程度。经济体量的持续扩大以及市场化要求的不断提升，促使沿海地区各省份内在地要求进一步扩大市场，削弱地区间的市场分割程度。京津冀、珠三角和长三角的一体化发展战略在此内在要求下相继问世。据此提出：

假设3.2：基础设施资本投入有助于推动国内市场一体化，促进要素自由流动，降低产品交易成本，从而对经济增长产生正向作用。

假设3.2a：相比点基础设施资本投入，网络基础设施资本投入主要承担着要素流动职能，对国内市场一体化的影响可能更为明显。

假设3.3：相比资本品和劳动力市场，商品市场一体化的中介作用可能更大。

假设3.4：在沿海地区，综合市场一体化的传导影响可能更突出。

三、对技术进步产生外部性：基于区域创新能力视角

赫尔腾等（Hulten et al., 2006）在巴罗（Barro）模型的基础上，进一步放宽了技术水平外生的假设，认为基础设施不仅可以对私人资本和劳动力等要素产生正外部性，提高要素边际生产率，而且还可以影响技术水平，从而使生产可能性曲线向外移动，进而使生产函数产生规模报酬递增影响。赫尔腾模型具体可写为 $Y = A(K^I, t) F(K^F, L, B)$。其中，$Y$ 表示总产出水平，K^I 表示基础设施资本存量，K^F 表示非基础设施资本存量，L 表示劳动力投入。一般而言，创新并非一个孤立的现象，是知识创造的重要输出；同时知识的溢出、现有技术的提高和新产品的运用等又有利于提升技术进步（Romer, 1986、1990；Grossman & Helpman, 1991）。区域作为创新的重要载体，区域创新能力的高低将直接关乎该地区的技术进步水平，从而影响该地区的经济增长。鉴于此，本书

拟基于区域创新能力视角，探索基础设施资本投入如何对技术进步产生外部性，进而推动经济增长。具体理论机理分析如下：

创新这一词汇源于熊彼特的《经济发展理论》，是一种以知识为基础的创造性活动，伴随着关键资源（人力、信息和资金等）成长的过程。区域创新能力则是指某个区域的各部门在一定的环境条件下，充分利用其特有的创新资源，将从未有过的"生产要素"和"生产条件"新组合引入生产体系，使创新构想转化为新产品、新工艺和新服务的一种综合能力（Stern et al.，2002；陈劲等，2007）。一般而言，区域创新能力的高低在于该区域整个技术创新链条的完善程度，该链条包括知识创造能力、知识获取能力、企业创新能力、创新环境和创新绩效等关键环节（柳卸林、胡志坚，2002）。基础设施由于其自身特性，不仅能增强建设地的自主创新能力，典型的如信息类、科技类基础设施；而且能使节点与节点之间、节点与域面之间以及域面与域面之间的功能相联系，加快知识信息、各类要素和产品在区域间自由流动，促进区域间的创新溢出，从而完善知识创造、知识获取等区域技术创新的各环节。同时，就具体企业而言，基础设施改善有利于加深市场一体化程度，从而激发企业扩大产品市场规模。产品销售和市场规模的扩大有利于分摊企业研发成本，提高研发投资回报率，从而激励企业加大研发投入，提高企业的整体创新能力（蔡晓慧、茹玉骢，2016）。值得注意的是，基础设施投资的增加也可能在一定程度上加剧资本紧张程度，推高市场利率，使企业融资成本上升，从而挤出回报周期较长的研发投资项目，抑制企业创新能力的提升。

创新并非一个孤立的现象，区域创新能力的培育和提高是以促进经济增长和提高区域整合竞争力为原始动力，是经济周期的关键解释因素之一。按照能力组合的观点，区域创新能力是以高校的知识创新能力为基础，以企业的技术创新能力为核心，以政府的制度创新能力和管理创新能力为保障。其中，技术创新能力是影响产业结构转型升级和发展动力转换的关键因素，一个地区高质量增长的过程就是该地区技术创新能力持续增强的过程（傅家骥、程源，1998）。在新经济增长理论中，技术进步被作为经济长期增长的关键因素。技术进步的获取就在于知识的溢出、现有技术的提高和新产品的运用等（Romer，1986、1990；Grossman & Helpman，1991）。制度创新能力和管理创新能力对于促进经济增长的重要作用主要体现在政府通过制定良好的创新政策，并在区域内引导形成活跃的创新氛围，从而提高劳动力和资本等生产要素的质量，优化资源配置效率。据此提出：

假设 3.5：基础设施资本投入可通过增强区域创新能力，提升经济增长水平。

就中国而言，不同地区的基础设施投入和经济发展水平存在差异，区域创新能力在其中的传导影响亦应不同。一方面，在经济相对发达的地区，具有更加完备的产业体系，能集聚更多的高素质人才，使其对外部技术具有更强的吸收能力。企业或区域的技术吸收能力是增强其创新能力的动力来源，只有在拥有高水平的技术吸收能力前提下，才能更加完整地吸收知识和信息并将其运用于创新活动之中，提升区域整体创新能力（Pennings & Harianto 1992）。另一方面，在经济更加发达的地区，政府财政收入更加雄厚，能将更多的资金投入于科研机构，同时政府和民众的思想意识更加开放，整个社会的创新氛围比较浓厚，对新思潮和新产品的接收度更高。这不仅使该地区的自我创新能力持续增强，而且能不断使创新能力转化为经济高质量增长的动力。因此，在经济更加发达的地区，更有利于发挥区域创新能力对经济高质量增长的促进作用。

一般而言，经济更加发达的地区，由于具有更为富裕的财政收入用于公共支出，从而使该地的基础设施资本密度相应更高。其中，科研院所的不断密集，不仅有利于集合资源纵向挖掘某一领域的知识深度，突破原创性的前沿创新成果，而且有利于整合不同领域的研究资源，形成交叉学科的技术创新。道路交通密度的提升，则有利于削弱技术知识传播过程中所受到的空间距离影响，使以往仅能通过口头和面对面交流的隐形技术知识得以交流，极大地推动了技术知识的自由流动并降低其流动成本（Almeida & Kogut，1999），从而加快了该地区的知识溢出和创新能力提升。随着信息基础设施的不断完善，更能使潜在的创新主体突破时间和空间限制，在任何时间、地点以图片、声音和数据等方式获取和输出各类信息，从而极大地加快了技术知识的传播速度并降低其传递成本，让多元化的信息汇集各类创新主体，为其技术创新带来启发（张永林，2016；薛成等，2020）。因此，在经济更加发达的地区，随着基础设施资本密集度的不断提升，更易激发当地的创新能力。据此提出：

假设 3.6：当地经济越发达，区域创新能力这一传导作用越明显。

第四节　本章小结

本章的核心目的在于构建基础设施资本投入影响经济增长的理论分析框架。首先，从相对广义层面定义了本书的基础设施内涵，即物质性基础设施，包括生产性（经济）基础设施和非生产性（社会）基础设施，总结出基础设施具有基础性、整体性、外部性和空间性四大特性，并进一步根据基础设施的形式以及是否执行要素流动职能，将基础设施划分为点基础设施和网络基础设施两类。其次，以索罗的新古典经济增长理论为基础，分析了基础设施资本存量作为一般的资本投入项，直接作用于经济增长的过程。最后，聚焦基础设施资本投入的外部性，分别从区域层面分析基础设施资本投入的空间外部性影响经济增长的作用过程；从市场一体化和区域创新能力的视角分析基础设施资本投入对生产要素和技术进步产生外部性，进而影响经济增长的作用机理。

第四章

基础设施资本投入估算：
原理、框架与结果分析

　　精确估算基础设施资本存量是研究其影响经济增长的前提和关键。遗憾的是，我国并未公布基础设施资本存量的官方数据，并且现有相关研究也存在进一步完善的空间。因此，本章在合理界定基础设施的统计口径基础上，采用永续盘存法的非传统途径框架（PIM），严谨构建基期资本存量、固定资产投资价格指数和资产使用年限等关键指标，以及资产退役函数、"年龄—效率"函数和"年龄—价格"函数等相关参数函数，审慎估算全国 1985～2017 年和省际 1993～2017 年基础设施的资本存量总额、资本存量净额和生产性资本存量。

第一节　估算原理

　　广义的资本存量是从为社会再生产提供各种必要要素的角度定义，包括物质、金融、人力、社会资本等。狭义的资本存量是从社会生产、再生产的基本物质生产手段来定义的，包括资本存量总额（K）、资本存量净额（KN）和生产性资本存量（KP）等概念（曾五一、任涛，2016）。其中，K 是指目前正在服役的所有资本品在某一年份的购置价值总和，不考虑资本品已服役年限的长短。KN 是指市场价格的固定资产价值，等于 K 减去固定资本消耗累计额。KP 能反映出固定资产的生产能力，在生产分析中能够恰当地测量资本服务流量，表示总资本存量中实际流转到生产服务中的资本投入数量。三者既存在共同点，均是以固定资产投资的时间序列为起点进行计算，并且使用相同的资产退役函数与使用年限；然而又具有较大差异，KP 严格区别于 K 或 KN，具体可见表 4.1。

表 4.1 $KN(K)$ 与 KP 的主要区别

类型	$KN(K)$	KP
测算目标	收入与财富测度	生产与效率测度
指标类型	价值指标	物量指标
加总单位	平均役龄价格函数（退役函数）	平均役龄效率函数
推导流量数据	经济折旧	按资产类型划分的资本服务
指标应用	资产负债表、国民财富等	资本服务和全要素生产率测算等

注：作者参考 OECD（2009）、魏辉和王春云（2016）整理总结。

首先，从基本用途来看，K 和 KN 作为价值指标，用于测度收入和财富，是资产负债表的重要组成部分。KP 则作为物量指标，用于测算资本的生产能力与效率，是衡量经济增长的基础。其次，从计算方法来看，K 是以退役函数为权重对固定资产投资时间序列加权求和。KP 则以平均役龄效率函数为权重对固定资产投资时间序列加权求和，平均役龄效率函数由退役函数和"年龄—效率"函数共同决定。KN 的计算方式则有两种：一种是基于 PIM 的传统途径，通过资本存量总额减去假定的固定资本消耗得到。另一种是基于 PIM 的非传统途径，通过资产价值公式，将"年龄—效率"函数进行名义利率贴现得到"年龄—价格"函数，再以平均役龄价格函数为权重对固定资产投资时间序列加权求和得到。最后，在推导流量数据方面，通过 PIM 非传统途径计算得到的 KN，可倒推出资产经济折旧的时间序列数据。对于物理意义上的 KP 而言，可通过各类资产的资本租赁价格作为权重，得到资本服务流量。

由于在估算资本存量净额时，非传统途径相比传统途径具有以下三方面的优势：一是传统途径局限于测算财富性资本存量（K、KN），而非传统途径则将资本存量及其服务效率纳入了统一的框架中，估算结果包括 K、KN 和 KP 等。二是非传统途径能够保证估算的存量和流量数据一致，使存量净额和固定资本消耗的估算都以同样的假设（"年龄—效率"函数和贴现率）为基础（OECD，2001a）。三是非传统途径更符合实际地考虑了资产折旧率随着使用年限变化而变化的情况，可计算出资产的可变折旧率，而不是经验假定一个不变的折旧率。因此，美国劳工统计局、澳大利亚统计局广泛使用并倡导这一方法。鉴于此，本章将采用 PIM 的非传统途径测算基础设施的 K、KN 和 KP。具体测算思路为：首先，通过固定投资价格指数，将基础设施投资调整为可比价数据；其次，在获得可比价投资的基础上，通过设定基础设施资产退役函数，测算基础设施资本存量总额；再次，通过设定基础设施的"年龄—效率"函数，将资本存量总额调整为标准效率单位的生产性资本存量；最后，通过基础设施的"年龄—效率"函数和资产价值公式计算其"年龄—价格"函数，进而估算基础设施的资本存量净额。

第二节 估算框架

一、估算步骤

根据 PIM 非传统途径的估算思路，首先测算基础设施的资本存量总额：

$$K_{i,t} = K_{i,t-1} + I_{i,t} - R_{i,t} = \sum_{\tau=0}^{T-1} S_{i,\tau} I_{i,t-\tau} \qquad (4.1)$$

其中，K_t 和 K_{t-1} 为第 t 年和 $t-1$ 的资本存量总额，I_t 为第 t 年的可比价投资额，T 为资产的最大使用年限，R_t 表示在第 t 年退役的资产，S_τ 表示役龄为 τ 的固定资产残存率，二者均由资产退役模式决定。目前，可供选择的资产退役模式主要有四种：一是同时退役模式，假定所有资产在未到平均使用年限之前均不退出，而达到之后同时退出；二是线性退役模式，假定资产从投入生产后，在两倍的平均使用年限内，每年以相同的退役率退出；三是延长退役模式，假定资产投入生产一段时间后才开始退役，并且在短于两倍的平均使用年限内完全退出；四是钟型退役模式，假定资产从安装后某一时间逐渐开始退役，在平均使用年限附近退役率达到顶峰，之后逐渐开始下降。在核算实践中，由于钟型退役模式更加符合大部分资产的实际退役情况，更为国际核算所接受。其中，尤以其对数正态频率分布形式更为常见，具体公式为：

$$f_\tau = \frac{1}{\sqrt{2\pi} \times \sigma} \times \frac{1}{\tau} \times \exp\left(-\frac{(\ln\tau - \mu)^2}{2\sigma^2}\right),$$

$$\sigma = \sqrt{\ln(1 + 1/(m/s)^2)}, \ \mu = \ln m - 0.5\sigma^2 \qquad (4.2)$$

其中，f_τ 为资本品在役龄为 τ 时的退出比例，σ 和 μ 分别为对数正态频率分布的标准差和均值，m 和 s 分别为正态分布的标准差和均值。当 m 作为资本品的平均服役年限时，s 一般设定为 $m/2$ 和 $m/4$ 之间。参考曹跃群等（2012），取 $s = m/4$，由资本品的退役模式可得相应的存活函数 $S_\tau = 1 - \int_0^t f_\tau$。

其次，随着资本品役龄的增加，由于物理上有形和新技术出现的无形磨损，其相对效率会下降。为了对不同役龄资本品进行"当量"处理，以保证其效率一致性，我们通过平均役龄效率函数加总可比固定资产投资获得 KP：

$$KP = \sum_{\tau=0}^{T-1} d_\tau \times S_\tau \times I_{t-\tau} = \sum_{\tau=0}^{T-1} \varphi_\tau \times I_{t-\tau} \qquad (4.3)$$

其中，d_τ 为"年龄—效率"函数，φ_τ 为平均役龄效率函数，由退役模式和"年龄—效率"函数共同决定。一般而言，可供选用的"年龄—效率"函数包括五种："单驾马车"模式、几何递减模式、双曲线下降模式、线性递减模式和两步"年龄—效率"。杨玉玲和郭鹏飞（2017）认为区分 K、KN、KP 的关键在于"年龄—效率"函数，选择不同相对效率模式，三者之间呈现不同的数量关系，在"单驾马车"效率模式下，K 和 KP 数值上相等，在几何效率下降模式下，KN 和 KP 数值上相等。为在概念和测算上严格区分三者，并与国际测算接轨，本书借鉴澳大利亚统计局和美国劳工统计局的实践做法，选择双曲线下降模式，即资产早期效率下降较慢，后期下降幅度加快，具体形式为：

$$d_t = (T - t)/(T - bt) \qquad (4.4)$$

其中，$b \leqslant 1$ 为斜率参数，设定越高表明资产效率损失越慢。在估计基础设施、点基础设施、网络基础设施和非基础设施的"年龄—效率"函数时，参考《资本测算手册（2009）》第 92 页关于 b 的设置，结合后文关于四者资本寿命的确定，分别将其设置为 0.75、0.75、0.70 和 0.70。

最后，考虑到资本品随着役龄的增加，由于运作方式的改变和时间变化产生的资产贬值，其资产价格也会下降。通过平均役龄价格函数加总可比固定资产投资，可获得资本存量净额 KN，具体形式为：

$$KN = \sum_{\tau=0}^{T-1} p_\tau \times S_\tau \times I_{t-\tau} = \sum_{\tau=0}^{T-1} \psi_\tau \times I_{t-\tau} \qquad (4.5)$$

其中，p_τ 表示"年龄—价格"函数，ψ_τ 表示平均役龄价格函数，由退役模式和"年龄—价格"函数共同决定。根据《资本测算手册——关于资本存量、固定资本消耗及资本服务测算（2001）》的资产定价公式，假定资本服务价格 C 恒定不变①，则资本品租金收入的变动模式即为资本服务数量的变动模式，由此通过公式（4.6）连接起资本品的相对价值与相对效率。

$$P_t = \sum_{\tau=1}^{T} \frac{d_\tau \times C_{t+\tau}}{(1+\xi)^\tau} \qquad (4.6)$$

其中，ξ 为贴现率，一般取 5%。基于此，"年龄—价格"函数为 $p_t = P_t/P_1$。

二、资产分类与统计范围调整

由于我国统计数据经过两次重大补充、一次重大调整和三次重大修订，因此在确定基础设施的历年投资数据前，需要对其统计范围进行归并。根据第三章对基础设施的定义与分类，结合《国民经济行业分类标准（1993 年，2002 年）》，未调整前的基础设施统计范围可界定为 2002

---

① 测量资本存量时一般不处理这种价格变化的影响，通常认为价格指数平减了资产服务价格的变动，即以不变价对资本服务估价（蔡晓陈，2009）。

年及以前年份的八个行业和 2003 年及以后年份的九个行业。遗憾的是，按行业大类划分的统计数据在 2003 年之前是缺失的。对此，考虑到各行业大类的统计数据在所属行业门类中的比例较为稳定（根据 2003 年之后公布的数据计算发现），故根据研究经验及数据的可得性，选取 2003～2008 年的均值作为 2003 年之前各行业大类的所占比例，以计算获取相关缺失数据。基础设施统计范围的行业大类级调整见表 4.2。

表 4.2　　　　　　中国基础设施行业分类（1993～2017 年）

编号	2003～2017 年	1993～2002 年	编号	2003～2017 年	1993～2002 年
1	电力、燃气及水的生产和供应业	电力、煤气及水的生产和供应业	5	科学研究、技术服务和地质勘查业	科学研究、综合技术服务业
1.1	电力、热力的生产和供应业	电力、蒸汽、热水的生产和供应	5.1	研究与实验发展	科学研究业
1.2	燃气的生产和供应业	煤气的生产和供应业	5.2	专业技术服务业	综合技术服务业
1.3	水的生产和供应业	自来水的生产和供应业	5.3	科技交流和推广服务业	
2	交通运输、仓储和邮政业	交通运输、仓储和邮电通讯业	5.4	地质勘查业	[地质勘查、水利管理业中的地质勘查业]
2.1	铁路运输业	铁路运输业	6	教育	教育、文化艺术和广播电影电视业
2.2	道路运输业	公路运输业	6.1	教育	教育
2.3	城市公共交通业	[社会服务业里公共设施服务业大类中的市内公共交通业]	7	文化、体育和娱乐业	文化艺术业
2.4	管道运输业	管道运输业	7.1	新闻出版业	
2.5	水上运输业	水上运输业	7.2	文化艺术业	

续表

编号	2003～2017 年	1993～2002 年	编号	2003～2017 年	1993～2002 年
2.6	航空运输业	航空运输业	7.3	广播、电视、电影和音像业	广播电影电视业
2.7	装卸搬运和其他运输业	交通运输辅助业	7.4	体育业	[卫生、体育和社会福利业中的体育业]
		其他交通运输业	7.5	娱乐业	[社会服务业中的娱乐服务业]
2.8	仓储业	仓储业	8	卫生、社会保障和社会福利业	卫生、体育和社会福利业
2.9	邮政业	（邮电通讯业大类里的邮政业）	8.1	卫生	卫生
3	信息传输、计算服务及软件业	[邮电通讯业大类里的电信业和邮电业]	8.2	社会保障业	社会福利保障业
3.1	电信和其他信息传输服务业		8.3	社会福利业	
3.2	互联网和相关服务	[社会服务业门类里计算机应用服务业]	9	公共管理和社会组织	国家机关、政党机关和社会团体
3.3	软件和信息技术服务业		9.1	中国共产党机关	政党机关
4	水利、环境和公共设施管理业	地质勘查业、水利管理业	9.2	国家机构	国家机关
4.1	水利管理业	水利管理业	9.3	人民政协和民主党派	
4.2	生态保护和环境治理业	[社会服务业门类里公共设施服务业大类中的其他行业]	9.4	群众团体、社会团体和宗教组织	社会团体
4.3	公共设施管理业		9.5	基层群众自治组织	基层群众自治组织

注：表中斜体字部分为调整内容。其中，小括号（）是在1992～2002年行业门类中调整，而中括号［］则是在行业门类间调整。

根据行业大类级调整之后，一是将点基础设施的统计范围界定为 1993 ~ 2002 年的地质勘查与水利管理业，剔除了城市公共交通业的公共设施服务业，卫生、体育和社会福利业，教育、文化艺术及广播电影电视业，科学研究和综合技术服务业，国家机关、政党机关和社会团体；2003 ~ 2017 年的建筑业，科学研究和技术服务业，水利、环境和公共设施管理业，居民服务、修理和其他服务业，教育，卫生和社会工作，文化、体育和娱乐业，公共管理、社会保障和社会组织。二是将网络基础设施的统计范围界定为 1993 ~ 2002 年电力、煤气及水的生产和供应业，交通运输、仓储和邮电通讯业，社会服务业中城市公共交通业；2003 ~ 2017 年的电力、燃气及水的生产和供应业，交通运输、仓储及邮政业，计算机、信息通讯技术业。三是将非基础设施的统计范围界定为除去点基础设施和网络基础设施相关行业以外的所有其他行业。

三、关键指标构建与数据说明

（一）基期资本存量估算

采用 PIM 估算资本存量时，样本时间序列越长，基期资本存量估算的误差对于后续年份资本存量测算结果的影响将会越小（张军等，2004）。现有研究在测度全国基础设施资本存量时一般将基年确定为 1953 年或 1981 年，在测度省份基础设施存量时有将基期确定为 1993 年或 1997 年（金戈，2012，2016；胡李鹏等，2016）。鉴于各省份早期分行业固定资产投资数据和固定资产投资价格指数不可得，同时考虑到本书还要对样本期内基础设施的统计范围进行行业大类级调整，故我们在测度全国时间序列数据时将基年定为 1985 年，测度省份数据时将基年定为 1993 年。对于基期资本存量的估算，主要有以下两种方法：一是通过计量方法估计投资量从而得到初始资本存量（陈昌兵，2014），该方法对资本增长率保持平稳的要求较高。二是霍尔和琼斯（Hall & Jones，1999）、杨格（A. Young，2003）的增长率法，假定经济处于稳态增长，资本增长率等于投资增长率，进而采用基年投资额除以平均折旧率与投资增长率之和，即通过公式 $K_0 = I_0 / (g + \delta)$ 计算基期资本存量。其中，I_0 表示基期投资额，g 表示平均投资增速，δ 为折旧率。关于平均折旧率与投资增长率，我们借鉴张军等（2004）、金戈（2012）、吴明娥等（2016）等研究，将其之和定为 10%。

（二）固定资产投资价格指数

统计资料中公布的投资额是以当年价格计算的名义值，需将其缩减为不变价格核算的实际值才具可比性。遗憾的是，我国基础设施或分行业的固定资产投资价格指数较为缺乏，因此本书用全国（不包含我国港澳台地区）和分省份的固定资产投资价格指数予以替代。需要说明的是，对于全国缺失数据（1985～1990 年），本章借鉴张军等（2004）的做法，利用《中国国内生产总值核算历史资料（1952～1995）》提供的以当年价格衡量的全国固定资本形成总额和以不变价格衡量的固定资本形成指数来推算。广东缺失数据（1993～2000 年）采用相应年份的固定资本形成价格指数替代，海南缺失数据（1993～1998 年）则采用广东省相应年份的数据替代，西藏缺失数据（1993～2017 年）采用零售价格指数替代。

（三）当年投资序列与缺失数据处理

固定资本投资序列一般有积累额（1993 年以后不再公布此数据）、

全社会固定资产投资额、全社会新增固定资产投资额和固定资本形成总额等选择。虽然在反映资本投入或资本形成方面，固定资本形成总额要优于全社会固定资产投资额，但是受限于我国省际分行业的固定资本形成额数据不可得，因此当年投资序列只能在全社会固定资产投资额和全社会新增固定资产投资额两者选择。与全社会固定资产投资额相比，全社会新增固定资产衡量的是当年交付生产或实际使用的固定资产新增额，更能反映固定资本的新增价值（金戈，2016）。鉴于此，本书选择基础设施的全社会新增固定资产投资额作为当年投资序列的统计口径。全社会新增固定资产投资是由全社会固定资产投资额乘以固定资产投资交付使用率①得到。

所有未缺失年份的固定资产投资总额、新增固定资产投资总额、分行业固定资产投资额、分行业新增固定资产投资额数据，均来源于《中国统计年鉴》和各地区统计年鉴。缺失数据包括全国 1985～1992 年城镇集体经济的分行业新增固定资产投资额、各地区 1993～2002 年城镇集体经济的分行业新增固定资产投资额、各地区 2003～2017 年全社会分行业新增固定资产投资额。对此，我们需要估计缺失年份和地区的固定资产交付使用率，再乘以相应的固定资产投资额，进而获得以新增投资为主的缺失数据。在具体估计缺失年份和地区的分行业交付使用率时，对于全国 1985～1992 年城镇集体经济的数据，假定其为 1993～2002 年各行业的平均值。对于各地区 1993～2002 年城镇集体经济的数据，采用相应年份的基本建设分行业交付使用率替代。对于各地区 2003～2017 年全社会的数据，全社会固定资产分行业交付使用率$_{i,t}$ = 城镇固定资产分行业交付使用率$_{i,t}$ ×（全社会固定资产总交付使用率$_{i,t}$ ÷ 城镇固定资产

---

① 全固定资产投资的交付使用率 = 新增固定资产投资额/固定资产投资额。

总交付使用率$_{i,t}$）。

（四）资产使用寿命

《中华人民共和国企业所得税法实施条例》（2008）公布了固定资产计算折旧的最低年限，房屋、建筑物为 20 年，生产设备为 10 年。黄勇峰等（2002）、叶宗裕（2010a）、孙琳琳和任若恩（2014）均采用麦迪森（Maddison，1993）的假定，认为中国建筑和设备寿命分别为 40 年、16 年。王益煊和吴优（2003）根据财政部 1994 年公布的财政制度，假定"其他费用"的使用寿命为 20 年。由于政府存在采用不同的加速折旧体系以鼓励投资的倾向，因此其公布的折旧年限与资产实际使用寿命相比存在口径偏小的可能，并且中国公布的折旧年限是最低年限，故本书采用专家建议资料，假定建筑、设备和其他费用的资产使用寿命分别为 40 年、16 年和 20 年。基于此，我们根据三类资产构成比例，测算基础设施及其所属不同行业的使用寿命。具体而言，利用历年《中国固定资产投资统计年鉴》提供的城镇分行业分资产类型数据，分别计算了 2003～2017 年建筑、设备和其他费用三类投资在各行业投资中的构成比例，进而通过加权平均，推算出整体基础设施、点基础设施、网络基础设施和非基础设施的使用寿命分别为 33 年、35 年、30 年和 32 年。

第三节　估算结果对比与分析

一、估算结果对比

本章将通过"控制变量法"和"文献比较法"两种方式，检验基础设施资本投入估算的可信度，说明统计口径和统计范围调整的必要性。

首先，借鉴物理学中的控制变量法，保证其他诸如估算方法和关键指标等相同，仅调整基础设施的统计口径（全社会固定资产投资、新增固定资产投资两类）或者统计范围（是否进行行业大类级调整），获得两套测算数据，并分别绘制成图4.1和图4.2。

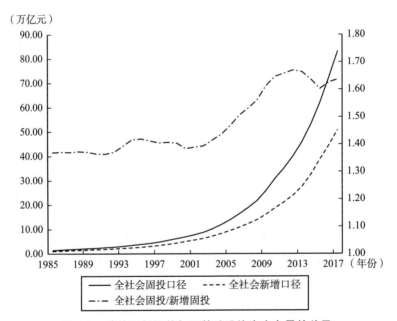

图4.1　统计口径调整与否基础设施资本存量的差异

从图4.1容易发现，采用全社会固定资产投资口径，将比采用新增固定资产投资口径，平均高估47个百分点，并且这种高估效应随着基础设施投资力度的加大而被放大。事实上，在实际生产过程中，固定资产投资不可避免地存在浪费现象（王小鲁、樊纲，2000）。因此，需要通过固定资产交付使用率将其调整为全社会新增固定资产投资，以更好体现全社会固定资本的新增价值。如图4.2所示，如果不根据《国民经济行业分类标准（2003）》调整基础设施统计范围，此时估算的结果虽然在2003年之后与经过调整后的结果逐渐缩小差距，甚至在样本期末基本达到一致。但是，在2003年之前，基础设施、点基础设施和网络基础设施三者的资本存量总额将平均分别被低估5.9个、14.2个和2.2个百分点，平均高估非基础设施存量接近8个百分点。因此，需要恰当地调整基础设施的统计口径和统计范围，从而为后续研究提供更加精确的资本存量数据。

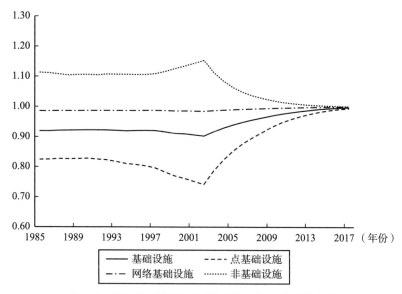

图4.2 统计范围调整与否基础设施资本存量的差异

其次，采用文献比较法，将本章的估算结果与金戈（2016）和田友春（2016）公布的数据进行比较。由于田友春（2016）公布的是全国分行业资本存量，故我们根据基础设施的行业分类，将相关行业的结果加总得到点基础设施和网络基础设施的资本存量。同时，考虑到金和田采用的是 PIM 传统途径进行估算，所得结果为资本存量净额。因此，本章在同一口径与相同价格的对比原则下，采用资本存量净额结果分别与之对比（见图 4.3 和图 4.4）。

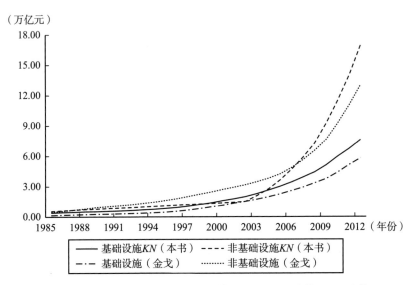

图 4.3 本书与金戈（2016）的估算结果（1981 价格 = 1）比较

总体来看，本章的估算结果在变动趋势和数值上与金和田的数据较为一致，一定程度上说明了估算的准确性。同时，三者的结果也具有一定差异。究其原因，主要有以下三点：一是估算方法。PIM 的传统途径默认使用的是同时退役模式，而本章在使用非传统途径方法时，采用了更符合实际的钟型退役模式，估算方法的不同造成结果存在一定的差异性。二是统计范围。本书对 2003 年之前的投资数据进行了行业大类级调整，将社会服务门类中涉及的基础设施行业数据，分别拆分合并至点基础设施和网络基础设施部门。由此所致，在前期，本书估算的基础设施 KN 高于金的结果，点基础设施和网络基础设施 KN 高于田的结果，

非基础设施 *KN* 低于金的结果。三是折旧率。在获得基础设施 *KN* 的基础上，根据公式 $\delta_t = I - (KN_t - KN_{t-1})/I_t$，可倒推出折旧率的时间序列数据（见下表4.3），进一步计算出 1997~2012 年基础设施的平均经济折旧率为 5.84%，低于金戈估算的 9.21%，由此导致本书的估算结果在后期相对较高。需要说明的是，本书计算的基础设施平均折旧率与芒内尔和库克（Munnell & Cook，1990）估算的美国公共资本折旧率 6.12% 非常接近，同时网络基础设施的平均折旧率与胡李鹏等（2016）假定的经济基础设施折旧率 6.9% 也相差不大。

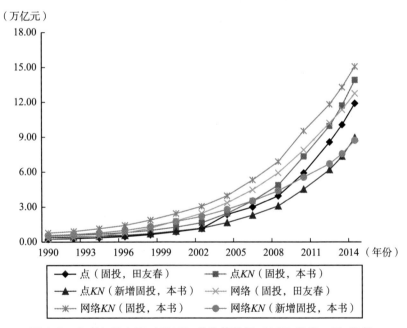

图 4.4　本书与田友春（2016）的估算结果（1990 价格 = 1）比较

表 4.3 基础设施、点基础设施、网络基础设施折旧率的时间序列数据 单位：%

年份	基础设施	点基础设施	网络基础设施	年份	基础设施	点基础设施	网络基础设施
1986	2.70	2.47	3.02	2003	5.28	5.22	5.53
1987	2.83	2.59	3.17	2004	5.10	4.82	5.48
1988	2.96	2.70	3.31	2005	5.32	4.77	5.88
1989	3.09	2.82	3.45	2006	5.39	4.68	6.05
1990	3.23	2.94	3.61	2007	5.64	4.79	6.37
1991	3.40	3.07	3.81	2008	5.85	4.93	6.61
1992	3.68	3.27	4.15	2009	6.01	5.03	6.82
1993	4.16	3.61	4.72	2010	5.96	4.94	6.83
1994	4.87	4.15	5.50	2011	5.81	4.81	6.69
1995	5.64	4.84	6.26	2012	5.70	4.70	6.61
1996	6.30	5.56	6.81	2013	5.55	4.59	6.45
1997	6.68	6.15	7.02	2014	5.33	4.43	6.20
1998	6.74	6.48	6.93	2015	5.08	4.24	5.93
1999	6.49	6.44	6.59	2016	4.87	4.07	5.71
2000	6.15	6.16	6.25	2017	4.81	4.02	5.67
2001	5.76	5.85	5.87	86~17 均值	5.06	4.52	5.59
2002	5.50	5.53	5.67	97~12 均值	5.84	5.33	6.32

二、估算结果分析

（一）全国层面分析

表 4.4 的数据显示，中国基础设施 $K > KP > KN$，且随着使用年限增加三者间的绝对值差距增大，而相对值差距先逐渐拉大后缩小，最终趋于稳定。这既符合资本测算理论关于"财富性资本存量总额、生产性资

本存量、财富性资本存量净额依次降低"的判断，又与杨玉玲和郭鹏飞（2017）关于第三产业 K、KN 和 KP 间的差异分析基本一致，再次从测算方法方面验证了本章估算结果是可信的。1985～2017 年全国基础设施 KP 的均值为 11.13 万亿元，低于同期 K 的均值 11.75 万亿元，高于 KN 的均值 10.18 万亿元。其中，2017 年全国基础设施 KP 为 48.26 万亿元，仅占同期基础设施 K 的 94.86%，超过同期基础设施 KN 近 10%。由此可知，相比 K 或 KN 仅考虑基础设施资本品由于老化产生的价值损失，KP 综合考虑了该类资本品在使用过程中的退役和随着时间变化导致的生产力损失等情况，更能反映实际服务于生产过程的基础设施资本投入规模。因此，除非有特殊说明，后文均以基础设施 KP 作为其资本投入的度量指标。

表 4.4　　　　　全国基础设施的资本存量（1993 年价格）　　　　单位：万亿元

年份	资本存量总额 K	资本存量净额 KN	生产性资本存量 KP	年份	资本存量总额 K	资本存量净额 KN	生产性资本存量 KP
1985	1.08	1.08	1.08	1997	3.43	2.84	3.20
1986	1.20	1.17	1.19	1998	3.91	3.27	3.66
1987	1.34	1.27	1.31	1999	4.43	3.74	4.16
1988	1.47	1.37	1.43	2000	5.06	4.31	4.76
1989	1.58	1.44	1.53	2001	5.65	4.82	5.32
1990	1.72	1.53	1.64	2002	6.33	5.42	5.97
1991	1.87	1.63	1.78	2003	7.24	6.22	6.83
1992	2.04	1.74	1.92	2004	8.31	7.16	7.85
1993	2.22	1.87	2.09	2005	9.51	8.20	8.99
1994	2.46	2.04	2.30	2006	10.84	9.35	10.25
1995	2.73	2.26	2.55	2007	12.35	10.64	11.67
1996	3.05	2.52	2.85	2008	13.94	11.98	13.16

年份	资本存量总额 K	资本存量净额 KN	生产性资本存量 KP	年份	资本存量总额 K	资本存量净额 KN	生产性资本存量 KP
2009	16.12	13.90	15.24	2014	32.51	28.28	30.82
2010	18.73	16.21	17.72	2015	38.69	33.83	36.75
2011	21.15	18.28	20.01	2016	44.47	38.82	42.21
2012	23.94	20.68	22.65	2017	50.87	44.29	48.26
2013	27.60	23.90	26.13				

总体来看，中国基础设施 KP 从 1985 年的 1.08 万亿元快速攀升至 2017 年的 48.26 万亿元，年均增长 12.66%，比同期 GDP 增速高 3.19 个百分点。分阶段来看，基础设施 KP 在 1985～1992 年不超过 2 万亿元，并且增速相对缓慢，年均增长率仅为 8.67%。但是，从 1993 年之后基础设施 KP 呈现出快速攀升势头，年均增长率不仅增长至 1993～1999 年的 11.65%，更进一步攀升至 2000～2011 年的 14.00% 和 2012～2017 年的 15.82%。对于基础设施存量的快速增长，我们认为主要有以下三方面的原因：一是中国从 1994 年后开始的分税制改革使地方政府具有了相当的预算内财政收入，再加之以经济增长为主要考核目标，促使地方政府在不断加大辖区内基础设施建设，以便于招商引资，推动当地经济快速发展。二是为应对 1998 年和 2008 年两次金融危机，我国政府实施了积极的财政政策，寄希望于通过扩大基础设施投资来带动经济增长。三是随着我国对外开放步伐加快，尤其是加入世界贸易组织之后，各地引进国外先进技术和设备的速度不断加快，这些作为固定资产的先进技术和设备，有较大一部分被纳入基础设施部门。

（二）分地区层面[①]分析

图 4.5 显示，中国基础设施 KP 在空间密度上由东向西呈阶梯式分布，具有典型的"核心—外围"特征，即以东部地区为核心，具有最多的基础设施资本存量。以中西部地区为外围，具有依次递减的基础设施资本存量。1993 ~ 2017 年东部地区基础设施 KP 的密度为 623.23 亿元/万平方千米，高于中部地区的 208.12 亿元/万平方千米，远高于西部地区的 53.90 亿元/万平方千米。但是，从基础设施 KP 的增量来看，在 2000 年以后西部地区几乎始终保持高于东部和中部的增长水平。2000 ~ 2017 年西部地区基础设施 KP 的平均增长率为 16.64%，高于中部地区的 14.64%，更高于东部地区的 12.97%。这一结论与吴明娥等（2016）不谋而合。她们的研究发现，1998 ~ 2014 年西部地区生产性公共资本存量的平均增长率为 19.44%，高于中部地区的 17.28% 和东部地区的 15.55%。可能的原因是，2000 年以后中国先后开始实施西部大开发战略和中部崛起战略，加大了中西部地区，尤其是西部地区的基本建设支出和发展支出，从而带动了基础设施资本的有效积累。在消除人口规模的影响之后，我们发现西部地区人均基础设施 KP 在近年来增长迅速，目前已超过东部地区，显著高于中部地区。这不禁引人思考，西部地区的基础设施存量虽然在总量上远低于东部地区，但是在人均存量上却高

---

① 根据"七五"计划和西部大开发战略的划分标准，东部地区包括北京、天津、河北、辽宁、上海、江苏、浙江、福建、山东、广东、广西和海南；中部地区包括山西、吉林、黑龙江、安徽、江西、河南、湖北和湖南；西部地区包括内蒙古、重庆、四川、贵州、云南、西藏、陕西、甘肃、青海、宁夏和新疆。进一步借鉴国务院发展研究中心八大经济区域的划分标准，东北包括辽宁、吉林和黑龙江；北部沿海包括北京、天津、河北和山东；东部沿海包括上海、江苏和浙江；南部沿海包括福建、广东和海南；黄河中游包括陕西、山西、河南和内蒙古；长江中游包括湖北、湖南、江西和安徽；西南包括云南、贵州、四川、重庆和广西；大西北包括西藏、甘肃、青海、宁夏和新疆。

于东、中部地区，是否意味着西部地区基础设施投资在近年来已过度倾斜？

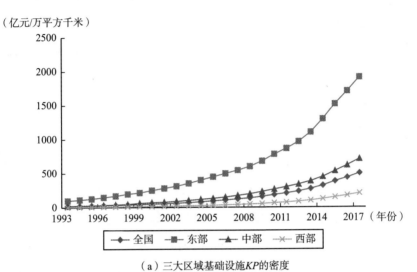

（a）三大区域基础设施*KP*的密度

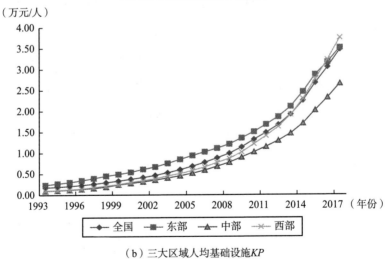

（b）三大区域人均基础设施*KP*

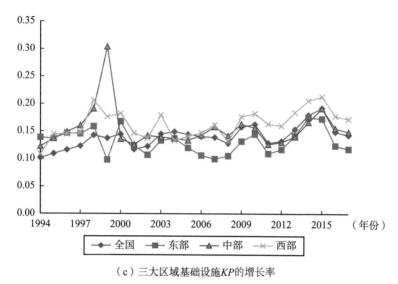

（c）三大区域基础设施*KP*的增长率

图4.5 三大区域（人均）基础设施*KP*的密度和增长率

若进一步分为八大经济区域，如图4.6所示，中国基础设施 *KP* 在空间密度和增速方面与三大区域时基本一致，但是在人均方面却有较大差异。

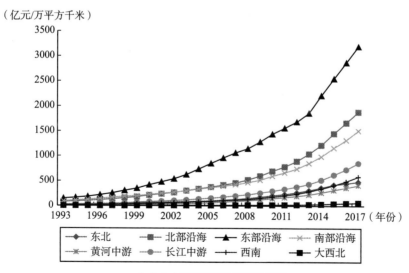

（a）八大区域基础设施*KP*的密度

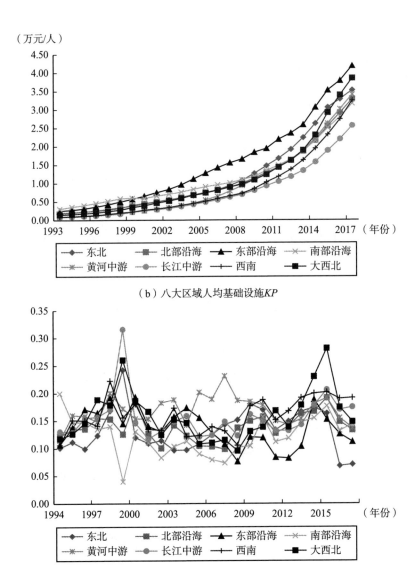

（b）八大区域人均基础设施*KP*

（c）八大区域基础设施*KP*的增长率

图4.6 八大区域（人均）基础设施 *KP* 的密度和增长率

首先，基础设施 *KP* 在空间密度上依然保持"核心—外围"的特征，即以东部沿海为核心，以北部沿海和南部沿海为次一级核心，以长江中游、西南、东北、黄河中游和大西北等区域为外围。其中，大西北的基础

设施 *KP* 密度最低，在 2017 年仅为 62. 30 亿元/万平方千米，不足东部沿海的 3.3%，凸显出大西北地区基础设施投资的不足。其次，随着西部大开发和中部崛起等战略的有效实施，西南、大西北、黄河中游和长江中游等中西部区域的基础设施建设进程不断加快，这些区域的基础设施资本存量增速较为显著地高于东部的沿海地区。不容忽视的是，近年来除了西南和长江中游等少数地区，东北、东部沿海、大西北等其他区域的基础设施资本存量增速急剧下降。最后，在人均基础设施 *KP* 方面，大西北和西南等西部地区并未全面超越东、中部地区。在 2017 年，东北沿海地区的人均基础设施存量最高，高达 4.18 万元/人；大西北次之，达到 3.85 万元/人；东北、黄河中游、北部沿海、西南和南部沿海等区域相差不大，在3.4 万元/人左右；长江中游最低，仅为 2.56 万元/人。由此来看，相比西部地区，中部地区尤其是长江中游区域更应加强基础设施建设。

（三）省际层面分析

从图 4.7 容易发现，广东、江苏、山东、浙江和四川的基础设施*KP* 处于全国领先水平，1993 ~ 2017 年平均分别达到 11083. 98 亿元、10574. 94 亿元、8510. 54 亿元、8059. 57 亿元和 7761. 30 亿元，而西藏、青海、宁夏、海南和甘肃的基础设施 *KP* 则处于落后状态，样本期间平均分别为 660. 61 亿元、827. 59 亿元、846. 04 亿元、848. 40 亿元和1958. 58 亿元。可见，各省份基础设施 *KP* 差异巨大，样本期间内广东基础设施 *KP* 的均值，是同期西藏的 16. 78 倍。然而，在采用人均基础设施存量衡量以消除人口规模影响之后，我们发现在样本期间内，内蒙古和西藏的人均基础设施 *KP* 的均值居于前列，均超过 2.20 万元/人，而河南、江西、安徽和湖南等地则处于全国落后状态，均不超过 0.67万元/人。同时，广东、山东和四川等地的人均基础设施 *KP* 的均值并不如期待的一样高，仅处于中游水平。总而言之，由于各省份在地理条件、人口数量和产业发展方面存在较大差异，再加上国家对于区域经济发展的侧重点适时调整以及目的性的财政倾斜，使得人口较为稀少和经济相对不发达的西部地区省份有着较低的基础设施 *KP* 总量和较高的人均基础设施 *KP*；而人口密度较大和经济较为发达的东部地区省份具有很高的基础设施 *KP* 总量和居于中游的人均基础设施 *KP*。同时，人口密度同样较大和经济相对较为发达的中部地区省份在基础设施 *KP* 总量和人均基础设施 *KP* 方面均不高。

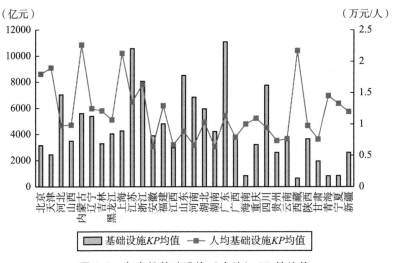

图 4.7　各省份基础设施（人均）*KP* 的均值

（四）分资产类型分析

如图 4.8 所示，点基础设施和网络基础设施的资本存量在 1993～2017 年均得到快速提升。点基础设施 *KP* 在早期低于网络基础设施 *KP*，但是近年来不仅超越了后者，而且仍以更快速度攀升。由此可见，国家逐渐认识到环保、市政和科教文卫等点基础设施建设对于经济高质量发展的重要作用，持续加大了该类设施的投资力度。到 2017 年，全国点基础设施 *KP* 达到 26.00 万亿元，是网络基础设施的 1.18 倍。

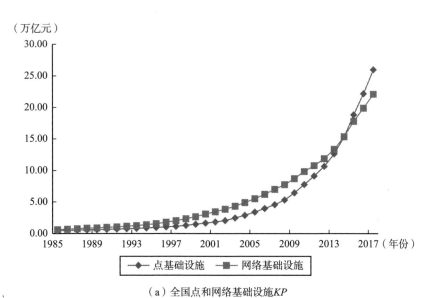

（a）全国点和网络基础设施*KP*

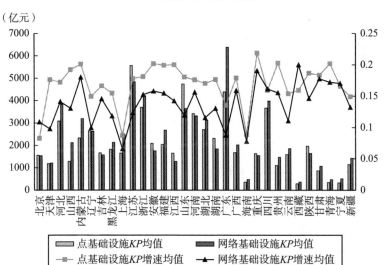

（b）省份点和网络基础设施*KP*的均值和增速

图 4.8　全国和省份的点与网络基础设施 *KP*

具体到省级层面，北京、天津、辽宁、河南等大部分省份在 1993 ~ 2017 年的点基础设施 *KP* 均值与网络基础设施基本一致，仅有少数省份在两者之间存在较大差异。典型的如，江苏和山东等地的点基础设施 *KP* 均值显著高于网络基础设施，河北、内蒙古、浙江和广东等地则是后者显著高于前者。关于两者在样本期间的增速，除了北京和西藏，绝大部分省份的点基础设施资本存量在样本期间的平均增速都比网络基础设施要高三个百分点左右。这也从省级层面说明，虽然样本期间内，大部分省份点和网络两类基础设施的资本存量均值基本相同，但是由于各地加大了对环保、市政和科教文卫等点基础设施关注与投入力度，使得点基础设施资本存量比网络基础设施存量增长快。

第四节　本 章 小 结

改革开放以来，中国经济的高速增长引发了众多学者关于我国经济增长源泉的探索，基础设施资本存量作为物质资本投入的重要组成部分也受到了极大关注。但是，我国基础设施资本投入的估算还较为滞后，现有相关研究也在估算方法以及统计范围和口径方面存在较大的改进空间。本章通过合理界定基础设施内涵与统计范围，采用永续盘存法的非传统途径，谨慎确定初始资本存量、退役模式、效率模式和资产使用寿命等关键指标，估算出全国 1985 ~ 2017 年和省际 1993 ~ 2017 年基础设施的全套资本存量数据。

研究发现：第一，本章的基础设施资本存量估算结果与其他研究在变动趋势和具体数值上较为一致，但是也存在一定差异。引起这些差异的主要原因在于估算方法的选取、统计范围的调整以及折旧率的确定等方面。第二，与财富性基础设施资本存量相比，生产性基础设施资本存量综合考虑了该类资本品在使用过程中的退役和随着时间变化导致的生产力损失等情况，更能反映实际服务于生产过程的基础设施资本投入规模。第三，总体上，我国基础设施 *KP* 的积累很快，年均增长达到 12.66%。同时存在阶段性特征，在 1993 之前增长较为缓慢，之后则快速增长，年均增长率由 1993~1999 年的 11.65%，攀升至 2000~2011 年的 14.00% 和 2012~2017 年的 15.82%。第四，区域上，基础设施 *KP* 在空间密度上由东向西呈阶梯式分布，具有典型的"核心—外围"特征，即以东部的沿海地区为核心，以中西部地区为外围。但是在增速方面，中西部地区要快于东部地区。同时，在消除人口规模的影响之后，西南和大西北地区的人均基础设施 *KP* 在目前要普遍高于东部地区，显著高于中部地区。第五，省际上，各省份之间基础设施 *KP* 差异巨大。广东、江苏、山东、浙江和四川的基础设施 *KP* 处于全国领先水平，而西藏、青海、宁夏、海南和甘肃的基础设施 *KP* 则处于落后状态。消除人口规模影响之后，内蒙古和西藏的人均基础设施 *KP* 的均值居于前列，而河南、江西、安徽和湖南等地则处于全国落后状态。第六，分类型上，点基础设施 *KP* 在早期低于网络基础设施 *KP*，但是近年来不仅超越了后者，而且仍以更快速度攀升。这说明国家逐渐认识到环保、市政和科教文卫等点基础设施建设对于经济高质量发展的重要作用，持续加大了该类设施的投资力度。

第五章

基础设施资本投入影响
经济增长的实证检验

基础设施作为一国经济发展的车轮（World Bank，1994），在国民经济增长中有着非常重要的地位（金戈，2016）。基于此，现代经济增长理论将基础设施资本投入引入经济增长模型，试图检验其对经济增长的影响及贡献。然而，由于缺乏一套完整的（由官方提供的）中国基础设施资本存量数据，现有关于我国基础设施与经济增长的研究只能采取某些替代方案，这或多或少存在一些缺陷。对此，本章在第三章的理论机理分析基础上，从总体和区域两个层面，运用第四章审慎估算出的省际生产性基础设施资本存量数据，采用普通面板模型、空间面板模型和面板分位数模型等方法，实证检验基础设施资本投入对经济增长的时空异质性影响。此外，进一步聚焦网络基础设施资本投入，从结构类型、发展阶段和区域配置等层面捕捉其对区域经济增长的空间影响。

第一节　基于中国现实的考察

改革开放以来，我国经济发展取得了举世瞩目的成就，已经成为全球第二大经济体、第一大制造国和商品贸易国，经济增速由1979年的7.6%波动攀升至2007年的14.2%，最终至2017年的6.8%，平均高达9.5%，保持了近40年连续不断的高速和中高速增长态势。与高经济增长速度相伴随的是高投资率，1978~2002年投资率基本维持在30%~40%之间，平均为37.0%，2003年之后每年均超过40%，个别年份接近50%。1978~2017年中国投资率平均高达39.7%，比其他发达国家在经济高速增长过程中的最高投资率还高。其中，基础设施投资在总投资中的占比在1985~2017年平均达到41.6%，在最高峰时接近70%，其在GDP中的占比也由1985年的4.9%，迅速上升至2017年的21.8%。将如此高的基础设施投资占比放在近10%的经济增速背景下更令人瞩目。这自然引发我们思考，在中国过去高速和中高速增长的背后，基础设施资本投入是否发挥了作用？发挥了多大的作用？

与此同时，中国的基础设施资本投入和经济增长在地区之间并不平衡，不同省区市之间参差不齐，差异很大。根据第四章基础设施资本投入估算的结果可知，我国基础设施资本存量在空间上由东向西呈阶梯式分布，具有典型的"核心—外围"特征，即以东部的沿海地区为核心，以中西部地区为外围。并且各省份之间基础设施资本存量差异巨大，广东、江苏、山东、浙江和四川等省份处于全国领先水平，而西藏、青海、宁夏、海南和甘肃等省份则处于落后状态。与基础设施资本投入类似，我国的经济增长在空间上由东向西也呈阶梯式分布。2018年，广东的国内生产总值（GDP）为97278亿元，而西藏仅有1478亿元；北京市人均GDP达到14.08万元/人，全国排名第一，是排名最末位甘肃（3.13万元/人）的4.5倍。进一步根据本书测算发现，1993~2017年，东部区域点基础设施、网络基础设施资本存量密度平均分别为251.14万元/平方千米和276.93万元/平方千米，产出密度为805.09万元/平方千米，分别是中部区域的 4.37 倍、4.51 倍和 5.29 倍，是西部区域的 11.81 倍、12.79 倍和 19.13 倍。

这种差异产生的原因很大程度上在于政府地区发展政策的调整、相异的资源禀赋和生产要素的流动性等方面。具体而言，1978～1990 年，国家投资和产业布局的重心偏向东部沿海地区，从而使该地区优先发展起来，并在区域竞争中长期保持着对生产要素更强的吸引力。进入 20 世纪 90 年代之后，地区发展战略开始转向地区经济的协调发展以及缩小地区发展差距，先后实施了西部大开发战略、东北振兴战略和中部崛起战略，这在很大程度上改善了中西部地区的软硬件环境。与此同时，随着市场化改革的不断推进，区域之间劳动力、资本等生产要素和商品的自由流动性得到加强，各省区市的经济联系必然由此加深。特别是在 2008 年金融危机之后，东部沿海地区的土地价格持续上涨，劳动力成本显著提高，产业由东向西呈现梯度转移。这使得处于欠发达的中西部地区，凭借生产成本相对更低、市场空间相对较大等后发优势开始追赶东部沿海发达地区，其经济增速在近年来也维持在相对更高的水平。

事实上，我国地区发展政策倾斜的主要措施之一就是加大该地区的交通、通信和科教等基础设施建设，改善其投资环境。基础设施的网络特性使其在处于不同积累水平时，对区域经济增长产生相异的作用。当基础设施积累水平较低时，很难将各区域有效连接，从而使生产要素流动难以畅通无阻，此时其对区域经济增长的促进作用较为有限。但是，当基础设施的积累水平相对较高时，各个区域的经济活动将连成一个整体，生产要素和产品得以快速流动，运输时间和成本也显著降低，此时基础设施对区域经济增长的促进作用将极为明显。如果基础设施的积累水平进一步提升，此时基础设施的使用不再拥挤，新的基础设施就难以继续提高私人生产效率（Égert et al.，2009），甚至可能对私人投资产生挤出效应，从而对区域经济增长产生抑制作用。中西部地区经济水平相对落后不单单是由于资源禀赋和地理区位等因素的掣肘，基础设施的网络作用同样不容忽视。

上述针对中国现实的考察，有助于对我国基础设施资本投入与经济增长的关系进行直观的初步判断。接下来，本章将从总体和区域两个层面，采用普通面板模型、空间面板模型和面板分位数模型等方法，实证检验基础设施资本投入对经济增长的影响。

第二节　基础设施资本投入对总体经济增长的影响

根据第三章的理论分析部分可知，基础设施投入由于具有公共资本的性质，从而以正外部性的形式进入生产函数，使总体经济具有规模报酬递增的性质（金戈，2016）。但是，也有学者认为由于公共资本可能具有拥挤性，并对私人资本产生挤出效应，从而使整体经济并不具备规模报酬递增的性质，导致总体经济表现为规模报酬不变（Aschauer，1989b）。基于此，本节以基础设施全套资本存量数据为基础，首先检验在纳入基础设施资本存量之后中国生产函数是否具有规模报酬递增性质，其次通过进一步加入相关控制变量，初步估计整体基础设施以及点基础设施和网络基础设施的资本产出弹性。

一、实证模型构建与数据说明

根据公式（3.1）和公式（3.12），在科布—道格拉斯生产函数形式下，需要估计的计量方程为无约束模型，即为：

$$\ln Y_{it} = \alpha_0 + \beta_L \ln L_{it} + \beta_F \ln K_{it}^F + \beta_I \ln K_{it}^I + \kappa_t + \varepsilon_{it} \qquad (5.1)$$

$$\ln Y_{it} = \alpha_0 + \beta_L \ln L_{it} + \beta_F \ln K_{it}^F + \beta_P \ln K_{it}^P + \beta_N \ln K_{it}^N + \kappa_t + \varepsilon_{it} \qquad (5.2)$$

其中，i 为省份，t 为时间；Y_{it}、L_{it}、K_{it}^F 和 K_{it}^I 分别表示各地区的真实总产出、劳动力投入、非基础设施资本存量和基础设施资本存量（可拆分为点基础设施资本存量 K_{it}^P 和网络基础设施资本存量 K_{it}^N）；κ_t 为时间趋势项，ε_{it} 为模型的随机扰动项。系数 β_j ($j = L, F, I, P, N$)) 为不考虑控制变量时，劳动力投入、非基础设施资本和各类基础设施资本的产出弹性值。

在有约束模型中，生产函数具有规模报酬不变的性质，即各类资本和劳动力的产出弹性之和为 1（$\beta_L + \beta_F + \beta_I = 1$ 或 $\beta_L + \beta_F + \beta_P + \beta_N = 1$）。此时，本节所要估计的计量方程可转化为：

$$\ln y_{it} = \alpha_0 + \beta_F \ln k_{it}^F + \beta_I \ln k_{it}^I + \varphi T + \varepsilon_{it} \qquad (5.3)$$

$$\ln y_{it} = \alpha_0 + \beta_F \ln k_{it}^F + \beta_P \ln k_{it}^P + \beta_N \ln k_{it}^N + \varphi T + \varepsilon_{it} \qquad (5.4)$$

其中，y_{it}、k_{it}^F、k_{it}^I、k_{it}^P 和 k_{it}^N 分别表示各地区在 t 时的人均产出、人均非基础设施资本存量、人均基础设施资本存量、人均点基础设施资本存量和人均网络基础设施资本存量。

经济增长的影响因素是非常复杂的，经济增长的实现可能是多维要素协同作用的结果（张学良，2012），故在有约束模型中加入一系列新经济增长和新经济地理等因素，并控制个体固定效应 μ_i，以更为准确地估计整体基础设施资本以及点和网络设施资本的产出弹性值。此时，模型可改写为：

$$\ln y_{it} = \alpha_0 + \beta_F \ln k_{it}^F + \beta_I \ln k_{it}^I + \sum_{j=1}^{6} \theta_j C_{i,j,t} + \mu_i + \kappa_t + \varepsilon_{it} \qquad (5.5)$$

$$\ln y_{it} = \alpha_0 + \beta_F \ln k_{it}^F + \beta_P \ln k_{it}^P + \beta_N \ln k_{it}^N + \sum_{j=1}^{6} \theta_j C_{i,j,t} + \mu_i + \kappa_t + \varepsilon_{it}$$

$$(5.6)$$

其中，C 为影响人均产出的其他各类因素所组成的向量。在借鉴相关研究基础上，本章主要选取以下控制变量：（1）人力资本积累（hum）。人力资本作为新经济增长理论的重要变量，对经济发展的作用为越来越多的学者所重视，我们采用《2018 中国人力资本报告》中的省际层面人均劳动力人力资本存量来衡量。（2）政府规模（gz）。改革开放之后，市场经济体制对资源配置的支配地位逐步得到确立并强化，但地方政府对生产要素的宏观调控作用依然明显，相关配套的财税政策对经济影响不容忽视。在此，我们以地方政府财政支出占地区生产总值的比重来衡量政府对经济的干预程度。（3）国有经济比重（soe）。国有企业的资本回报率要远低于其他所有制类型的企业，其比重的高低关乎经济增长的快慢。这里以全社会固定资产投资中国有经济投资所占比重来衡量。（4）产业结构（is）。产业结构升级对于提高劳动生产率具有重要作用，采用第三产业增加值占地区生产总值比重来衡量。（5）城市化水平（urb）。进入 21 世纪之后，随着土地要素被重估，政府的"土地财政"在扩张基础设施建设的同时，推动了城市化的发展，进而对经济增长产生重要作用。在此，我们以非农业人口占总人口的比重来衡量城市化水平。（6）贸易依存度（tdd）。开放的经济体制一方面有利于学习先进经济体的技术提高生产效率，并通过扩散这些先进技术和管理理念从而营造出创新、民主和包容的经济大环境；另一方面对外开放会加剧市场竞争从而对本国资本的回报率产生不利冲击。因此，贸易依存度对经济增长的影响取决于两方面作用的大小。在此，以各省份进出口贸易总额占该省份当年名义 GDP 的比重来衡量。

受限于早期数据缺失以及统计口径变化的影响，本章以 1993～2017年我国 31 个省区市（不包含港澳台地区）构成的面板数据作为实证模型的样本数据。各地区非基础设施、基础设施、点基础设施和网络基础设施的生产性资本存量数据来源于第四章。各地区就业人口以每年年初和年末就业人口的平均值来量化。贸易依存度中的进出口总额以当年汇率中间价折换成人民币形式。凡是以价值量单独出现的经济数据均以1993年为基期进行平减处理，从而消除价格波动的影响。涉及的相关数据主要取自历年《中国统计年鉴》《新中国60年统计资料汇编》《中国贸易外经统计年鉴》及各省区市历年统计年鉴。各变量的统计性描述结果见表5.1。

表5.1 变量统计性描述

变量名称	符号	单位	平均值	标准差	最小值	最大值
经济增长水平	Y	亿元	5514.815	6908.128	37.420	47726.200
劳动力投入	L	万人	2321.957	1622.936	111.635	6746.500
非基础设施资本	K^F	亿元	8784.880	14563.670	54.670	111443.000
基础设施资本	K^I	亿元	4453.012	5428.700	56.060	35288.300
点基础设施资本	K^P	亿元	2089.616	2942.802	20.846	21527.100
网络基础设施资本	K^N	亿元	2277.326	2475.975	25.040	14289.400
人均经济增长水平	y	元/人	23384.900	20292.650	2374.561	123369.200
人均非基础设施资本	k^F	元/人	36446.150	43307.680	1406.757	277689.800
人均基础设施资本	k^I	元/人	21422.750	19936.190	949.921	150543.300
人均点基础设施资本	k^P	元/人	9605.179	10048.210	382.371	71227.710
人均网络基础设施资本	k^N	元/人	11397.300	9970.631	560.180	76716.690
人力资本积累	hum	万元	19.274	15.072	4.450	101.230
政府规模	gz	—	0.195	0.162	0.048	1.379
国有经济比重	soe	—	0.428	0.186	0.101	0.975
产业结构	is	—	0.410	0.083	0.276	0.806
城市化水平	urb	—	0.341	0.168	0.130	0.910
贸易依存度	tdd	—	0.342	0.521	0.017	3.350

二、生产函数规模报酬性质的检验

首先，在对模型（5.1）和模型（5.2）进行最小二乘法回归（OLS）时，发现其扰动项 ε_{it} 存在较为严重的"组内自相关""组间异方差""组间同期相关"问题。对此，本节运用面板修正标准误方法（PCSE）进行修正，并在回归中控制时间（年度）效应，所有估计结果汇报于表5.2。根据表5.2可知，无约束和有约束模型的拟合程度都很高，并且绝大部分变量的系数均在1%水平下显著。

表5.2 无约束和有约束模型的估算结果

解释变量	被解释变量 $\ln Y(\ln y)$			
	无约束模型		有约束模型	
	模型（5.1）	模型（5.2）	模型（5.3）	模型（5.4）
$\ln L$	0.6456*** (0.0355)	0.6553*** (0.0343)		
$\ln K^F$（$\ln k^F$）	0.2486*** (0.0421)	0.2280*** (0.0421)	0.2112*** (0.0411)	0.1942*** (0.0413)
$\ln K^I$（$\ln k^I$）	0.1430*** (0.0483)		0.1166*** (0.0419)	
$\ln K^P$（$\ln k^P$）		0.0948*** (0.0314)		0.0903*** (0.0306)
$\ln K^N$（$\ln k^N$）		0.0515* (0.0312)		0.0366 (0.0282)
常数项	4.8837*** (0.8351)	5.2753*** (0.8148)	6.0148*** (0.3182)	6.1809*** (0.3019)
时间效应	是	是	是	是
调整 R^2	0.9992	0.9992	0.9925	0.9924
观测值	775	775	775	775

注：（1）回归系数括号内的数值表示标准差；（2）*、**、***分别表示在10%、5%和1%的显著性水平；（3）下表同。

进一步通过构建 F 统计量来检验纳入基础设施资本存量的生产函数是否具有规模报酬递增的特征。F 统计量的计算过程如下：

$$F_{1,n-\lambda} = \frac{SSR_r - SSR_u}{SSR_u/(n-\lambda)} \tag{5.7}$$

其中，SSR_u、SSR_r 分别为无约束和有约束模型的残差平方和，n 为观察样本个数，λ 为无约束模型中需要估计的参数个数。需要说明的是，对于模型（5.1）而言，零假设 $H_0: \beta_L + \beta_F + \beta_I = 1$，对于模型（5.2）而言，$H_0$ 则为 $\beta_L + \beta_F + \beta_P + \beta_N = 1$。模型（5.3）和模型（5.4）分别为模型（5.1）和模型（5.2）的有约束模型。

表5.3   Wald 检验结果

分类	SSR_u	SSR_r	F 统计量	$F_{0.05}$	结论
模型（5.1）VS 模型（5.3）	87.4576	100.6420	112.6117	3.861	拒绝 H_0
模型（5.2）VS 模型（5.4）	91.7427	102.9775	91.4775	3.861	拒绝 H_0

根据表5.3汇报的 Wald 检验结果可知，无论是在模型（5.1）和模型（5.3）之间，还是在模型（5.2）和模型（5.4）之间，我们均应拒绝生产函数具有规模报酬不变的零假设，接受无约束模型。由此可知，在纳入基础设施资本存量后，我国生产函数具有规模报酬递增的性质。具体分析表5.2中无约束模型的估计结果发现，此时基础设施资本存量的产出弹性约为0.1430，表明基础设施资本对经济增长具有重要的促进作用。进一步将基础设施资本存量拆分为点基础设施资本存量和网络基础设施资本存量，两者的产出弹性分别为0.0948和0.0515，对于产出增长的贡献均不容忽视。相比而言，点基础设施资本存量对产出的贡献大于网络基础设施资本存量。可能的解释是，在长期内，点基础设施在

科技、教育、医疗和城市建设等方面产生的正外部性，要强于网络基础设施产生的溢出效应，从而对经济增长具有更为持久的促进作用。最后，将劳动力投入、非基础设施资本存量、基础设施资本存量（点基础设施资本存量、网络基础设施资本存量）的产出弹性加总，可得生产函数的各要素产出弹性之和在 1.0296 和 1.0372 之间，表明我国总体生产函数具有轻微规模报酬递增的性质，与表5.3 中 Wald 检验的结果一致。同时，这一结论不仅与芒内尔和库克（Munnell & Cook，1990）关于美国总生产函数具有轻微规模报酬递增的结论不谋而合，也与金戈（2016）的结果在 1.05 和 1.07 之间非常接近。

三、基础设施资本产出弹性的初步估计

（一）基本估计结果

为了更准确地估计基础设施资本的产出弹性，经过豪斯曼（Hausman）检验后，我们采用固定效应组内差分方法（FE）估计模型（5.5），同时在回归分析中分别控制了时间趋势项（t）或年度效应，估计结果报告于表5.4 第［1］~［3］列。由于时间效应项显著且调整 R^2 增大，同时鉴于控制年度效应可能会损失更多自由度，故在此处和下文将主要以分析考虑时间趋势项的回归结果为主，辅之以考虑年度效应的结果。进一步考虑不同类型基础设施资本投入对经济增长的异质性影响，经过系列检验后，我们采用组内差分方法估计模型（5.6），回归结果报告于表5.4 第［4］~［5］列。

表 5.4 基础设施资本产出弹性的基本估计结果

变量	[1]	[2]	[3]	[4]	[5]
$\ln k^F$	0.1505 *** (0.1402)	0.0817 *** (0.0124)	0.1097 *** (0.0174)	0.0692 *** (0.0156)	0.0664 *** (0.0188)
$\ln k^I$	0.3448 *** (0.0167)	0.2216 *** (0.0153)	0.2203 *** (0.0176)		
$\ln k^P$				0.1269 *** (0.0219)	0.2084 *** (0.0209)
$\ln k^N$				0.1044 *** (0.0170)	0.0430 *** (0.0167)
hum	0.0077 *** (0.0007)	0.0019 *** (0.0007)	0.0018 *** (0.0006)	0.0019 *** (0.0007)	0.0019 *** (0.0006)
gz	0.3605 *** (0.0569)	− 0.1055 ** (0.0535)	− 0.0794 (0.0584)	− 0.1057 ** (0.0535)	− 0.0468 (0.0574)
soe	− 0.6280 *** (0.0491)	− 0.1677 *** (0.0477)	− 0.0304 (0.0493)	− 0.1658 *** (0.0477)	− 0.0020 (0.0485)
is	− 0.2711 *** (0.1043)	− 0.6031 *** (0.0822)	− 0.1462 (0.0924)	− 0.5700 *** (0.0887)	− 0.0174 (0.0930)
urb	0.6160 *** (0.0821)	0.3013 *** (0.0701)	0.2771 *** (0.0653)	0.3000 *** (0.0701)	0.2580 *** (0.0641)
tdd	− 0.0230 (0.0148)	0.0018 (0.0123)	− 0.0062 (0.0116)	0.0032 (0.0123)	− 0.0080 (0.0114)
t		0.0496 *** (0.0027)		0.0495 *** (0.0027)	
常数项	4.9241 *** (0.0914)	6.3664 *** (0.1088)	5.9201 *** (0.1142)	6.5611 *** (0.1188)	6.1973 *** (0.1126)
个体效应	是	是	是	是	是
年度效应	否	否	是	否	是
调整 R^2	0.9814	0.9873	0.9899	0.9873	0.9903
观测值	775	775	775	775	775

根据表5.4第〔2〕列可知，在加入一系列控制变量并控制个体效应后，基础设施资本存量的产出弹性变为0.2216。这表明在样本期间内，基础设施资本存量整体上显著促进经济增长，在其他条件不变的情况下，实际人均基础设施资本存量每增长1个百分点，实际人均产出增长将提升0.2216个百分点。进一步根据表5.4第〔4〕列可知，点基础设施资本存量和网络基础设施资本存量均显著正向促进经济增长，产出弹性值分别为0.1269和0.1044，这意味两者人均投入同时提高1个百分点，前者比后者的人均产出高0.0225个百分点。这与不加入控制变量时的估计结果一致，可能的原因除了是点基础设施资本存量在长期内具有更强的正外部性之外，还与点基础设施资本存量相比网络基础设施资本存量在过去相当长的时间里积累更慢，当其他投入要素保持不变时，每增加1单位的点基础设施资本投入就能获得更多产出。事实上，2008年底中央政府出台的4万亿元经济刺激方案中，一半以上的资金投入到公路、铁路、机场和通信等网络基础设施领域。上述结论所蕴含的政策启示是我国政府在制定投资政策时应更多地转向环保和科教文卫等点基础设施领域。

控制变量的估计结果与其他研究发现基本一致。第一，人力资本积累对经济增长具有正向影响，平均每万名劳动力人力资本增长1亿元，人均产出将增长约0.2个百分点。第二，政府规模对区域经济增长具有负向作用，这与发达国家的经验相一致，即政府干预通常被认为不利于要素的优化配置而对经济增长产生负向效应。第三，国有经济比重对经济增长具有显著负向作用，可能的解释是国有经济因为过于垄断等导致要素投入和使用无效率或低效率的影响，强于国有经济带来的"摘好桃子"现象和正外部性（Bai et al.，2000）。第四，产业结构对区域经济增长具有负向的作用，原因在于样本期间内我国处于工业化快速发展阶段，经济增长迅速的同时，绝大部分省份的第三产业增长值占比却在2003~2012年波动下降。第五，城市化对经济增长具有稳健的正向作用，这与中国的实际发展相符。第六，贸易依存度对经济增长不显著，这可能是一正一负两方面的作用基本抵消的缘故，即对外开放水平的提高一方面有利于中国学习引进其他经济体的先进技术，进而改善生产效率以推动经济发展；另一方面也可能通过加剧市场竞争程度而对经济增长产生负向冲击。

（二）不同经济发展阶段的估计结果

虽然在基本估计中，基础设施资本存量整体上对经济增长具有正向促进作用，但是在不同发展阶段是否存在差异？对此，本书根据工业化阶段将数据样本分为三个阶段（廖茂林等，2018）：第一，工业化初期阶段（1993～1999 年），经济正处于下行阶段；第二，工业化中期阶段（2000～2011 年），经济一直处于繁荣期，同时也是我国工业化和城镇化快速发展的阶段；第三，工业化后期阶段（2012～2017 年），经济进入"新常态"，由高速增长转为中高速增长，进入高质量发展阶段。然后，构建两个虚拟变量（$yr1$、$yr3$），分别表示 1993～1999 年和 2012～2017 年两个阶段，并将其与整体基础设施资本存量和两类基础设施资本存量相乘，得到新的交叉变量，经过系列检验后，再次对模型（5.5）和模型（5.6）进行估计，回归结果报告于表5.5。

表5.5 不同经济发展阶段的估计结果

变量	[1]	[2]	[3]	[4]
$\ln k^I$	0.1870 *** (0.0164)	0.2657 *** (0.0192)		
$\ln k^I \times yr1$	-0.0014 (0.0015)	-0.0837 *** (0.0110)		

续表

变量	[1]	[2]	[3]	[4]
$\ln k^I \times yr3$	-0.0070 *** (0.0011)	-0.0070 (0.0181)		
$\ln k^P$			0.1405 *** (0.0277)	0.1665 *** (0.0252)
$\ln k^P \times yr1$			0.0008 (0.0252)	0.0199 (0.0223)
$\ln k^P \times yr3$			-0.0373 (0.0277)	0.1150 *** (0.0311)
$\ln k^N$			0.0627 *** (0.0225)	0.1217 *** (0.0223)
$\ln k^N \times yr1$			-0.0020 (0.0275)	-0.0996 *** (0.0232)
$\ln k^N \times yr3$			0.0290 (0.0275)	-0.1123 *** (0.0267)
t	0.0501 *** (0.0027)		0.0495 *** (0.0028)	
控制变量	是	是	是	是
常数项	6.1597 *** (0.1101)	6.1865 *** (0.1152)	6.3238 *** (0.1180)	6.4773 *** (0.1172)
个体效应	是	是	是	是
年度效应	否	是	否	是
调整 R^2	0.9880	0.9907	0.9881	0.9912
观测值	775	775	775	775

分析表5.5第［2］列的结果，基础设施资本存量的产出弹性值具有倒"U"形特征：2000～2011年产出弹性值为0.2657，高于1993～1999年的0.2657-0.0837=0.1820和2012～2017年的0.2587。此结

果表明从 2012 年以后，基础设施资本存量的促进作用在减弱。进一步根据表 5.5 第 [4] 列的结果的可知，网络基础设施资本存量的倒 "U" 形影响更为明显，三个阶段的产出弹性值分别为 0.0221、0.1217 和 0.0094，与经济发展阶段同步。可从网络基础设施投入与区域经济增长能的匹配程度进行解释，即在工业化中前期，经济体的主导产业为重化工业，网络基础设施建设不仅能为主导产业的发展提供良好的运输和市场条件，而且本身也对主导产业具有很大需求，此时两者匹配程度很高，前者对后者具有重要的促进作用。但是，当进入工业化后期或后工业化阶段，经济体的主导产业发生转变，更多地需要创新的环境和创新性的人才，此时两者的匹配程度降低，前者对后者的促进作用相应减弱。从全社会的资源配置角度分析，由于网络基础设施具有公共品属性，更多地将由政府投资建设。然而政府投资由于在预算和效益约束方面没有私人部门强，并且易受政策惯性影响，导致有限的资金由政府这只手可能配置到低效率领域，从而不利于经济增长。此外，随着网络基础设施资本品的不断积累，其拥挤性不断减弱，新的投资将难以继续提高私人生产效率。对于点基础设施资本存量，一个重要的发现是：在经济进入 "新常态" 之后，回归系数依然处于显著增大状态，暗含着离 "拐点" 仍有相当距离，再次说明适度偏向点基础设施领域投资，对于确保经济运行在合理区间具有重要意义。

（三）稳健性检验和内生性分析

接下来本节将主要从核心解释变量度量方式和模型内生性问题等多维度对之前所得结论进行稳健性测试和内生性分析。

首先，调整核心解释变量的度量方式。与生产性资本存量相比，资本存量净额虽然在有效反映资产的实际生产能力和服务效率方面有所不足，但是作为以市场价格估计的资产存量价值指标，可作为资本投入的代理变量，用以稳健性分析。对此，我们采用基础设施资本存量净额（kn^l）替代其生产性资本存量进行稳健性检验，部分估计结果汇报于表5.6第 [1]~[3] 列。其次，进一步在模型中添加金融规模（fin）等控制变量，以减缓可能存在的遗漏变量偏误问题，估计结果汇报于表5.6第 [4]~[6] 列。分析表5.6的结果可以发现，不管是替换核心解释变量的度量方式，还是再添加其他控制变量，整体基础设施资本存量在样本期间内对经济增长具有倒"U"形的正向促进作用这一结论依然稳健。

表5.6　　　　　　　　　　稳健性检验的估计结果

变量	[1]	[2]	[3]	[4]	[5]	[6]
	核心解释变量替换为 gn			添加 fin 等其他控制变量		
$\ln k^l$	0.2194 *** (0.0154)	0.1851 *** (0.0160)	0.2581 *** (0.0187)	0.1606 *** (0.0220)	0.1372 *** (0.0222)	0.2529 *** (0.0271)
$\ln k^l \times yr1$		− 0.0024 (0.0015)	− 0.0846 *** (0.0110)		− 0.0222 (0.0017)	− 0.1244 *** (0.0136)
$\ln k^l \times yr3$		− 0.0076 *** (0.0181)	− 0.0076 (0.0181)		0.0065 *** (0.0013)	0.0076 (0.0181)
t	0.0530 *** (0.0026)	0.0529 *** (0.0027)		0.0605 *** (0.0034)		
控制变量	是	是	是	是	是	是
常数项	6.5040 *** (0.1065)	6.2559 *** (0.1078)	6.2429 *** (0.1142)	6.5677 *** (0.1412)	6.2875 *** (0.1451)	6.2429 *** (0.1142)
个体效应	是	是	是	是	是	是
年度效应	否	否	是	否	否	是
调整 R^2	0.9869	0.9897	0.9906	0.9891	0.9897	0.9906
观测值	775	775	775	775	775	775

最后，考虑到基础设施资本积累与经济增长之间可能因为存在双向因果关系而使模型估计产生内生性问题，对此本节采用工具变量法予以解决。参考张勋等（2018）的研究，我们使用各省份明代驿站数量与年度虚拟变量的交互项（$year\#c.mp$）作为基础设施资本存量的工具变量IV。一方面，明代驿站主要是修建在战略要冲和人烟稠密之地，并且驿站之间具有良好的通达性，这在一定程度上符合当前国家综合交通运输体系的建设要求，从而在逻辑上使各地明代驿站数量与当前基础设施资本存量水平满足相关性假定。另一方面，驿站的修建主要是基于军事目的，受到经济发展水平的影响较为有限，而且距今已超过400多年，对于现代经济发展水平的影响将更为有限，从而很好地满足工具变量的外生性假定。但是，考虑到明代驿站数量是随时间不变的，对此参考安格里斯特和克鲁格（Angrist & Krueger，1991）在处理出生季度这一工具变量时的做法，将原变量和年度虚拟变量的交互项作为新的工具变量引入模型，从而克服了截面工具变量的数据维度限制，充分体现不同年份工具变量对于内生变量的影响（孙传旺等，2019）。需要说明的是，本节的明代驿站数据来自2006年出版的《明代驿站考：增订本》。具体处理过程为：首先将驿站注释与现存地址进行匹配；其次统计出各省份明朝驿站数量；最后删除黑龙江、西藏等驿站数量为0的样本观测值。

表5.7第［2］~［3］列汇报了采用两阶段最小二乘法（2SLS）进行工具变量回归的参数结果。首先，根据该表结果第［2］列可知，IV的回归系数在大部分年份均显著，说明选择的工具变量与基础设施资本存量显著相关。同时，弱识别检验的结果也通过了10%的显著性检验，再次表明本书选择的工具变量与内生解释变量之间是高度相关的（陈诗一、陈登科，2018；孙传旺等，2019）。其次，为了验证工

具变量的外生性，本书将 $\mathbb{N}$ 直接对 $\ln y$ 进行回归，估计结果报告于表 5.7 第 [1] 列。该结果显示，$\mathbb{N}$ 的回归系数在大部分年份均不显著，这表明明代驿站数量与年度虚拟变量的交互项与经济增长并无相关关系，为该工具变量满足外生性条件提供了支持性证据。再次，从第二阶段的回归结果可以看出，$\ln k^I$ 的系数仍然显著为正，与基本模型回归结果（FE）在方向上保持一致，验证了整体基础设施资本存量对经济增长具有显著促进作用。值得注意的是，工具变量回归中 $\ln k^I$ 的估计系数从数量上看明显小于基本模型回归（见表 5.4）的结果，这表明潜在的内生性问题也许会在一定程度上高估基础设施资本存量对经济增长的促进作用。最后，其他控制变量的估计系数与基本模型的回归结果基本一致，表明基本模型的回归结果是稳健的并且遗漏变量偏误也得到了较好控制。

表 5.7   工具变量（2SLS）估计结果

变量	OLS	2SLS（第一阶段）	2SLS（两阶段）
	$\ln y$	$\ln k^I$	$\ln y$
	[1]	[2]	[3]
$\ln k^I$	0.4618 *** (0.0294)		0.1825 *** (0.0437)
$\mathbb{N}$	是	是	
$\ln k^F$	0.0347 (0.0291)	0.5165 *** (0.0280)	0.0980 *** (0.0197)
hum	0.0064 *** (0.0015)	− 0.0255 *** (0.0015)	− 0.0011 (0.0014)
gz	− 2.0121 *** (0.1780)	2.0161 *** (0.2483)	− 0.1214 (0.1341)

续表

变量	OLS	2SLS（第一阶段）	2SLS（两阶段）
	lny	lnk^I	lny
	[1]	[2]	[3]
soe	-0.6504 *** (0.0902)	0.4168 *** (0.1095)	-0.1192 ** (0.0573)
is	-0.7206 *** (0.1791)	0.7611 *** (0.2161)	-0.5119 *** (0.1251)
urb	0.9472 *** (0.1061)	-0.1010 (0.1395)	0.2752 *** (0.0758)
tdd	0.1028 *** (0.0235)	0.0427 (0.0254)	-0.0100 (0.0145)
t	0.0181 *** (0.0048)	0.0792 *** (0.0069)	0.0564 *** (0.0050)
常数项	5.1877 *** (0.1940)	4.0700 *** (0.2928)	7.1646 *** (0.2630)
弱识别检验		677.07 [11.40]	
个体效应	否	是	是
调整 R^2	0.9701	0.9860	0.9925
观测值	575	575	575

注：（1）结果［1］为工具变量的外生性检验结果，结果［2］为第一阶段回归结果，结果［3］为第二阶段回归结果；（2）IV 的回归系数除了在外生性检验中基本不显著外，在其他回归中基本均显著，限于篇幅，在此没有列出；（3）弱识别检验结果对应 Kleibergen – Paap Wald rk F 统计量的值，中括号内的数值为 Stock – Yogo 检验 10% 水平上的临界值。

第三节　基础设施资本投入对区域经济增长的影响

上一节从总体层面实证分析了基础设施资本投入对经济增长的影

响，接下来本节将研究视角聚焦到区域层面。根据第三章中对基础设施的概念界定可知，基础设施资本投入具有异质性影响，主要体现在经济影响范围的不同，相比点基础设施对经济活动的影响通常仅限于其建设地区而言，网络基础设施能使沿线地区连成一个整体，从而不仅对本地经济活动产生影响，而且还会通过沿线网络影响其他地区的经济活动。进一步根据第三章中关于基础设施资本投入与经济增长的理论分析可知，在区域层面，基础设施资本投入具有空间外部性，即两类基础设施能使节点与节点之间、节点与域面之间以及域面与域面之间的功能相联系，使产品和要素在区域间自由流动，产生空间溢出效应。具体作用机制如下：一方面，作为重要的社会公共品，基础设施建设会改变所在地的可达性和吸引力，提升该区域的区位竞争优势，吸引邻近区域的生产要素向本地区集聚。另一方面，基础设施建设在将不同地区连成一个整体时，也会降低企业和家庭的运输成本，推动发达地区的生产要素向邻近落后地区扩散。当主要生产要素向优势地区聚集时，表现为正向空间溢出效应；反之，扩散时则产生负向空间溢出效应。当然，不管是进行异质性还是空间性分析，都要以基础设施的实际投入作为必要条件，要考虑其投入的效率性。根据第四章的结论可知，相比基础设施资本存量总额和净额，生产性基础设施资本存量能衡量固定资产的生产能力和服务效率，更能反映实际服务于生产过程中的基础设施资本投入数量，具有"效率性"。综上，本节尝试从基础设施资本投入的效率性、异质性和空间性的视角出发，构建其影响区域经济增长的三维框架图，具体见图5.1，并采用空间面板方法实证之。

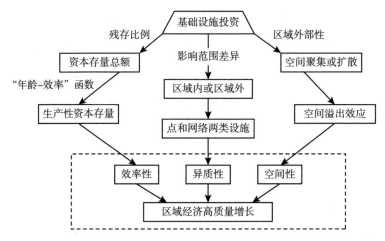

图 5.1 基础设施资本投入的"效率性、异质性和空间性"三维视角

一、空间相关性分析

空间分析方法最早应用于地理学研究，近年来才为统计学或计量经济学领域所广泛接收，以 2008 年诺贝尔经济学奖获得者克鲁格曼为代表的一大批经济学家正努力在区域经济学和产业集聚问题的研究中引入空间维度。正如地理学第一定律（Tobler's First Law）强调的空间相关性所言，空间中任何事物与其他事物存在相互关联，只不过越是相近的事物关联更为紧密。一方面，在新型城镇化进程不断推进、区域集群集约化发展的现实背景下，优先发达地区辐射欠发达地区以及省市间跨区域联动愈加频繁，区域经济发展的空间相关性已成为不容忽视的重要因素。另一方面，基础设施本身可通过点状和网络状结构将整个区域的节点与节点之间、节点与域面之间以及域面与域面之间的功能相联系，促进产品和要素在区域间自由流动，从而对相邻区域产生空间溢出效应。与此同时，随着空间统计与空间计量经济学的不断发展，不仅极大地拓

宽了传统的计量经济方法，也为空间经济研究提供了很好的实证分析工具。

目前，检验空间相关性的方法主要有莫兰（Moran）指数 I、吉尔里（Geary）指数 C 和（Getis – Ord）指数 G。在实际操作中，Moran's I 的应用最为普遍，计算公式为：

$$Moran's\ I = \frac{\sum_{i=1}^{n} \sum_{j=1}^{n} w_{ij}(X_i - \overline{X})(X_j - \overline{X})}{S^2 \sum_{i=1}^{n} \sum_{j=1}^{n} w_{ij}} \tag{5.8}$$

其中，i 和 j 表示地区，X_i 和 X_j 分别表示地区 i 和 j 的样本观测值，n 为地区个数，$\overline{X} = (1/n) \sum_{i=1}^{n} X_i$ 为所有观测单元的均值，$S^2 = (1/n) \sum_{i=1}^{n} (X_i - \overline{X})$ 为所有观测单元的方差，w_{ij} 为空间权重矩阵的元素值（用来度量区域 i 和 j 之间的距离），$\sum_{i=1}^{n} \sum_{j=1}^{n} w_{ij}$ 为所有空间权重值之和。

Moran's I 的取值介于 – 1 到 1 之间，为正则表示变量存在空间聚集现象，即高值与高值相邻、低值与低值相邻；为负则表示空间扩散的特征，即高值与低值相邻。绝对值越大表明相应的空间相关度越高，绝对值接近于 0 则表明空间分布是随机的，不存在空间自相关。在考虑原假设 "H_0：$Cov(x_i, x_j) = 0$，$\forall i = j$（不存在空间自相关）" 的基础上，可证明标准化的 Moran's I 指数服从渐进正态分布：

$$Z = \frac{I - E(I)}{\sqrt{Var(I)}} \xrightarrow{d} N(0,\ 1) \tag{5.9}$$

其中，期望值 $E(I)$ 为：

$$E(I) = -\frac{1}{n-1} \tag{5.10}$$

相应的方差 $Var(I)$ 为：

$$Var(I) = \frac{n^2 w_1 + n w_2 + 3 w_0^2}{w_0^2 (n^2 - 1)} - E^2(I) \qquad (5.11)$$

因此，可使用标准正态分布的临界值检验 Moran's I 的显著性。如果 z 值大于 0.01（0.05）水平下的临界值 1.96（1.65），说明观测指标在全局的空间分布中具有显著的正相关关系。

审慎构建空间权重矩阵是计算 Moran's I 和进行空间计量的关键。为了保证后续实证研究更具稳健性，本节在此构建了表征地理相邻、地理距离和经济社会三种特定空间联系的空间权重矩阵。一是反映地理邻接联系的 0~1 二进制空间权重矩阵 W_{bin}。若两个区域在地理位置上相邻，对应权重元素值为 1，否则为 0，同时假定某一区域不与自己空间相邻。为了避免"孤岛效应"，在此假定海南与广东相邻。二是反映地理距离联系的空间权重矩阵 W_{dis}。地理邻接矩阵暗含着"不相邻区域不具有空间相关性，相邻区域间影响权重相同"的思想，这与实际情况存在一定的偏差。事实上，我国部分地区虽然在地理位置上并不邻接，但是相互间仍具有相当经济影响，典型的如，上海对长江流域不相邻省份也具有影响。对此，地理距离权重矩阵能较好地予以纠正，假定地理位置越接近的区域相互之间"引力"更大，并且这种影响随着空间距离增加而加速衰减，具体权重元素值设置为 $w_{ij} = (1/D_{ij}) / \sum_j (1/D_{ij})$。其中，$D_{ij}$ 为区域 i 与 j 之间的欧几里得距离。三是反映经济社会联系的空间权重矩阵 W_{dev}。地理距离权重矩阵仅考虑了区域间地理距离远近这个单一要素，事实上，在相同的距离下经济强大的地区对其他地区的影响可能比经济较弱的地区更大，而经济社会权重矩阵则很好地克服了这一缺陷。此矩阵将经济发展和地理距离纳入统一模型，利用地区间距离的平方加权经济影响来测度，以衡量从区域边界之外的投入产出市场中受益的潜力。具体权重元素值设置为 $w_{ij} = (\overline{GDP}_j/D_{ij}^2)/\sum\limits_{j}(\overline{GDP}_j/D_{ij}^2)$，$\overline{GDP}_i$ 表示地区 i 在全样本时期人均 GDP 的均值。

事实上，Moran's I 可视为样本观测值与其空间滞后的相关系数。如果将两者画成空间散点图，就得到了"莫兰散点图"，据此可观察样本空间的具体属性。需要说明的是，绘图软件通过将散点图划为第一、第二、第三、第四象限，分别表示高高（HH）、低高（LH）、低低（LL）和高低（HL）四种空间滞后模式。高高（HH）和低低（LL）模式表征该地区与周围地区具有空间正相关性，即具有相似水平的地区集聚在一起，而其他两种模式则表征该地区与其他地区具有空间负相关性，即具有相异水平的地区集聚在一起。

全域空间相关性虽然反映了观测变量的整体空间状况，但由此也可能会忽略局部地区的非典型特征（邵帅等，2016）。对此，需要采用空间局部相关指数（LISA）和局部 Moran's I 等指标来进一步判断局部地区的空间相关性。其中，局部 Moran's I 的表达式为：

$$I_i = \frac{X_i - \overline{X}}{S^2}\sum_{j=1}^{n} w_{ij}(X_j - \overline{X}) \tag{5.12}$$

局部 Moran's I 与全局 Moran's I 的含义相似，正值表示相似的样本值聚集在一起，反之则表示相异的样本值聚集在一起。

首先，从 1993 年和 2017 年省际人均真实 GDP 的四分位图来看，两个时期我国经济相对发达地区均主要集中于东部沿海地区，经济落后地区则主要分布于广大的中西部地区。经过二十多年的动态变化，各地区的经济发展水平都具有显著地提升，2017 年的人均经济总量相比 2003 年已有近十倍的增长。同时，地区之间的空间集聚趋势也在不断强化，具有较高（低）人均 GDP 水平的地区被更多的具有同样经济发展水平的地区所包围，高经济发展水平与低经济发展水平相邻而聚的省份减少了，揭示着"经济相对发达地区经济增速较快，经济发展块状趋同"的特征事实。其次，从 1993 年和 2017 年省际人均基础设施资本存量的四分位图来看，两个时期人均基础设施资本相对富裕的地区均主要集中于人口较为稀少与经济相对不发达的西部地区和人口密度较大与经济较为发达的东部地区，而人口密度较大与经济相对发达的中部地区人均基础设施资本水平普遍较低。经过二十多年的动态变化，各地区的人均基础设施资本水平都有显著提升，2017 年的人均基础设施资本水平是 2003 年的二十几倍。同时，地区之间的空间集聚趋势也在不断强化，具有较高（低）人均基础设施资本水平的地区被更多的具有同样水平的地区所包围，高基础设施资本水平与低基础设施资本水平相邻而聚的省份减少了，揭示着中国基础设施资本投入也可能具有较高的空间相关性。

为了验证上述四分位图的直观结果，我们估计出三种权重矩阵下经济增长和基础设施资本存量的全局 Moran's I，具体见表 5.8。容易发现，不管是对经济增长，还是对基础设施资本存量进行检验，三种矩阵的 Moran's I 在符号上是一致的，均为正，表明两者在空间上都具有正相关性。同时，我们也发现全样本时期 0 ~ 1 二进制矩阵的 Moran's I 均最大，而地理距离矩阵的值最小，经济社会矩阵的结果介于两者之间。可能的原因是，相比 0 ~ 1 二进制矩阵仅考虑行政邻接和地理距离矩阵仅考虑地理距离的远近这一单维因素，经济社会权重综合考虑了邻近地区的经济发展和地理距离等多维因素，从而使所得结果更为可靠，介于两者之间。因此，本节以下部分将主要分析经济社会权重矩阵的检验结果。

表5.8　　　1993～2017年省际经济增长（lny）和基础设施资本
投入（lng）的相关性检验

年份	0～1二进制矩阵 W_{bin}		地理距离矩阵 W_{dis}		经济社会矩阵 W_{dev}	
	lny	$\ln k^I$	lny	$\ln k^I$	lny	$\ln k^I$
1993	0.400 *** (3.661)	0.263 ** (2.494)	0.101 *** (3.664)	0.025 (1.582)	0234 *** (2.711)	0.083 (1.173)
1994	0.411 *** (3.750)	0.268 ** (2.538)	0.108 *** (3.850)	0.021 (1.483)	0.250 *** (2.863)	0.074 (1.088)
1995	0.420 *** (3.833)	0.274 *** (2.587)	0.111 *** (3.931)	0.020 (1.448)	0.259 *** (2.967)	0.074 (1.083)
1996	0.439 *** (3.992)	0.285 *** (2.684)	0.114 *** (4.027)	0.018 (1.396)	0.268 *** (3.056)	0.074 (1.080)
1997	0.453 *** (4.103)	0.298 *** (2.793)	0.120 *** (4.184)	0.019 (1.427)	0.280 *** (3.170)	0.079 (1.137)
1998	0.461 *** (4.173)	0.300 *** (2.812)	0.124 *** (4.283)	0.021 (1.479)	0.289 *** (3.262)	0.086 (1.209)
1999	0.469 *** (4.244)	0.264 ** (2.506)	0.125 *** (4.333)	0.003 (0.994)	0.294 *** (3.311)	0.047 (0.808)
2000	0.470 *** (4.253)	0.278 *** (2.625)	0.126 *** (4.357)	0.013 (1.264)	0.298 *** (3.357)	0.072 (1.067)
2001	0.466 *** (4.228)	0.296 *** (2.775)	0.125 *** (4.342)	0.017 (1.384)	0.299 *** (3.371)	0.084 (1.187)
2002	0.460 *** (4.182)	0.295 *** (2.760)	0.126 *** (4.359)	0.019 (1.432)	0.301 *** (3.394)	0.090 (1.249)
2003	0.461 *** (4.178)	0.286 *** (2.681)	0.128 *** (4.421)	0.020 (1.462)	0.306 *** (3.444)	0.098 (1.325)
2004	0.463 *** (4.192)	0.285 *** (2.667)	0.134 *** (4.576)	0.025 (1.587)	0.318 *** (3.560)	0.111 (1.452)
2005	0.470 *** (4.238)	0.279 *** (2.608)	0.141 *** (4.759)	0.032 * (1.756)	0.333 *** (3.695)	0.129 (1.626)

年份	0～1 二进制矩阵 W_{bin}		地理距离矩阵 W_{dis}		经济社会矩阵 W_{dev}	
	$\ln y$	$\ln k^I$	$\ln y$	$\ln k^I$	$\ln y$	$\ln k^I$
2006	0.474 *** (4.267)	0.275 *** (2.571)	0.144 *** (4.813)	0.033 * (1.803)	0.338 *** (3.740)	0.136 * (1.692)
2007	0.468 *** (4.217)	0.261 ** (2.454)	0.143 *** (4.806)	0.038 * (1.913)	0.336 *** (3.726)	0.144 * (1.770)
2008	0.461 *** (4.151)	0.263 ** (2.475)	0.143 *** (4.803)	0.043 ** (2.054)	0.335 *** (3.716)	0.153 * (1.865)
2009	0.454 *** (4.091)	0.276 *** (2.586)	0.145 *** (4.851)	0.051 ** (2.278)	0.341 *** (3.771)	0.168 ** (2.013)
2010	0.448 *** (4.037)	0.279 *** (2.617)	0.144 *** (4.803)	0.053 ** (2.329)	0.337 *** (3.725)	0.167 ** (2.010)
2011	0.439 *** (3.964)	0.293 *** (2.749)	0.142 *** (4.769)	0.055 ** (2.411)	0.334 *** (3.698)	0.167 ** (2.025)
2012	0.427 *** (3.864)	0.316 *** (2.947)	0.142 *** (4.760)	0.059 ** (2.508)	0.336 *** (3.723)	0.170 ** (2.055)
2013	0.417 *** (3.776)	0.317 *** (2.971)	0.141 *** (4.717)	0.057 ** (2.479)	0.337 *** (3.720)	0.163 ** (1.994)
2014	0.408 *** (3.691)	0.318 *** (2.981)	0.138 *** (4.633)	0.056 ** (2.444)	0.331 *** (3.660)	0.154 * (1.904)
2015	0.399 *** (3.617)	0.326 *** (3.045)	0.135 *** (4.565)	0.049 ** (2.245)	0.327 *** (3.619)	0.129 * (1.651)
2016	0.396 *** (3.595)	0.304 *** (2.868)	0.133 *** (4.509)	0.034 * (1.858)	0.322 *** (3.570)	0.093 (1.287)
2017	0.391 *** (3.551)	0.246 ** (2.383)	0.132 *** (4.476)	0.013 (1.274)	0.317 *** (3.516)	0.047 (0.821)

首先，经济增长的 Moran's I 在 1993～2009 年间波动上升，之后保

持平稳，并且所有时期的检验结果均通过了1%的显著水平。此结果再次说明我国区域经济发展存在显著的空间"块状聚集"趋势，相对发达地区的辐射带动作用不断强化。其次，基础设施资本存量的 Moran's I 从1993～2012年间波动上升，之后持续下降，并且在相当年份通过了10%的显著水平。这再次说明我国基础设施投入的空间分布并非完全随机状态，而是表现出相似值之间明显的空间集聚特征。经济增长和基础设施投入这种在空间上趋于集聚的演化结构，不仅有利于发挥经济发展的规模效应，也为区域之间形成"核心—外围"的经济发展格局奠定基础。

二、空间面板模型构建

空间相关性的检验结果表明，中国省际经济增长和基础设施资本存量在区域分布中存在较为显著的正相关性和空间依赖性。由此说明，在实证分析中要同时考虑两者的空间影响，不然可能会夸大或低估基础设施资本投入和其他因素的影响。一般嵌套的空间计量模型（GNS）包括了所有类型（内生、外生和误差性）的交互效应（LeSage & Pace，2009）。内含不同的交互效应组合需要采用不同的空间计量模型，具体采用何种模型需要根据相关数据予以检验。通过 Lratio 检验和 Wald 检验，空间面板杜宾模型（SDM）更加合适本书。具体计量模型如下：

$$\ln y_{it} = \rho W \ln y_{it} + \beta_F \ln k_{it}^F + \beta_I \ln k_{it}^I + \sum_{j=1}^{6} \theta_j C_{i,j,t} + \beta_F^W W \ln k_{it}^F +$$

$$\beta_I^W W \ln k_{it}^I + \sum_{j=1}^{6} \theta_j^W C_{i,j,t} + u_i + \gamma_t + \varepsilon_{it} \qquad (5.13)$$

$$\ln y_{it} = \rho W \ln y_{it} + \beta_F \ln k_{it}^F + \beta_p \ln k_{it}^P + \beta_N \ln k_{it}^N + \sum_{j=1}^{6} \theta_j C_{i,j,t} + \beta_F^W W \ln k_{it}^F +$$

$$\beta_I^W W \ln k_{it}^I + \beta_N^W W \ln k_{it}^N + \sum_{j=1}^{6} \theta_j^W C_{i,j,t} + u_i + \gamma_t + \varepsilon_{it} \qquad (5.14)$$

其中，y、k^F、k^I、k^P、k^N 和 C 与在本章第二节含义一致；W 为空间权重矩阵，包括 $0 \sim 1$ 二进制矩阵（W_{bin}）、地理距离矩阵（W_{dis}）、经济社会矩阵（W_{dev}）三种；复合误差项为：$u_{it} + \gamma_t + \varepsilon_{it}$，是双因子模型，同时考虑个体 u_i 和时间 γ_t 两种效应。

三、实证结果分析

（一）基本估计结果分析

由于空间杜宾模型包括了解释变量和被解释变量的空间滞后项，以及变量间可能存在的双向因果关系，都将不可避免给模型估计带来内生性问题，传统的 OLS 估计将不再是一致有效的。对此，李龙飞和虞吉海（Lee & Yu，2010）、埃洛斯特（Elhorst，2012）等学者建议采用极大似然法（MLE）建立一阶差分模型，并通过对数似然函数值来判断适合的空间模型形式，由此得到的估计参数不仅能很好地满足一致有效性要求，而且比系统广义矩估计（GMM）更加高效。鉴于此，本章基于三种空间权重矩阵，采用 MLE 估计模型（5.13），并控制个体固定效应和时间趋势项，估计结果报告于表5.9第［1］~［3］列。从空间计量结果来看，不同空间权重矩阵下各变量的系数虽略有差异，但总体较为稳健。鉴于经济社会权重矩阵同时考虑了经济差异和地理距离的双重影响，故下文将重点分析经济社会空间权重下的回归结果。

根据表5.9的结果［3］可知，基础设施资本存量对本区域经济增长具有显著促进作用，产出弹性为0.2529，比基准模型的回归结果（见表5.4）高0.0313个百分点，这表明如果在模型中不考虑空间溢出效应，我们就会低估基础设施资本投入对区域经济增长的作用。其次，

表 5. 9　　　基础设施资本投入影响区域经济增长的空间计量结果

变量	[1] SDM-W_{bin}	[2] SDM-W_{dis}	[3] SDM-W_{dev}	[4] SDM-W_{bin}	[5] SDM-W_{dis}	[6] SDM-W_{dev}
$\ln k^F$	0.1116 *** (0.0198)	0.1104 *** (0.0182)	0.0888 *** (0.0185)	0.0917 *** (0.0208)	0.0928 *** (0.0193)	0.1000 *** (0.0186)
$\ln k^I$	0.2206 *** (0.0201)	0.2142 *** (0.0177)	0.2529 *** (0.0183)			
$\ln k^P$				0.1760 *** (0.0218)	0.1604 *** (0.0212)	0.1216 *** (0.0204)
$\ln k^N$				0.0712 *** (0.0179)	0.0737 *** (0.0172)	0.1092 *** (0.0164)
hum	0.0027 *** (0.0007)	0.0023 *** (0.0006)	0.0019 *** (0.0007)	0.0029 *** (0.0007)	0.0024 *** (0.0006)	0.0019 *** (0.0006)
gz	-0.1101 * (0.0567)	-0.1179 ** (0.0595)	-0.0938 (0.0643)	-0.0903 (0.0550)	-0.0775 (0.0570)	-0.0016 (0.0581)
soe	0.0342 (0.0499)	0.0225 (0.0482)	-0.0511 (0.0502)	0.0573 (0.0481)	0.0137 (0.0469)	-0.0019 (0.0451)
is	-0.2943 *** (0.0875)	-0.2144 ** (0.0890)	-0.2909 *** (0.0924)	-0.1469 * (0.0858)	-0.0565 (0.0875)	-0.1932 ** (0.0843)
urb	0.2338 *** (0.0642)	0.2100 *** (0.0663)	0.3374 *** (0.0700)	0.2328 *** (0.0617)	0.2215 *** (0.0638)	0.2660 *** (0.0625)
tdd	-0.0097 (0.0112)	-0.0114 (0.0115)	-0.0091 (0.0123)	-0.0093 (0.0107)	-0.0106 (0.0110)	-0.0129 (0.0109)
$W\ln y$	0.3165 *** (0.0458)	0.3190 *** (0.0905)	0.3420 *** (0.0506)	0.3665 *** (0.0443)	0.3129 *** (0.0912)	0.3407 *** (0.0509)
$W\ln k^F$	-0.0856 *** (0.0246)	-0.1134 *** (0.0324)	0.0048 (0.0268)	-0.0062 (0.0293)	0.1622 *** (0.0565)	0.1572 *** (0.0327)
$W\ln k^I$	-0.1042 *** (0.0301)	-0.1121 * (0.0654)	-0.0654 * (0.0342)			

变量	[1] $SDM - W_{bin}$	[2] $SDM - W_{dis}$	[3] $SDM - W_{dev}$	[4] $SDM - W_{bin}$	[5] $SDM - W_{dis}$	[6] $SDM - W_{dev}$
$W\ln k^P$				-0.2627^{***} (0.0392)	-0.6033^{***} (0.0915)	-0.4711^{***} (0.0432)
$W\ln k^N$				0.0506^{*} (0.0299)	0.3429^{***} (0.0771)	0.2663^{***} (0.0323)
$Whum$	-0.0012 (0.0014)	-0.0020 (0.0023)	0.0008 (0.0010)	-0.0025^{*} (0.0014)	0.0002 (0.0022)	0.0010 (0.0009)
Wgz	-0.0265 (0.0826)	0.2233 (0.2425)	0.0852 (0.1988)	-0.0396 (0.0790)	0.5689^{**} (0.2420)	-0.0945 (0.1792)
$Wsoe$	-0.2326^{***} (0.0786)	-0.2285 (0.1598)	-0.4425^{***} (0.0917)	-0.2180^{***} (0.0754)	-0.3376^{**} (0.1539)	-0.3090^{***} (0.0822)
Wis	-0.4753^{***} (0.1614)	-1.0128^{***} (0.3144)	-0.2667 (0.1880)	-0.4633^{***} (0.1548)	-0.4416 (0.3166)	-0.2504 (0.1755)
$Wurb$	0.2996^{**} (0.1356)	-0.1058 (0.3569)	0.3789^{**} (0.1524)	0.3869^{***} (0.1298)	0.3530 (0.3518)	0.2402^{*} (0.1422)
$Wtdd$	0.0084 (0.0191)	-0.0306 (0.0600)	-0.0273 (0.0244)	0.0115 (0.0182)	0.0165 (0.0581)	0.0223 (0.0068)
个体效应	是	是	是	是	是	是
时间效应	是	是	是	是	是	是
调整 R^2	0.9886	0.9892	0.9876	0.9892	0.9901	0.9897
观测值	775	775	775	775	775	775
Log L	963.9250	964.6773	830.3262	995.8623	997.9851	1009.7565

在分析外地基础设施资本投入对本区域经济增长的作用时，发现外地基础设施的产出弹性值为 -0.0654，表明其具有负的空间溢出效应，即基础设施资本存量对各类生产要素和产品的空间集聚作用强于空间扩散作用，这与伯南特（Boarnet，1998）的研究不谋而合，故第三章提出的假

设 3.1 得以证实。最后，区域经济增长的空间滞后系数均为正值，意味着中国省域经济增长存在较为显著的正向空间依赖性。此外，其他控制变量的估计系数及其显著性与基准模型的回归结果基本一致。

进一步考虑不同类型基础设施资本对区域经济增长的异质性空间影响，经过系列检验后，我们采用 MLE 估计模型（5.14），回归结果报告于表 5.9 第 [4]~[6] 列。分析该表结果第 [6] 列发现，与基准模型回归结果（见表 5.4）相比，在考虑解释变量的空间影响后，点基础设施资本投入的产出弹性值减少为 0.1216，而网络基础设施资本投入的产出弹性值则扩大至 0.1092，两者的产出弹性值差距缩小为 0.0124，这源于它们具有不同的空间溢出影响。我们发现外地的点基础设施资本投入对本地区域经济增长具有负向作用，而外地的网络基础设施资本投入则与之相反，这表明点基础设施资本投入对经济增长具有负向溢出效应，而网络基础设施资本投入的空间溢出效应显著正向，故第三章提出的假设 3.1a 得以证实。可能解释是，点基础设施资本投入在样本期间内更多地表现为增强建设地的公共资本禀赋，提升该区域竞争优势，从而对邻近区域的各类生产要素产生集聚作用。然而，网络基础设施资本投入对各类生产要素的扩散作用强于聚集作用。这意味着在分析基础设施资本投入对区域经济增长的总效应时，要更为深入地考虑不同类型基础设施资本投入的空间影响。

（二）不同经济发展阶段的空间估计结果

与本章第二节在不考虑空间影响时分析不同发展阶段基础设施资本投入影响经济增长的异质性作用一样，本节将样本数据分为三个阶段：工业初期阶段（1993~1999 年）、工业化中期阶段（2000~2011 年）和工业化后期阶段（2012~2017 年），进一步探索在不同经济发展阶段之间，基础设施资本投入对区域经济增长的空间异质性影响。具体而言，通过构建两个虚拟变量（$yr1$、$yr3$），分别表示 1993～1999 年和 2012～2017 年两个阶段，并分别将其与整体基础设施和两类基础设施资本存量相乘，得到新的交叉变量，经过系列检验后，再次对模型（5.13）和模型（5.14）进行估计，回归结果报告于表5.10。

表5.10　　　　　　　　　　不同经济发展阶段的空间计量结果

变量	[1] $SDM-W_{bin}$	[2] $SDM-W_{dis}$	[3] $SDM-W_{dev}$	[4] $SDM-W_{bin}$	[5] $SDM-W_{dis}$	[6] $SDM-W_{dev}$
$\ln k^I$	0.2579 *** (0.0214)	0.2506 *** (0.0194)	0.2274 *** (0.0192)			
$\ln k^I \times yr1$	−0.0913 *** (0.0131)	−0.0740 *** (0.0110)	−0.0686 *** (0.0110)			
$\ln k^I \times yr3$	0.0540 ** (0.0193)	0.0130 (0.0187)	0.0415 ** (0.0191)			
$\ln k^P$				0.1408 *** (0.0259)	0.1357 *** (0.0248)	0.1031 *** (0.0246)
$\ln k^P \times yr1$				−0.0045 (0.0237)	0.0105 *** (0.0241)	−0.0081 (0.0234)
$\ln k^P \times yr3$				0.1250 *** (0.0304)	0.1142 *** (0.0315)	0.1101 *** (0.0318)
$\ln k^N$				0.1255 *** (0.0230)	0.1369 *** (0.0223)	0.1495 *** (0.0216)
$\ln k^N \times yr1$				−0.0686 *** (0.0243)	−0.0787 *** (0.0255)	−0.0428 * (0.0216)
$\ln k^N \times yr3$				−0.0663 *** (0.0257)	−0.0994 *** (0.0260)	−0.0881 *** (0.0259)
$W\ln y$	0.3220 *** (0.0454)	0.3193 *** (0.0915)	0.3195 *** (0.0534)	0.3457 *** (0.0451)	0.2922 *** (0.0990)	0.3262 *** (0.0548)

续表

变量	[1] SDM $-W_{bin}$	[2] SDM $-W_{dis}$	[3] SDM $-W_{dev}$	[4] SDM $-W_{bin}$	[5] SDM $-W_{dis}$	[6] SDM $-W_{dev}$
$W\ln k^I$	-0.1557 *** (0.0307)	-0.1836 *** (0.0696)	-0.1109 *** (0.0359)			
$W\ln k^I \times yr1$	0.0919 *** (0.0133)	0.0729 *** (0.0111)	0.0663 *** (0.0108)			
$W\ln k^I \times yr3$	-0.0573 *** (0.0193)	-0.0157 (0.0188)	-0.0456 ** (0.0190)			
$W\ln g^P$				-0.1169 ** (0.0569)	-0.1547 (0.1251)	-0.2584 *** (0.0626)
$W\ln g^P \times yr1$				-0.0908 (0.0558)	-0.1761 (0.1571)	-0.1129 * (0.0633)
$W\ln g^P \times yr3$				-0.2431 *** (0.0572)	-0.7303 *** (0.1283)	-0.3351 *** (0.0650)
$W\ln k^N$				-0.0988 ** (0.0451)	-0.0429 (0.1070)	0.0685 (0.0478)
$W\ln k^N \times yr1$				0.1565 *** (0.0500)	0.2321 (0.1427)	0.1514 *** (0.0564)
$W\ln k^N \times yr3$				0.1805 *** (0.0538)	0.7087 *** (0.1264)	0.3104 *** (0.0639)
控制变量	是	是	是	是	是	是
个体效应	是	是	是	是	是	是
时间效应	是	是	是	是	是	是
调整 R^2	0.9895	0.9899	0.9889	0.9902	0.9911	0.9907
观测值	775	775	775	775	775	775
Log L	1000.4969	990.5878	976.7572	1030.7636	1036.8421	1038.7002

根据表 5.10 的结果第 [1]~[3] 列可知，在考虑空间影响后，基础设施资本投入对本区域经济增长的产出弹性值不再具有倒"U"形的

变动趋势，2012～2017年的交叉变量系数变为正。可能的原因是，基础设施资本投入由于具有负向溢出效应，对各类生产要素和产品的集聚作用强于扩散作用，进而使其产出弹性值返回到"拐点"以前。进一步根据结果第［4］～［6］列分析两类基础设施资本投入在不同发展阶段的空间异质性影响，发现网络基础设施资本投入对本区域经济增长的倒"U"形特征仍然明显，三个阶段的产出弹性值分别为0.1067、0.1495和0.0614，与经济发展阶段同步。与基准模型估计结果一样，点基础设施资本投入的估计系数在经济进入"新常态"后依然处于显著增大状态，暗含着离"拐点"仍有相当距离，再次说明该类基础设施具有较大的投资空间和较好的投资收益，应适度予以政策倾斜。

至于点基础设施资本投入和网络基础设施资本投入的空间溢出效应，前者在三个发展阶段呈现逐渐增强的负向空间溢出效应，这说明良好的市政设施和科教文卫等公共服务体系将越来越成为各地区吸引要素迁入的重要筹码。后者的空间溢出效应在工业化初期并不显著，直到进入工业化中后期才呈现显著的正向影响。此结果说明在经济发展初期，通过网络基础设施的建设，不仅能吸引邻近地区的生产要素向本地聚集，而且也能通过此渠道向邻近区域输送技术和产品，这一正一反两方面的作用在此时并未呈现明显差距。直至经济发展进入中后期，网络基础设施对生产要素的扩散作用才显著强于集聚作用，这暗含随着网络基础设施网状结构的不断完善，其正向空间溢出效应将越发凸显。

（三）不同区域的空间估计结果

受我国区域发展战略和各级财政收入等多维影响，基础设施资本积累和经济发展在地区分布上存在高度不均衡现象。据本书测算，在样本期间内，东部区域点基础设施资本存量密度和网络基础设施资本存量密度平均

分别为 251.14 万元/平方千米和 276.93 万元/平方千米，产出密度为
805.09 万元/平方千米，分别是中部的 4.37 倍、4.51 倍和 5.29 倍，是
西部的 11.81 倍、12.79 倍和 19.13 倍。由于各地区基础设施发展水平
不同，对区域经济增长的促进作用可能存在较大差异，捕捉此差异对于
因地制宜地制定基础设施投资政策具有重要参考作用。对此，我们构建
了两个虚拟变量（zb、xb），分别表示中部和西部区域，并将其与整体
基础设施和两类基础设施资本投入相乘，得到新的交叉变量，经过系列
检验后，再次对模型（5.13）和模型（5.14）进行估计，回归结果报
告于表 5.11。

表 5.11   不同区域的空间计量结果

变量	[1] SDM－W_{bin}	[2] SDM－W_{dis}	[3] SDM－W_{dev}	[4] SDM－W_{bin}	[5] SDM－W_{dis}	[6] SDM－W_{dev}
$\ln k^I$	0.2001 *** (0.0217)	0.1483 *** (0.0239)	0.1092 *** (0.0234)			
$\ln k^I \times zb$	0.0148 * (0.0086)	0.0406 *** (0.0100)	0.0474 *** (0.0110)			
$\ln k^I \times xb$	0.0134 (0.0121)	0.0857 *** (0.0138)	0.1004 *** (0.0158)			
$\ln k^P$				0.1627 *** (0.0257)	0.0948 *** (0.0250)	0.0922 *** (0.0247)
$\ln k^P \times zb$				－0.0708 *** (0.0257)	－0.0312 (0.0271)	－0.0413 (0.0268)
$\ln k^P \times xb$				0.0349 (0.0257)	0.1118 *** (0.0261)	0.0813 *** (0.0268)
$\ln k^N$				0.0463 * (0.0255)	0.0880 *** (0.0273)	0.0810 *** (0.0265)
$\ln k^N \times zb$				0.1219 *** (0.0337)	0.0694 ** (0.0354)	0.0828 ** (0.0350)

续表

变量	[1] SDM $-W_{bin}$	[2] SDM $-W_{dis}$	[3] SDM $-W_{dev}$	[4] SDM $-W_{bin}$	[5] SDM $-W_{dis}$	[6] SDM $-W_{dev}$
$\ln k^N \times xb$				-0.0243 (0.0324)	-0.0625 * (0.0325)	-0.0253 (0.0337)
$W\ln y$	0.3149 *** (0.0461)	0.3316 *** (0.0909)	0.3190 *** (0.0519)	0.3452 *** (0.0460)	0.3347 *** (0.0950)	0.3466 *** (0.0515)
$W\ln k^I$	-0.0125 (0.0390)	0.0296 (0.0781)	-0.0342 (0.0344)			
$W\ln k^I \times zb$	-0.1018 *** (0.0223)	-0.3592 *** (0.0751)	-0.0848 *** (0.0305)			
$W\ln k^I \times xb$	-0.0131 (0.0225)	-0.3238 *** (0.0582)	-0.1173 *** (0.0334)			
$W\ln k^P$				-0.3952 *** (0.0529)	-0.9140 *** (0.1088)	-0.4994 *** (0.0435)
$W\ln k^P \times zb$				0.1327 ** (0.0616)	0.4471 ** (0.1942)	0.3776 *** (0.0902)
$W\ln k^P \times xb$				0.3312 *** (0.0481)	0.8368 *** (0.1363)	0.3552 *** (0.0755)
$W\ln k^N$				0.2423 *** (0.0458)	0.8315 *** (0.1107)	0.3653 *** (0.0374)
$W\ln k^N \times zb$				-0.2579 *** (0.0738)	-0.8529 *** (0.2491)	-0.5677 *** (0.1154)
$W\ln k^N \times xb$				-0.3715 *** (0.0589)	-1.2052 *** (0.1586)	-0.4880 *** (0.0884)
控制变量	是	是	是	是	是	是
个体效应	是	是	是	是	是	是
时间效应	是	是	是	是	是	是
调整 R^2	0.9891	0.9899	0.9886	0.9905	0.9914	0.9911
观测值	775	775	775	775	775	775
Log L	984.9046	990.4841	965.8056	1055.7345	1054.0404	1062.1845

　　根据表5.11的结果第［1］~［3］列可知，在考虑空间影响之后，基础设施资本投入对本区域经济增长的产出弹性值在西部地区最大，中部地区次之，东部地区最小。具体来看，东部、中部和西部地区的基础设施资本产出弹性值分别为0.1092 ~ 0.2001、0.1566 ~ 0.2149、0.2096 ~ 0.2340，表明在其他条件不变的情况下，人均基础设施资本每增长1%，中部和西部地区人均产出的增长百分比分别比东部地区高0.0310和0.0671个百分点左右，这暗含着整个样本期间内中西部地区具有相对较大的基础设施投资潜力和较好的投资收益。至于基础设施资本投入的空间溢出效应，在东部地区并不显著，而在中西地区则呈现稳健的负向作用。

　　对于不同类型基础设施在各区域的空间影响，根据表5.11的结果第［6］列发现，在东部地区，点基础设施资本投入和网络基础设施资本投入对本区域经济增长的产出弹性值较为接近，分别为0.0922和0.0810，表明两类设施在此区域发展较为均衡。事实上，1993 ~ 2017年两者资本积累比平均维持在42∶58左右，这启示着该区域的基础设施建设应继续坚持此均衡策略。在中部地区，网络基础设施的产出弹性值显著高于点基础设施，分别为0.1638和0.0509。此结果表明该区域网络基础设施发展相对滞后，具有较大的投资空间和较好的投资收益。在西部地区，则与中部地区相反，网络基础设施的产出弹性值显著低于点基础设施，两者分别为0.1735和0.0557，这意味着该区域网络基础设施发展过度且利用效率可能偏低。根据胡李鹏等（2016）的测算，西部地区人均公路里程和铁路里程分别为48.7公里/万人和1.18公里/万人，均是东部地区的两倍多，然而人均城市供水量、城市道路长度和公共交通车辆则仅达到东部地区的2/3水平，故西部地区应着重加强市政设施、科教文卫等点基础设施短板领域建设。

进一步分析两类基础设施资本投入在不同地区的空间溢出影响时发现，点基础设施资本投入在三个地区均具有稳健的负向溢出效应，并且在中部地区最大。网络基础设施资本投入的空间溢出效应，在东部地区显著为正，在中西部地区则显著为负，这表明东部发达地区的生产要素正通过网络基础设施向周边区域扩散，而中西部区域内各要素则正向核心地区集聚。《中国城市竞争力第 16 次报告（总报告）》指出，2013～2016 年，长三角和珠三角地区的中心城市 GDP 增长率低于非中心城市，东部发达地区城市群的中心城市要素和产业正在向周边城市外溢；而重庆和成都这类西部核心城市的 GDP 分别增长 40.16%、33.60%，远高于所在城市群非核心城市的增速，城市群内资源要素正向核心城市集聚。

第四节　稳健性检验：基于面板分位数的估计

根据第五章第二节的分析可知，整体和不同类型基础设施资本投入对区域经济增长具有显著的时空异质性影响。鉴于此，本节将从被解释变量的条件分布情况出发，采用面板分位数模型，进一步探究整体和不同类型基础设施资本投入影响区域经济增长的内在规律，检验第五章第二节和第五章第三节估计结果的稳健性。在此，我们将尝试对全国和各区域进行面板分位数回归，刻画在条件分布的不同位置上，核心解释变量对被解释变量的异质性影响。事实上，除了区域经济增长水平在取自然对数之后基本呈现正态分布外，各类基础设施资本投入和其他部分控制变量均在一定程度上偏离了正态性和齐次方差的假设。由于古典"均值回归"是以残差平方和为最小化的目标函数，容易受极端值影响，而分位数回归则以残差绝对值的加权平均作为最小化的目标函数，相对不易受极端值影响，因此后者的估计将更易满足数据要求从而相对稳健。更为重要的是，古典"均值回归"仅以中心位置表示的集中趋势反映核心解释变量对被解释变量的影响，而分位数回归能提供学者们更加关注的非中心位置的条件特征，据此可为处于不同条件分布的样本提出对应的决策建议。

分位数回归最早由科恩克尔和巴西特（Koenker & Bassett，1978）提出，是基于任何预先给定的分布位置均可进行建模这一假设，将条件分位数模型化为预测变量的函数，从而拓展了古典"均值回归"。何旭铭等（Xuming He，2003）使用加权估计方程求解非平衡面板数据中的中位数参数，提出了面板数据模型中三种中位数回归估计方法。在此基础上，科恩克尔（Koenker，2004）提出了基于固定效应面板数据的惩罚分位回归模型，即在目标函数中引入惩罚项以缩小个体效应以及参数估计量的方差，从而使估计量保持渐进正态性。切尔诺茹科夫和汉森（Chernozhukov & Hansen，2005，2008）、拉马尔奇（Lamarche，2010）、加藤等（Kato et al.，2012）、加尔瓦奥（Galvao，2011，2015）等学者发展并进一步完善了面板分位数回归中关于内生性、平滑性和个体差异性等问题的处理方法，从而使面板分位数回归相比传统均值回归更具优势。借鉴上述学者的研究思路，本节拟采用面板分位数的方法实证在不同区域经济增长水平下基础设施资本投入的作用差异，以检验第五章第二节和第五章第三节估计结果的稳健性。

表5.12汇报了基础设施资本投入影响区域经济增长的均值回归和面板分位数回归的估计结果。从中容易发现，全部省份样本的均值回归证实了基础设施资本投入对区域经济增长具有显著正向促进作用。面板分位数模型的结果显示这种正向促进作用随着区域经济增长水平的提高呈现倒"U"形趋势，与第五章第二节和第五章第三节在不同经济发展

阶段时的回归结果一致，并且最大值出现在0.5分位点处。这一方面表明区域经济增长水平越高，越有利于发挥基础设施资本投入的行业和空间外部性，对于企业运输成本的降低和生产效率的提升作用越强。另一方面也说明在经济高度发达的地区，基础设施资本投入的规模和结构可能已较为完备，此时基础设施资本投入对该地经济增长的边际促进作用将有所下降。

表 5.12 基础设施资本投入的面板分位数估计结果

变量	均值回归	q10	q25	q50	q75	q90
$\ln k^F$	0.0817 *** (0.0124)	0.0382 (0.0244)	0.0376 *** (0.0145)	0.0554 *** (0.0196)	0.1284 *** (0.0156)	0.1310 *** (0.0106)
$\ln k^I$	0.2216 *** (0.0153)	0.1874 *** (0.0303)	0.2185 *** (0.0180)	0.2311 *** (0.0243)	0.1724 *** (0.0193)	0.1862 *** (0.0132)
hum	0.0019 *** (0.0007)	−0.0013 (0.0013)	0.0006 (0.0008)	0.0026 ** (0.0010)	0.0023 *** (0.0008)	0.0020 *** (0.0006)
gz	−0.1055 ** (0.0535)	−0.2223 ** (0.1058)	−0.1201 * (0.0626)	−0.0923 (0.0848)	0.0055 (0.0674)	−0.0032 (0.0460)
soe	−0.1677 *** (0.0477)	−0.3617 *** (0.0943)	−0.3222 *** (0.0558)	−0.1757 ** (0.0756)	−0.0105 (0.0601)	0.0024 (0.0410)
is	−0.6031 *** (0.0882)	−0.5297 *** (0.1744)	−0.5670 *** (0.1032)	−0.6243 *** (0.1398)	−0.9154 *** (0.1111)	−1.0340 *** (0.0759)
urb	0.3013 *** (0.0701)	0.3919 *** (0.1386)	0.3176 *** (0.0820)	0.3256 *** (0.1111)	0.1501 * (0.0883)	0.1975 *** (0.0603)
tdd	0.0018 (0.0123)	0.0115 (0.0243)	0.0156 (0.0144)	−0.0106 (0.0195)	−0.0526 *** (0.0155)	−0.0486 *** (0.0106)
常数项	6.9211 *** (0.1380)	7.6558 *** (0.2729)	7.3738 *** (0.1615)	7.0551 *** (0.2188)	7.2667 *** (0.1739)	7.2194 *** (0.1188)
时间效应	是	是	是	是	是	是
个体效应	是	是	是	是	是	是

控制变量方面，非基础设施资本的正向促进作用随着区域经济增长水平的提升逐渐增强，表明基础设施资本投入的行业溢出效应在生产中使非基础设施资本投入的边际回报不随人均资本积累而降低，类似获得了外生的技术进步贡献，与前文内生经济增长理论的推导一致。人力资本积累的正向促进作用在 0.25 分位点以前不显著，说明人力资本及其作用的发挥存在一个逐渐积累的过程。政府干预和国有经济比重的负向作用分别在 0.5 分位点和 0.75 分位点之后不再显著，表明经济增长水平越高，市场在资源配置中的作用就越强，从而一定程度上纠偏了全社会的资源误配。产业结构的负向抑制作用随着区域经济增长水平的提升不断增强，表明我国高经济增长地区的经济支柱仍是以工业为主。城市化的正向促进作用随着区域经济增长水平的提升呈现"U"形趋势，说明在低经济增长水平和高经济增长水平下城市化的正向作用更为明显。贸易依存度的影响在 0.75 分位点之后变为显著负向，说明在高经济增长水平下面向先进经济体的学习效应已经减弱，而相互的市场竞争程度却不断增强。

表 5.13 汇报了点基础设施资本投入和网络基础设施资本投入影响区域经济增长的面板分位数估计结果。从中容易发现，所有省份的样本均值回归结果显示点基础设施资本投入和网络基础设施资本投入对区域经济增长均具有显著正向促进作用，并且前者要略高于后者。面板分位数模型的估计结果显示，点基础设施资本投入的正向促进作用随着区域经济增长水平的提升不断增强，而网络基础设施资本投入的正向促进作用与之相反，持续减弱，甚至在 0.9 分位点之后变为不显著，这也与第五章第二节和第五章第三节不同经济发展阶段的估计结果基本吻合。两者产生相反变化趋势的可能解释为，在低经济增长水平下，劳动者的收入很低，对教育和医疗等点基础设施条件要求并不

高，此时该类设施的建设对本地经济发展和吸引邻近地区资源的作用并不明显；而网络基础设施的改善对于本地招商引资和推动生产要素向高收入地区流动的作用非常明显，从而对本地经济增长产生显著促进作用。当经济发展到较高水平时，劳动者的收入水平也相应提高，对教育和医疗条件有更高需求，此时点基础设施的改善对于招商引资和吸引高层次人才，进而推动本地经济增长的作用将变得较为明显；而交通和通信的拥挤程度已经极大缓解，甚至较为富裕，新的投入难以继续提高私人生产效率。

表 5.13　点基础设施资本投入和网络基础设施资本投入的面板分位数估计结果

变量	均值回归	q10	q25	q50	q75	q90
$\ln k^P$	0.1269 *** (0.0219)	0.0470 (0.0413)	0.1250 *** (0.0270)	0.1467 *** (0.0350)	0.1575 *** (0.0268)	0.1788 *** (0.0183)
$\ln k^N$	0.1044 *** (0.0170)	0.1277 *** (0.0320)	0.1004 *** (0.0209)	0.0956 *** (0.0272)	0.0433 ** (0.0208)	0.0202 (0.0142)
常数项	7.0956 *** (0.1377)	7.7281 *** (0.2600)	7.6174 *** (0.1701)	7.1835 *** (0.2207)	7.4583 *** (0.1689)	7.5975 *** (0.1152)
控制变量	是	是	是	是	是	是
时间效应	是	是	是	是	是	是
个体效应	是	是	是	是	是	是

　　表 5.14 汇报了不同区域内基础设施资本投入影响区域经济增长的面板分位数估计结果。组内对比显示，随着东部、中部和西部地区经济增长水平的提升，整体基础设施资本投入的正向促进作用均呈倒"U"形变动趋势，东部和西部地区的最大值出现在 0.5 分位点处，中部地区的最大值则出现在 0.25 分位点处。进一步分析不同类型设施的异质性

影响，发现点基础设施资本投入对经济增长的促进作用在东部地区呈倒"U"形变动趋势，在中西部地区则处于波动上升态势；网络基础设施资本投入的促进作用在三个地区均呈现波动下降的趋势。上述不同类型设施在各区域的组内结果与全样本时估计的结果基本一致，再次表明区域经济增长水平越高，越有利于发挥基础设施资本投入的行业和空间外部性，前提是基础设施资本投入的结构和规模还未达到上限。同时也表明在高经济增长水平下，更好的教育和医疗等点基础设施资本投入对于吸引资本和高层次人才，以促进经济高质量增长具有重要作用，而网络基础设施资本投入对经济增长的促进作用却已不再明显。

表 5.14　　　不同区域内基础设施资本投入的面板分位数估计结果

变量	均值回归	q10	q25	q50	q75	q90
Panel A：整体基础设施资本投入的回归结果						
$\ln k^I$	0.1993 *** (0.0184)	0.1613 *** (0.0323)	0.1904 *** (0.0230)	0.2009 *** (0.0281)	0.1525 *** (0.0202)	0.1537 *** (0.0157)
$\ln k^I \times zb$	0.0001 (0.0091)	0.0111 (0.0161)	− 0.0123 (0.0114)	− 0.0247 * (0.0140)	− 0.0216 ** (0.0101)	− 0.0278 *** (0.0078)
$\ln k^I \times xb$	0.0235 ** (0.0094)	0.0327 ** (0.0165)	0.0211 * (0.0117)	0.0269 * (0.0144)	0.0348 *** (0.0103)	0.0339 *** (0.0080)
Panel B：点基础设施资本投入和网络基础设施资本投入的回归结果						
$\ln k^P$	0.1437 *** (0.0249)	0.0429 (0.0467)	0.1267 *** (0.0307)	0.1596 *** (0.0348)	0.1344 *** (0.0301)	0.1084 *** (0.0190)
$\ln k^P \times zb$	− 0.1268 *** (0.0301)	− 0.0280 (0.0565)	− 0.0578 (0.0371)	− 0.1158 *** (0.0420)	− 0.0285 (0.0364)	− 0.0457 ** (0.0230)
$\ln k^P \times xb$	0.0171 *** (0.0290)	0.0526 (0.0545)	0.0649 * (0.0358)	0.0023 (0.0405)	0.0069 (0.0351)	0.0691 *** (0.0222)

变量	均值回归	q10	q25	q50	q75	q90
Panel B：点基础设施资本投入和网络基础设施资本投入的回归结果						
$\ln k^N$	0.0429 * (0.0255)	0.1077 ** (0.0478)	0.0622 ** (0.0314)	0.0423 (0.0356)	0.0419 (0.0308)	0.0645 *** (0.0195)
$\ln k^N \times zb$	0.1676 *** (0.0401)	0.0509 (0.0753)	0.0568 (0.0495)	0.1399 ** (0.0560)	0.0084 (0.0485)	0.0098 (0.0307)
$\ln k^N \times xb$	0.0150 (0.0363)	−0.0233 (0.0682)	−0.0377 (0.0448)	0.0317 (0.0507)	0.0271 (0.0439)	−0.0652 ** (0.0278)

注：Panel A 和 Panel B 均包括控制变量、个体效应和时间效应。

  不同区域的组间对比可以发现，整体基础设施资本投入的经济效应在西部地区高于中东部地区，点基础设施资本投入对区域经济增长的促进作用在西部、东部和中部地区呈现依次递减的趋势，网络基础设施资本投入的促进作用则与之相反，在西部、东部和中部地区呈现依次递增的趋势。上述组间对比的结果与第五章第三节分区域空间面板模型的结果基本一致，表明整体上西部地区相比东中地区仍有相对较大的基础设施投资空间和投资收益。具体而言，西部地区应着重加强市政设施、科教文卫等点基础设施短板领域建设，并提高网络基础设施的利用效率；中部地区则应向网络基础设施领域倾斜，积极推动该区域的现代化交通和通信基础设施建设；东部地区则应保持两类基础设施均衡发展，在保证存量适当提升的基础上，更加注重其质量的飞跃。

第五节 进一步分析：网络基础设施资本
投入对区域经济增长的影响

  本章第二、三节主要关注了基础设施整体以及点和网络两类基础设施对经济增长的影响，并未深入探索整体和不同类型网络基础设施资本投入对区域经济增长的空间影响。事实上，作为基础设施的重要组成部分，网络基础设施对区域经济增长的影响研究在近年来越发受到学者们的重视。在将能源、交通和通信三类网络基础设施纳入统一框架的研究中，刘生龙和胡鞍钢（2010a）检验了三者对我国经济增长的溢出效应，发现交通和通信设施的效应显著，马淑琴和谢杰（2013）验证了三者对制造业出口产品的技术含量升级均具有显著正向作用。边志强（2014）、黄书雷等（2021）则主要分析了交通和通信两类网络设施对经济增长或全要素生产率增长的影响效应。其他学者，诸如何晓萍（2014）、齐绍洲和罗威（2007）、姚树洁和张帅（2019）、赵新宇和李宁男（2021）从能源设施，伯南特（Boarnet，1998）、司增绰（2015）、孙晓华等（2017）、唐纳森（Donaldson，2018）、扎菲（Jaffee，2019）从交通设施，詹宇波和王晓萍（2012）、郑世林等（2014）、蔡跃洲和张钧南（2015）、程名望和张家平（2019）、郭美晨和杜传忠（2019）、胡明和邵学峰等（2021）、赵培阳和鲁志国（2021）从电信设施，分别检验了各类网络设施对地区经济增长的影响效应。鉴于此，本节在前三节的基础上，进一步从结构类型、发展阶段和区域配置等层面捕捉网络性基础设施对区域经济增长的空间影响。

一、实证模型构建与数据采集

为进一步分析不同类型网络设施资本存量的异质性经济增长效应，我们将式（5.5）中的网络基础设施资本存量分别用能源设施资本存量 g^{NE}、交通设施资本存量 g^{NT}、通信设施资本存量 g^{NC} 替代，则产出方程可变化为：

$$\ln y_{it} = \alpha_i + \beta_1 \ln k_{it} + \beta_2 \ln g_{it}^P + \beta_3 \ln g_{it}^{NE}(\ln g_{it}^{NT}, \ln g_{it}^{NC}) +$$

$$\sum_{j=1}^{6} \theta_j C_{i,j,t} + u_i + \gamma_t + \varepsilon_{it} \qquad (5.15)$$

当考虑变量的区域空间影响时，首先应检验其在样本期内的空间自相关性。结果显示，网络基础设施投入和区域产出的各期 Moran's I 均为正值，并且在绝大部分年份均通过了 1% 的显著性水平。这说明两者都存在较强的空间自相关，应采用空间计量模型。本书借鉴埃洛斯特（Elhorst，2012）的检验思路，采用拉格朗日乘数（LM）、似然比（LR）和沃尔德统计量（Wald statistics）来检验可能存在的各种（包括内生、外生和误差项）交互效应，从而确定空间计量模型的具体形式。经检验，双重固定效应的空间面板杜宾模型（SDM）更加适合本书。基于此，网络基础设施投入影响区域经济高质量增长的综合实证模型可由（5.14）改写为：

$$\ln y_{it} = \rho W \ln y_{it} + \beta_1 \ln k_{it} + \beta_2 \ln g_{it}^P + \beta_3 \ln g_{it}^{NE}(\ln g_{it}^{NT}, \ln g_{it}^{NC}) +$$

$$\sum_{j=1}^{6} \theta_j C_{i,j,t} + \beta_4 W \ln k_{it} + \beta_5 W \ln g_{it}^P + \beta_6 W \ln g_{it}^{NE}(\ln g_{it}^{NT}, \ln g_{it}^{NC}) +$$

$$\sum_{j=1}^{6} \theta_{j+6} W C_{i,j,t} + u_i + \gamma_t + \varepsilon_{it} \qquad (5.16)$$

其中，W 为空间权重矩阵。根据研究需要，本书构建了表征地理距离和经济距离两种空间联系的权重矩阵。其中，一是地理距离空间权重矩阵 W_{dis}，采用区域之间距离的倒数比重（$w_{ij} = (1/D_{ij})/(\sum_j 1/D_{ij})$）来测度，$D_{ij}$ 表示为区域 i 与 j 之间的欧几里得距离。二是经济距离空间权重矩阵 W_{eco}，采用两地经济水平差异的占比（$w_{ij} = 1/|\overline{GDP}_i - \overline{GDP}_j|/\sum_j 1/|\overline{GDP}_i - \overline{GDP}_j|$）进行测度，$\overline{GDP}_i$ 表示地区 i 在全样本时期人均 GDP 的均值。C 为影响人均产出的其他各类因素所组成的向量，均与前文一致。与第四章网络基础设施资本存量的估算方法一致，全国和各省份的能源设施资本存量 g^{NE}、交通设施资本存量 g^{NT}、通信设施资本存量 g^{NC} 也采用 PIM 非传统

途径进行估算。

二、实证结果分析

（一）整体网络基础设施的估计结果

在不考虑解释变量的空间影响时，豪斯曼的检验结果支持采用固定效应（FE）估计模型（5.6），同时控制时间趋势项（t），估计结果报告于表5.15第［1］列。我们发现时间趋势项高度显著，并且控制该项后调整 R^2 有所增长，故在此处和下文均考虑时间效应。进一步在实证中考虑解释变量的空间影响之后，为降低模型估计时可能产生的偏误，本书借鉴埃洛斯特（Elhorst，2012）的研究思路，采用极大似然法（MLE）估计模型（5.14），得到所有解释变量的直接效应和间接效应（空间外溢效应），估计结果报告于表5.15第［2］列和第［3］列。容易发现，两种空间权重矩阵间所有解释变量的估计系数虽略有差异，但总体比较稳健。

表5.15　　整体网络基础设施投入影响区域经济增长的估计结果

变量		[1] FE	[2] SDM-W_{dis}	[3] SDM-W_{eco}	变量		[1] FE	[2] SDM-W_{dis}	[3] SDM-W_{eco}
直接效应	$\ln g^P$	0.129*** (5.89)	0.147*** (6.65)	0.186*** (9.03)	间接效应	$\ln g^P$		-0.794*** (-4.92)	-0.391*** (-7.33)
	$\ln g^N$	0.103*** (6.08)	0.083*** (4.85)	0.083*** (4.73)		$\ln g^N$		0.527*** (4.08)	0.149*** (2.73)
	控制变量	是	是	是		控制变量	是	是	是

首先，从表5.15结果第［2］列和第［3］列可知，网络基础设施的直接效应和间接效应均显著为正，并且两者平均分别为0.083（0.083/2 + 0.083/2）和0.338。这说明从1993到2017年，网络基础设施的建设，不仅对所在地的实际人均产出产生显著促进作用，而且也显著推动了邻近地区的经济增长，并且对生产要素的影响在空间中主要体现为扩散作用。与不考虑空间影响的第［1］列相比，网络基础设施的直接效应平均降低约0.020，表明如果在模型中不考虑网络基础设施的空间溢出效应，我们将高估其对区域经济增长的影响。与网络基础设施不同，点基础设施的直接效应更大，平均多约0.084，其间接效应更是显著为负。这表明相比其他生产要素，点基础设施资本投入的边际产出更高，并且对生产要素的影响在空间中更多地体现为集聚作用。产生此种差异的可能解释是，一方面，点基础设施资本相比网络基础设施资本总体积累较慢，具有更大的拥挤性，从而产生更高的边际收益。另一方面，点基础设施资本在其建设与使用过程中主要表现为有利于增强所在地的公共资本禀赋，从而对邻近欠发达地区的生产要素产生聚集作用。

（二）不同类型网络基础设施的估计结果

进一步考虑网络基础设施所属能源、交通和通信三类设施对区域经济增长的异质性作用，在经过系列检验后，我们采用极大似然法（MLE）估计模型（5.16），回归结果报告于表5.16。根据表5.16结果第［1］~［6］列容易发现，三者的直接效应均显著为正，交通基础设施最高，平均约为0.086，信息基础设施次之，能源基础设施则最小，平均仅为0.021。需要说明的是，相比交通和通信设施，能源设施的正向直接效应更低，甚至在地理权重矩阵下不显著。可能的解释是，由于我国长期以来实行粗放式的经济增长，单位GDP能耗一直居高不下，导致能源使用效率不高（刘生龙、胡鞍钢，2010）。

表 5.16　　不同类型网络基础设施投入影响区域经济增长的估计结果

变量		[1]	[2]	[3]	[4]	[5]	[6]
		$SDM-W_{dis}$	$SDM-W_{dis}$	$SDM-W_{dis}$	$SDM-W_{eco}$	$SDM-W_{eco}$	$SDM-W_{eco}$
直接效应	$\ln g^P$	0.197*** (10.40)	0.128*** (5.80)	0.178*** (8.91)	0.220*** (12.04)	0.182*** (8.73)	0.173*** (8.84)
	$\ln g^{NE}$	0.012 (1.03)			0.030*** (2.62)		
	$\ln g^{NT}$		0.098*** (6.75)			0.073*** (4.79)	
	$\ln g^{NC}$			0.057*** (4.84)			0.088*** (7.23)
	控制变量	是	是	是	是	是	是
间接效应	$\ln g^P$	-0.586*** (-4.63)	-0.863*** (-5.01)	-0.376*** (-2.88)	-0.375*** (-8.78)	-0.307*** (-5.39)	-0.372*** (-7.21)
	$\ln g^{NE}$	0.426*** (4.50)			0.177*** (4.51)		
	$\ln g^{NT}$		0.511*** (3.96)			0.009 (0.19)	
	$\ln g^{NC}$			0.067 (0.98)			0.064* (1.79)
	控制变量	是	是	是	是	是	是

　　就间接效应而言，点基础设施保持稳健的负向影响，三类网络基础设施均与之相反，具有正向影响，第三章提出的假设 3.1a 再次被验证。其中，能源基础设施的间接效应最大，平均为 0.302，交通基础设施略微次之，通信基础设施则最小，以经济权重矩阵下显著的结果来看，也

仅为0.064。此结果初看与直观感觉有差异，但深入分析可知，在过去几十年间，能源短缺一直是制约一地经济发展的重要影响因素，能源基础设施的不断完善，为沿线地区企业生产及其效率的提升发挥了重要作用，从而在推动当地经济发展的同时，也极大地带动了邻近地区的经济发展。至于通信基础设施，虽然其间接效应相比能源和交通设施较小，但是却与其直接效应相当，这说明该类设施就其本身而言具有较强的正向空间溢出效应。

（三）不同发展阶段的分析结果

虽然整体上网络基础设施及其所属能源、交通和通信设施对区域经济高质量增长具有正向促进作用，但是在进一步考虑时间异质性后，仍需探索该作用在不同经济发展阶段是否存在差异。对此，本书采用之前构建的两个虚拟变量（$yr1$、$yr3$），分别表示工业化初期和后期两个阶段，并将之与点基础设施资本投入、网络基础设施资本投入及其所属能源、交通和通信设施资本投入相乘，得到新的交叉变量，计量结果报告于表5.17①。

根据表5.17结果第［1］~［4］列容易发现，样本期间内网络基础设施的直接效应存在倒"U"形特征：2000~2011年的直接效应为0.122，高于1993~1999年的0.050（0.122－0.072）和2012~2017年的0.022。针对不同类型网络基础设施而言，能源基础设施的直接效应呈现显著倒"U"形特征，且在工业化后期阶段数值接近于零；交通基础设施的直接效应虽然在2012~2017年不显著，但是符号为负，这在

---

① 限于篇幅，在此处和下文不同发展区域的回归结果处，仅列出和分析经济权重矩阵下的估计结果。

一定程度上说明也存在倒"U"形特征，由 0.017→0.095→0.067；通信基础设施的直接效应则在整个样本期间内都呈现持续下降的态势，由 0.097→0.068→0.032。上述结果表明经济进入"新常态"以后，网络基础设施对区域经济增长的直接效应在减弱。可能的解释是，随着网络基础设施资本的不断积累，其实际生产能力的形成水平在降低，进而导致直接产出下降；同时由于该类设施主要依靠政府而非民间投资，加剧了全社会的资本错配程度，间接抑制了人均产出增加（廖茂林等，2018）。与网络基础设施不同的是，点基础设施的直接效应在进入工业化后期仍显著扩大，暗含该类设施仍具有较大的投资空间和较好的投资收益，应适度予以政策倾斜。

表 5.17　不同发展阶段网络基础设施投入影响区域经济增长的回归结果

变量	[1]		[2]		[3]		[4]	
	直接效应	间接效应	直接效应	间接效应	直接效应	间接效应	直接效应	间接效应
$\ln g^P$	0.164 *** (6.87)	− 0.245 *** (− 3.80)	0.204 *** (9.66)	− 0.352 *** (− 6.27)	0.177 *** (7.52)	− 0.240 *** (− 3.41)	0.178 *** (8.66)	− 0.343 *** (− 6.20)
$yr1 \times \ln g^P$	0.008 (0.36)	0.088 (1.56)	− 0.008 (− 0.54)	0.066 (1.45)	0.012 (0.51)	0.171 ** (2.46)	− 0.093 *** (− 6.10)	0.188 *** (6.07)
$yr3 \times \ln g^P$	0.133 *** (4.40)	− 0.427 *** (− 6.90)	0.109 *** (4.28)	− 0.305 *** (− 5.81)	0.052 * (1.70)	− 0.324 *** (− 4.33)	0.041 * (1.95)	− 0.057 (− 1.35)
$\ln g^N$	0.122 *** (5.96)	− 0.056 (− 0.95)						
$yr1 \times \ln g^N$	− 0.072 *** (− 3.51)	− 0.017 (− 0.33)						
$yr3 \times \ln g^N$	− 0.100 *** (− 3.93)	0.386 *** (6.73)						

续表

变量	[1]		[2]		[3]		[4]	
	直接效应	间接效应	直接效应	间接效应	直接效应	间接效应	直接效应	间接效应
$\lng^{NE}$			0.067 *** (4.51)	0.038 (0.73)				
$yr1 \times \lng^{NE}$			-0.062 *** (-3.86)	-0.001 (-0.02)				
$yr3 \times \lng^{NE}$			-0.068 *** (-3.57)	0.276 *** (5.22)				
$\lng^{NT}$					0.095 *** (5.37)	-0.126 ** (-2.38)		
$yr1 \times \lng^{NT}$					-0.078 *** (-3.64)	-0.111 (-1.62)		
$yr3 \times \lng^{NT}$					-0.028 (-1.06)	0.311 *** (4.10)		
$\lng^{NC}$							0.068 *** (5.01)	0.063 (1.48)
$yr1 \times \lng^{NC}$							0.029 ** (2.23)	-0.155 *** (-4.06)
$yr3 \times \lng^{NC}$							-0.036 ** (-2.20)	0.049 (0.96)
控制变量	是	是	是	是	是	是	是	是

与直接效应不同，网络基础设施的间接效应在工业化初中期并不显著，直到进入工业化后期才呈现显著的正向影响。此结果说明在经济发展初期，通过网络基础设施的建设，不仅能吸引邻近地区的生产要素向本地聚集，而且也能通过此渠道向邻近区域输送技术和产品，这一正一反两方面的作用在此时并未呈现明显差距。直至经济发展进入中后期，

网络基础设施对生产要素的扩散作用才显著强于集聚作用，这暗含随着网络基础设施网状结构的不断完善，其正向空间溢出效应将越发凸显。能源基础设施的间接效应与整体网络基础设施的变化基本一致，交通基础设施在初中期和通信基础设施在初期却具有较为明显的负向空间溢出效应，这表明后两者在经济发展初期对生产要素具有相对更强的空间集聚作用。需要说明的是，点基础设施在三个发展阶段呈现逐渐增强的负向空间溢出效应，这说明良好的公共服务体系将越来越成为各地区吸引要素迁入的重要筹码。

（四）不同区域的分析结果

随着西部大开发、中部崛起、振兴东北老工业基地、"一带一路"、长江经济带、京津冀和成渝地区双城经济圈等区域差异化发展战略的不断确立，以及分税制改革后各地区的财政收入差距逐渐拉大等多维因素影响，网络基础设施资本积累和经济发展在区域分布上并不均衡。因此，需要进一步考虑区域异质性，捕捉网络基础设施投入影响经济增长的区域差异，进而因地制宜地优化网络基础设施的投资策略。对此，通过构建两个虚拟变量（zb、xb），分别表示中部和西部区域，并将之与点基础设施资本、网络基础设施资本及其所属能源、交通和通信设施资本相乘，得到新的交叉变量，计量结果报告于表5.18。

根据表5.18结果第［1］~［4］列容易发现，整体网络基础设施的直接效应在东部地区最强，为0.184；中部地区次之；西部地区最弱，仅到达0.032。与之相反的是，点基础设施的直接效应则在东部地区最弱、西部地区最强。此结果启示着政策制定者应在中东部地区持续优化网络基础设施建设，而在西部地区应加强市政和科教文卫等点基础设施短板领域建设。事实上，根据胡李鹏等（2016）的测算，西部地区在人均公路里程和人均铁路里程方面，均比东部地区高两倍多，然而在人均城市供水量、人均城市道路长度和人均公共交通车辆等方面仅达到东部地区的2/3水平。针对不同类型网络基础设施的直接效应而言，通信基础设施与整体网络基础设施的变化基本一致；交通基础设施在东部地区最强，但是在中部地区最弱，仅为0.087；能源基础设施则在中部地区最强，达到0.158。这意味着在优化中东部网络基础设施建设时，东部地区可强化各类网络设施的更新改造和质量建设，中部地区则更应向能源和通信设施领域倾斜。

表5.18　　不同区域网络基础设施投入影响区域经济增长的估计结果

变量	[1]		[2]		[3]		[4]	
	直接效应	间接效应	直接效应	间接效应	直接效应	间接效应	直接效应	间接效应
$\ln g^P$	0.041* (1.69)	−0.428*** (−4.38)	0.120*** (5.74)	−0.362*** (−4.38)	0.073*** (2.87)	−0.641*** (−5.67)	0.070*** (3.01)	−0.374*** (−4.46)
$zb \times \ln g^P$	0.027 (1.12)	0.210** (2.15)	−0.062*** (−2.77)	0.192** (2.07)	0.044 (1.60)	0.242** (2.23)	0.036* (1.86)	0.053 (0.65)
$xb \times \ln g^P$	0.153*** (5.88)	−0.125 (−1.46)	0.122*** (5.77)	−0.006 (−0.09)	0.058** (2.46)	0.369*** (3.60)	0.106*** (5.81)	0.007 (0.11)
$\ln g^N$	0.184*** (8.14)	0.495*** (5.32)						
$zb \times \ln g^N$	−0.043 (−1.53)	−0.323*** (−2.95)						
$xb \times \ln g^N$	−0.152*** (−5.00)	−0.039 (−0.42)						
$\ln g^{NE}$			0.083*** (4.10)	0.432*** (5.26)				

变量	[1]		[2]		[3]		[4]	
	直接效应	间接效应	直接效应	间接效应	直接效应	间接效应	直接效应	间接效应
$zb \times \lg^{NE}$			0.075 ** (2.44)	-0.335 *** (-2.80)				
$xb \times \lg^{NE}$			-0.120 *** (-4.26)	-0.194 ** (-2.38)				
$\lg^{NT}$					0.149 *** (6.22)	0.609 *** (5.83)		
$zb \times \lg^{NT}$					-0.062 * (-1.93)	-0.405 *** (-3.20)		
$xb \times \lg^{NT}$					-0.040 (-1.46)	-0.607 *** (-5.43)		
$\lg^{NC}$							0.174 *** (8.44)	0.341 *** (4.23)
$zb \times \lg^{NC}$							-0.068 *** (-2.72)	-0.213 ** (-2.01)
$xb \times \lg^{NC}$							-0.112 *** (-4.83)	-0.245 *** (-3.12)
控制变量	是	是	是	是	是	是	是	是

网络基础设施的间接效应与直接效应一样，在东部地区最强，为0.495，在西部地区次之，中部地区最弱。与之不同的是，点基础设施在各地区均呈现稳健的负向空间溢出效应，并且该效应在中部地区最弱。此结果表明东部地区网络基础设施的网状结构更为完善，同时区域内各省份之间的点基础设施发展可能存在更大差异。这启示着中西部地区应加快网络基础设施的网状衔接建设，并且仍然要遵循在集聚中实现区域协调发展的思路[13]，在发展较快的城市加强点基础设施建设以集

聚周边资源，通过先发地区带动后发地区。事实上，中西部地区也正在
实施"强省会"战略，郑州和长沙的 GDP 在 2018 年同时突破万亿，西
安也接近万亿。针对不同类型网络基础设施的间接效应而言，能源基础
设施与整体网络设施基本一致，而交通和通信基础设施则在西部地区最
弱，分别为 0.002 和 0.096。这表明西部地区亟须加强交通和通信基础
设施的网状闭环衔接，加快形成由线成网、由网成面的格局。

（五）稳健性估计结果

本书主要从替换核心解释变量和再次选择不同的空间权重两个层面
检验估计结果的稳健性。在替换核心解释变量层面，主要从两个维度展
开：第一，与生产性资本存量相比，资本存量净额虽然在有效反映资产
的实际生产能力和服务效率方面有所不足，但是作为以市场价格估计的
资产存量价值指标，可作为资本投入的代理变量，用以稳健性分析。因
此，通过采用点基础设施、网络基础设施及其所属不同类型设施的资本
存量净额替代其生产性资本存量进行稳健性检验，部分估计结果汇报于
表 5.19 第 [1] ~ [2] 列。其中，各类基础设施资本存量净额（分别表
示为 $\ln ng^P$、$\ln ng^N$、$\ln ng^{NE}$、$\ln ng^{NT}$、$\ln ng^{NC}$）的估算方法参考曹跃群等
（2012）。第二，借鉴刘生龙和胡鞍钢（2010a）的做法，采用能源消耗
量（$\ln nyxh$）、公路里程密度（$\ln gllc$）和邮电业务总量（$\ln ydyw$）分别
作为能源、交通和通信基础设施的资本投入替代指标进行稳健性检验，
部分估计结果汇报于表 5.19 第 [3] ~ [5] 列。其中，各省份公路里程
密度为公路里程与国土面积之比。在选择不同的空间权重层面，采用前
文构建的综合考虑经济发展和地理距离影响的权重矩阵，即经济社会空

表 5.19 稳健性检验的部分估计结果

变量		[1] FE	[2] SDM−W_{eco}	[3] SDM−W_{eco}	[4] SDM−W_{eco}	[5] SDM−W_{eco}	[6] SDM−W_{dev}	[7] SDM−W_{dev}	[8] SDM−W_{dev}	[9] SDM−W_{dev}
直接效应	$lnng^{P}$	0.127 *** (5.98)	0.163 *** (7.80)	0.250 *** (13.91)	0.220 *** (11.74)	0.215 *** (11.55)	0.091 *** (4.14)	0.162 *** (8.61)	0.084 *** (3.90)	0.148 *** (7.41)
	$lnng^{N}$	0.102 *** (5.96)	0.110 *** (5.87)				0.131 *** (7.96)			
	$lnng^{NE}$ (lnnyzh)			0.109 *** (6.17)				0.041 *** (3.66)		
	$lnng^{NT}$ (lngllc)				0.063 *** (4.17)				0.130 *** (9.45)	
	$lnng^{NC}$ (lnydyu)					0.039 *** (3.44)				0.081 *** (6.92)
	控制变量	是	是	是	是	是	是	是	是	是

变量		[1]	[2]	[3]	[4]	[5]	[6]	[7]	[8]	[9]
		FE	SDM－W_{eco}	SDM－W_{eco}	SDM－W_{eco}	SDM－W_{eco}	SDM－W_{dev}	SDM－W_{dev}	SDM－W_{dev}	SDM－W_{dev}
间接效应	$\mathrm{ln}ng^{P}$		－0.477 *** (－7.97)	－0.182 *** (－3.50)	－0.167 *** (－3.18)	－0.206 *** (－3.91)	－0.650 *** (－7.65)	－0.442 *** (－6.47)	－0.629 *** (－7.81)	－0.354 *** (－5.06)
	$\mathrm{ln}ng^{N}$		0.357 *** (5.03)				0.465 *** (7.17)			
	$\mathrm{ln}ng^{NE}$ ($\mathrm{ln}nyxh$)			0.268 *** (4.52)				0.314 *** (7.04)		
	$\mathrm{ln}ng^{NT}$ ($\mathrm{ln}gllc$)				0.187 *** (4.72)				0.429 *** (7.11)	
	$\mathrm{ln}ng^{NC}$ ($\mathrm{ln}ydyw$)					0.079 *** (4.19)				0.153 *** (3.63)
	控制变量	是	是	是	是	是	是	是	是	是

间权重矩阵（W_{dev}），估计结果汇报于表 5.19 第［6］~［9］列。上述两个层面三种处理方式下，网络基础设施及其所属不同类型设施对区域经济高质量增长的直接和间接效应回归结果，与基本估计结果较为一致，模型稳健。

第六节 本章小结

现代经济增长理论将基础设施资本投入引入经济增长模型，使其成为除私人资本、劳动力和技术进步之外能够影响长期经济增长的又一重要变量。由于缺乏一套完整的（由官方提供的）中国基础设施资本存量数据，现有研究更多地从交通、通信和水利等某一类型设施出发，分析其对经济增长的影响；或者采取某些替代方案，这或多或少存在一些缺陷。对此，本章在第三章的理论机理分析基础上，运用第四章审慎估算出的省际生产性基础设施资本存量数据，从总体和区域两个层面，构建1993~2017 年省级面板数据，采用普通面板模型、空间面板模型和面板分位数模型等方法，实证检验基础设施资本投入对经济增长的时空异质性影响。

实证结果表明：（1）在纳入基础设施资本存量后，我国总生产函数的各要素产出弹性之和在 1.0296~1.0372 之间，具有轻微规模报酬递增的性质。（2）基础设施资本投入整体上显著促进经济增长，在其他条件不变的情况下，实际人均基础设施资本存量每增长 1 个百分点，实际人均产出增长将提升 0.2216 个百分点。同时，这种正向促进作用在样本期间内呈现倒"U"形变动特征。在考虑解释变量的空间影响后，基础设施资本投入对本地区经济增长依然具有显著促进作用，其产出弹性值提高至 0.2529，但是不再具有倒"U"形特征，2012～2017 年的交叉变量系数变为正。（3）点基础设施资本投入和网络基础设施资本投入虽然均对经济增长具有显著促进作用。但是，前者的经济增长效应更大，并且在经济进入"新常态"后依然保持扩大态势，而后者的经济增长效应不仅更小，而且在样本期间呈现更为明显的倒"U"形特征。在考虑解释变量的空间影响后，发现点基础设施资本投入的产出弹性值减少至 0.1216，而网络基础设施资本的产出弹性值则扩大至 0.1092，两者产出弹性值在不同经济发展阶段的变化趋势与之前一致。（4）在不同区域间，基础设施资本投入的产出弹性值从高到低依次为西部、中部和东部地区。具体结构类型差异方面，东部地区两类基础设施资本投入的产出弹性值较为接近，中部地区网络基础设施资本投入的产出弹性值偏高，而西部地区点基础设施资本投入的产出弹性值较高。（5）具体在空间影响方面，整体基础设施资本投入和点基础设施资本投入具有稳健负向溢出效应，网络基础设施资本投入整体上具有正向溢出效应。此外，区域经济增长的空间滞后系数均为正值，意味着中国省域经济增长存在较为显著的正向空间依赖性。（6）在调整核心解释变量度量方式、添加其他控制变量和考虑模型内生性问题后，整体基础设施资本存量对经济增长具有显著促进作用并呈现倒"U"形特征这一结论依然稳健。

面板分位数估计结果再次表明：（1）在总体经济增长层面，随着区域经济增长水平的提升，整体基础设施资本投入的促进作用呈现倒"U"形趋势，与不同经济发展阶段的空间计量结果较为一致，且最大值出现在 0.5 分位数处。其中，点基础设施资本投入的正向促进作用随着区域经济增长水平的提升不断增长；而网络基础设施资本则与之相反，持续减弱。（2）在区域经济增长层面，整体基础设施资本投入对经济增长具有显著促进作用且具有倒"U"形特征这一结论，在三大区域内保持稳健。不同的是，中部地区的最大值出现在 0.25 分位数处。点基础设施资本投入和网络基础设施资本投入的产出弹性值在变化趋势与总体经济增长层面一致，即两者在三大区域内依然相反。其中，前者波动上升，后者波动下降。

第六章

基础设施资本投入、市场
一体化与经济增长

　　基础设施资本投入对我国经济增长具有显著促进作用这一结论已在第五章得到证实。更进一步的思考是，基础设施资本投入主要通过何种途径促进经济增长，哪种途径的影响更为显著。改革开放以来，中国经济取得的成就不仅得益于充裕的劳动力供给带来的人口红利，而且受益于各项改革政策的制定及其释放的制度红利，其中最为重要的是市场机制在资源配置中的积极作用不断得到强化（范欣等，2017）。历史经验表明，分割和孤立的市场难以发挥市场机制的积极作用，整合和统一的市场不仅有利于扩大市场规模、深化专业分工（盛斌、毛其淋，2011），而且能够促进市场充分竞争、推动市场规则逐步规范，从而使劳动力和资本等各类生产要素更易自由流动并流向最有效率的部门和区域，最终实现总体经济的高质量增长。然而，由于区域间空间距离等物理因素影响，以及各地方政府为了本地利益而人为地割裂与其他地区的经济联系等因素，导致我国各地市场存在不同程度的分割状态，这显然不利于要素配置效率及全要素生产率的进一步提高（郑毓盛、李崇高，2003）。在促进国内市场整合的过程中，除了可通过调整当前的财政制度和官员绩效考核制度（皮建才，2008；范子英，2010）、提高各地司法独立性（陈刚、李树，2013）等制度设计优化来削弱地方市场分割外，也可通过加强交通通信、能源水利以及科教文卫等基础设施建设，进而缩短地区间空间运输时间、降低区域间贸易成本、促进专业分工等，以打破各地的自然性和技术性市场分割（范欣等，2017）。鉴于此，本章在第三章的理论分析框架下，拟从市场一体化的视角出发，揭示基础设施资本投入如何通过对其他生产要素产生正外部性，进而促进经济增长，为我国统一开放、竞争有序的现代市场体系建设以及经济双循环的新发展格局形成提供经验启示。

第一节 市场分割的测度及分析

一、市场分割的测度框架

关于市场分割的测度方法在前期主要有贸易流量法（Poncet，2003，2005）、生产法（Young，2000；白重恩等，2004）、经济周期法（陈昆亭等，2004）、调查问卷法（李善同等，2004）。这些方法虽然在刻画市场分割上具有一定的理论价值，但是也具有其内在的缺陷（桂琦寒等，2006），并且测度的结果难以形成面板数据库。对此，桂琦寒等（2006）、陆铭和陈钊（2009）引入帕斯利和魏尚进（Parsley & Wei S. J.，1996，2001）的价格指数法，也称相对价格法（价格法），首次测度并分析了中国商品市场的分割情况。由于该方法基于"冰川成本"模型（Samuelson，1952），能更为充分利用两地的价格信息，从而使市场分割的测度结果更为可行，已受到广泛运用（赵奇伟、熊性美，2009；盛斌、毛其淋，2011；陈刚、李树，2013；丁从明等，2018）。鉴于此，本章拟采用"价格法"测度国内综合市场分割程度，以及商品、资本品和劳动力三大细分市场的分割程度。

（一）数据收集与处理

在采用"价格法"测度市场分割指数之前，需要采集三维（$t \times m \times k$）面板数据。其中，t 指年份，m 指地区，k 指某类产品。为了更加深入地分析商品、资本品和劳动力市场分割在基础设施投入促进经济增长中的传导作用差异，本章分别采用分省份的商品零售价格指数、固定资产投资价格指数和职工平均实际工资指数，测算商品市场、资本品市场和劳动力市场的相对价格方差 $\text{Var}(P_{it}^k / P_{jt}^k)$。至于综合市场的相对价格方差，则采用商品市场、资本品市场和劳动力市场在各时期的均值表示。所有原始数据选取《中国统计年鉴》中 1993～2017 年 30 个省份[①]（不包含港澳台地区）的环比价格指数。具体数据处理说明如下：

一是为了保持样本期间内数据的连续性和完整性，以及在不同市场中尽可能多地选取各类产品的价格指数，本章在商品市场中共选取十四类产品，分别是：粮食、鲜菜、水产品、饮料烟酒、服装鞋帽、纺织品、家用电器及音响器材、日用品、化妆品、金银饰品、中西药品及医疗保健用品、书报杂志及电子出版物、燃料、建筑材料及五金电料。在资本品市场中选取三类产品，分别为建筑安装工程、设备工器具购置和其他费用。在劳动市场选取三类工资，即国有单位职工平均实际工资、城镇集体单位职工平均实际工资、其他单位职工平均实际工资。

---

① 西藏自治区由于各类产品的年份数据缺失较多，故予以剔除。

二是关于缺失数据处理。在商品市场中，化妆品、金银饰品、家用电器及音响器材缺失的 1993 年零售价格指数采用各省份商品零售价格总指数替代。在资本品市场的三类产品中，广东省缺失的 1993～2000 年数据和海南省缺失的 1993～1999 年数据，分别采用该省份相邻省份的均值替代。在劳动力市场中，云南省缺失的 1993～1994 年城镇集体单位、其他单位的职工平均实际工资指数采用该省份职工平均实际工资总指数替代。此外，在三类市场的所有产品中，重庆市缺失的 1993～1996 年数据采用四川省的相应数据替代。

（二）测度市场分割指数的步骤

首先，将观测地点 i、j 与年份 t 固定，计算两地在给定时期内各类产品相对价格的绝对值 $|\Delta Q_{ijt}^k|$。在"冰川"成本模型的研究中，两地相对价格可用三种形式表示，即直接取两地的价格比（P_{it}^k/P_{jt}^k），其中 P 表示各类产品 k 的价格；取价格比的自然对数，可记为 $Q_{ijt}^k = \ln(P_{it}^k/P_{jt}^k)$；取相对价格的一阶差分形式，可记为 $\Delta Q_{ijt}^k = \ln(P_{it}^k/P_{jt}^k) - \ln(P_{it-1}^k/P_{jt-1}^k)$。考虑到在将市场分割的状态视为"冰川"成本 c 极大时的特殊情况，Q_{ijt}^k 和 ΔQ_{ijt}^k 均会收敛，从而使两者在数据特征上是等效的；同时考虑到我们的原始数据是各类产品的环比价格指数，故本章主要采用相对价格的一阶差分形式 ΔQ_{ijt}^k 衡量各类产品的相对价格。其中，ΔQ_{ijt}^k 可进一步表示为：

$$\Delta Q_{ijt}^k = \ln(P_{it}^k/P_{jt}^k) - \ln(P_{it-1}^k/P_{jt-1}^k) = \ln(P_{it}^k/P_{it-1}^k) - \ln(P_{jt}^k/P_{jt-1}^k)$$

$$(6.1)$$

为了避免地区 i 与地区 j 由于放置顺序的不同，而影响 $\mathrm{Var}(\Delta Q_{ijt}^k)$ 的大小，我们进一步对 ΔQ_{ijt}^k 取绝对值，进而可得 $|\Delta Q_{ijt}^k|$：

$$|\Delta Q_{ijt}^k| = \ln(P_{it}^k/P_{it-1}^k) - \ln(P_{jt}^k/P_{jt-1}^k) \qquad (6.2)$$

与桂琦寒等（2006）、赵奇伟和熊性美（2009）仅考虑相邻省份的相对价格变化不同，本章参考盛斌和毛其淋（2011）的研究，基于整个国内市场，不仅考虑相邻省份的相对价格变化，而且考虑与其他不相邻省份的相对价格变化。基于此，由样本中 1993~2017 年（共 25 年）435 对省区市组合，在商品市场中获得 152250 个（= 25 × 435 × 14）$|\Delta Q_{ijt}^k|$，在资本品市场和劳动力市场均可获得 32625 个（= 25 × 435 × 3）$|\Delta Q_{ijt}^k|$。

其次，采用帕斯利和魏尚进（Parsley & Wei S. J.，2001）的去均值法，消除由产品异质性所导致的不可加效应，从而得到 q_{ijt}^k。考虑到 $|\Delta Q_{ijt}^k|$ 并非全部是由市场环境或者其他随机因素所引起的，还可能源于产品异质性所导致的不可加效应。如果不将后者予以剔除，可能会高估由贸易壁垒所形成的实际市场分割程度。鉴于此，本章采用去均值法消除产品自身特性所引起的价格变动，假设 $|\Delta Q_{ijt}^k| = a^k + \varepsilon_{ijt}^k$。其中，$a^k$ 表示由第 k 类产品自身的某些特性所引起的相对价格变动，ε_{ijt}^k 与两地的市场环境或者其他随机因素相关。要消除 a^k 项，就应在给定年份 t、某类产品 k，对 435 对省区市组合间的 $|\Delta Q_{ijt}^k|$ 求均值 $|\Delta \overline{Q}_{ijt}^k|$，然后再用 435 个 $|\Delta Q_{ijt}^k|$ 减去该均值，据此可消除固定效应：

$$q_{ijt}^k = \varepsilon_{ijt}^k - \overline{\varepsilon}_{ijt}^k = |\Delta Q_{ijt}^k| - |\Delta \overline{Q}_{ijt}^k| = (a^k - \overline{a}^k) + (\varepsilon_{ijt}^k - \overline{\varepsilon}_{ijt}^k) \qquad (6.3)$$

其中，q_{ijt}^k 就是最终用以计算方差的产品相对价格变动部分，仅与地区间的市场分割因素和一些随机因素有关（桂琦寒等，2006）。

接着，计算每两个地区各类产品相对价格变动 q_{ijt}^k 的方差 $\mathrm{Var}(q_{ijt}^k)$，进而计算样本期间内 435 对省区市间相对价格方差，并将其按照省份合并①。

---

① 比如重庆市的市场分割指数是重庆市与全国其余各省区市组合的相对价格方差的均值。

据此，可得各省区市的商品市场分割指数 $\text{Var}(q_{nt}^C) = \sum_{i \neq j}(\text{Var}(q_{ijt}^{Ck}))/N$、资本品市场分割指数 $\text{Var}(q_{nt}^K) = \sum_{i \neq j}(\text{Var}(q_{ijt}^{Kk}))/N$、劳动力市场分割指数 $\text{Var}(q_{nt}^L) = \sum_{i \neq j}(\text{Var}(q_{ijt}^{Lk}))/N$。最后，计算各省份历年的综合市场价格指数 $\text{Var}(q_{nt}) = [\text{Var}(q_{nt}^C) + \text{Var}(q_{nt}^K) + \text{Var}(q_{nt}^L)]/3$。上述测算过程可得各省份历年共 750（$= 25 \times 30$）个观测值。

二、市场分割的测度结果分析

基于上述测度方法和相关数据，本章测算出 1993～2017 年各省份的综合市场以及商品市场、资本品市场和劳动力市场的分割指数，部分年份数据见表 6.1。据此，进一步对综合市场和三类细分市场的分割指数分别逐年求其组内均值，从而生成全国、东部地区、中部地区、西部地区 25 年的时间序列数据。从图 6.1 容易发现，中国综合市场分割程度呈现不断震荡波动且逐渐减小的趋势，这说明中国的市场分割程度并非越来越严重而是波动中逐渐减弱，该结果与其他研究（赵奇伟、熊性美，2009；盛斌、毛其淋，2011 等）不谋而合。从不同地区层面看，综合市场分割呈现波动下降的趋势这一结论在东部、中部和西部地区依然成立，并且大部分年份的结果在东部地区最小，而在西部地区较大。

表 6.1 分省份市场分割指数 单位：%

省份	综合市场			商品市场			资本品市场			劳动力市场		
	1993	2005	2017	1993	2005	2017	1993	2005	2017	1993	2005	2017
北京	0.5221	0.0633	0.0835	0.3042	0.0489	0.0242	0.6170	0.0174	0.0099	0.6452	0.1235	0.2164
天津	1.1553	0.0564	0.0331	0.2903	0.0572	0.0193	0.6985	0.0128	0.0081	2.4772	0.0992	0.0718

续表

省份	综合市场			商品市场			资本品市场			劳动力市场		
	1993	2005	2017	1993	2005	2017	1993	2005	2017	1993	2005	2017
河北	0.9954	0.0556	0.0719	0.2764	0.0363	0.0259	2.2539	0.0120	0.0067	0.4559	0.1185	0.1829
山西	0.4785	0.0683	0.0353	0.1756	0.0341	0.0218	0.5826	0.0276	0.0075	0.6773	0.1431	0.0766
内蒙古	0.5081	0.1221	0.0375	0.1824	0.0493	0.0152	0.8123	0.0175	0.0170	0.5296	0.2995	0.0802
辽宁	0.4695	0.0607	0.0423	0.1656	0.0311	0.0152	0.7206	0.0145	0.0118	0.5222	0.1366	0.0998
吉林	0.4489	0.0480	0.0448	0.2399	0.0340	0.0189	0.4765	0.0124	0.0086	0.6302	0.0977	0.1069
黑龙江	0.3908	0.0522	0.0437	0.2028	0.0339	0.0189	0.4534	0.0117	0.0170	0.5160	0.1109	0.0952
上海	0.5688	0.0636	0.0327	0.3803	0.0698	0.0177	0.7437	0.0253	0.0122	0.5826	0.0958	0.0684
江苏	0.4382	0.0532	0.0410	0.1699	0.0317	0.0196	0.5939	0.0302	0.0306	0.5507	0.0978	0.0728
浙江	0.8843	0.0523	0.0303	0.5177	0.0369	0.0147	0.7112	0.0259	0.0061	1.4241	0.0941	0.0701
安徽	0.4949	0.0947	0.0320	0.2089	0.0467	0.0188	0.6519	0.0140	0.0075	0.6238	0.2232	0.0696
福建	0.4628	0.0482	0.0376	0.2206	0.0290	0.0394	0.6279	0.0235	0.0078	0.5399	0.0919	0.0655
江西	0.4886	0.0592	0.0398	0.1847	0.0484	0.0192	0.6464	0.0388	0.0057	0.6346	0.0904	0.0944
山东	0.3900	0.0887	0.0263	0.2144	0.0325	0.0177	0.4782	0.0142	0.0056	0.4773	0.2194	0.0555
河南	0.4784	0.0462	0.0386	0.2569	0.0333	0.0183	0.6257	0.0131	0.0125	0.5526	0.0924	0.0850
湖北	0.4598	0.0916	0.0293	0.2223	0.0480	0.0167	0.6335	0.0142	0.0081	0.5236	0.2125	0.0630
湖南	0.7136	0.0762	0.0274	0.1927	0.0840	0.0162	0.6184	0.0172	0.0091	1.3296	0.1275	0.0569
广东	0.5494	0.0555	0.0298	0.3552	0.0313	0.0152	0.6214	0.0167	0.0082	0.6715	0.1186	0.0658
广西	0.7729	0.0513	0.0240	0.2894	0.0319	0.0174	0.8133	0.0138	0.0099	1.2162	0.1083	0.0448
海南	0.5398	0.0704	0.0554	0.3918	0.0394	0.0863	0.6775	0.0122	0.0125	0.5502	0.1597	0.0672
重庆	0.3975	0.0634	0.0339	0.1806	0.0648	0.0197	0.5725	0.0142	0.0085	0.4395	0.1112	0.0733
四川	0.3975	0.0485	0.0337	0.1806	0.0302	0.0159	0.5725	0.0266	0.0229	0.4395	0.0887	0.0623
贵州	0.5685	0.0594	0.0353	0.2177	0.0354	0.0224	0.4180	0.0195	0.0081	1.0699	0.1233	0.0753
云南	0.8547	0.0814	0.0699	0.1932	0.1063	0.0414	1.4476	0.0222	0.0107	0.9234	0.1157	0.1576
陕西	0.6314	0.0630	0.0307	0.3306	0.0329	0.0196	0.6566	0.0291	0.0122	0.9070	0.1272	0.0602
甘肃	0.4490	0.1089	0.0285	0.1859	0.0395	0.0153	0.5704	0.0159	0.0100	0.5907	0.2714	0.0603
青海	0.5324	0.1538	0.0348	0.1907	0.0327	0.0164	0.4282	0.0132	0.0153	0.9783	0.4156	0.0729
宁夏	0.4138	0.0970	0.0826	0.2552	0.0493	0.0208	0.4479	0.0121	0.0101	0.5381	0.2295	0.2169
新疆	2.5042	0.0938	0.0501	0.2330	0.0618	0.0186	6.5971	0.0285	0.0178	0.6824	0.1911	0.1138

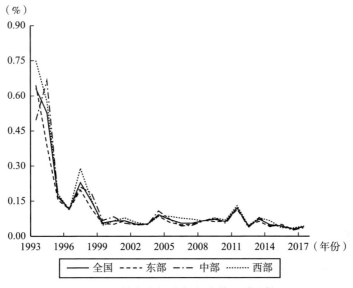

图6.1　综合市场分割程度的区域比较

图6.2刻画了全国层面综合市场、商品市场、资本品市场和劳动力市场的分割程度。从中容易发现，商品、资本品和劳动力市场分割程度与综合市场分割程度一样，在样本期间内均呈现波动下降的趋势，并且三大细分市场具有逐渐收敛的迹象。不同的是，劳动力市场的震荡波动幅度最大且大部分年份的数据更大，而商品市场和资本品市场的波动幅度更小且历年数据相对较小。值得一提的是，劳动力市场分割程度在进入21世纪后呈现波动平稳甚至略有上升的态势。

三、典型事实分析

图6.3汇报了基础设施资本投入通过打破国内市场分割，促进各类市场一体化，进而推动经济增长的典型事实。不难看出，人均基础设施资本与综合市场分割程度之间存在明显的负相关关系，同时综合市场分

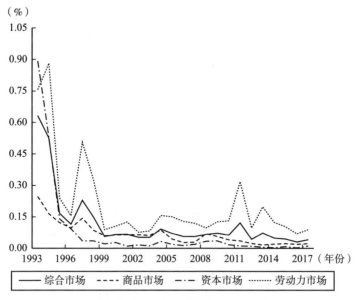

图6.2　不同市场分割程度的比较

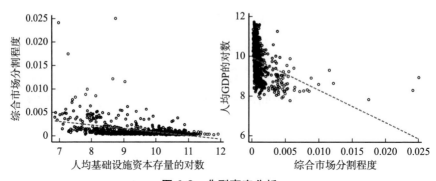

图6.3　典型事实分析

割程度与人均真实 GDP 之间也存在明显的负相关关系，因而增加人均基础设施投入有利于抑制综合市场进一步分割，从而促进人均真实 GDP 增长。然而，上述结论仅仅是典型事实的初步刻画，并且限于篇幅，在此也并未刻画不同基础设施类型以及不同细分市场类型的影响情况。为得到更加可靠的研究结论，仍需进一步综合考虑各类因素，并纳入统一理论分析框架展开实证检验。

第二节　实证研究设计

一、中介效应模型构建

在进行中介效应检验时，考虑到构建联立方程组进行估计，容易受到某一方程设定形式和估计偏差的影响，故仍然沿用传统的分步回归法（温忠麟等，2004）。首先，基于本书第五章的方程（5.5），构建包括实际人均 GDP、实际人均基础设施资本存量以及其他控制变量在内的基本计量模型。具体如下：

$$\ln y_{it} = \alpha_0 + \beta_F \ln k_{it}^F + \beta_I \ln k_{it}^I + \sum_{j=1}^{6} \theta_j C_{i,j,t} + \mu_i + \kappa_t + \varepsilon_{it} \qquad (6.4)$$

其中，y_{it}、k_{it}^F、k_{it}^I 与上一章的含义一致，分别表示第 i 省份 t 年的人均真实 GDP、人均非基础设施资本存量、人均基础设施资本存量。其次，采用中介变量（mv）对基础设施资本存量进行回归，以检验基础设施资本影响路径变量的方向。在本章，中介变量（mv）具体指综合市场分割程度（ms）以及商品市场分割程度（cms）、资本市场分割程度（hms）、劳动力市场分割程度（lms）。

$$mv = \alpha_1 + \chi_F \ln k_{it}^F + \chi_I \ln k_{it}^I + \sum_{j=1}^{6} \theta_j C_{i,j,t} + \mu_i + \kappa_t + \varepsilon_{it} \qquad (6.5)$$

最后，以区域经济增长水平为被解释变量，以基础设施资本存量和中介变量（mv）同为核心解释变量，检验综合市场分割程度等是否为完全中介变量，同时可计算其中介效应。

$$\ln y_{it} = \alpha_0 + \beta'_F \ln k_{it}^F + \beta'_I \ln k_{it}^I + \varphi mv + \sum_{j=1}^{6} \theta_j C_{i,j,t} + \mu_i + \kappa_t + \varepsilon_{it}$$

$$(6.6)$$

如果第三章提出的研究假说 3.1 成立，则产生以下预期结果：第一，加入路径变量之后，基础设施资本存量的系数将有所下降，即 $\beta'_I < \beta_I$；第二，系数 χ_I 和 β'_I 同时显著为负，对应的中介效应为 $\chi_I \times \beta'_I$。换言之，加大基础设施资本投入可通过打破国内市场分割，促进各类市场一体化，进而推动经济增长。需要说明的是，如果系数 β'_I 不再显著，则表明综合市场分割程度等的中介效应是完全的。

此外，考虑基础设施资本投入可能存在的异质性，将其拆分为点基础设施资本存量 k^P 和网络基础设施资本存量 k^N 之后，检验两者是否均能通过促进市场整合这一渠道，推动经济高质量增长。

二、变量设定和数据来源

本章涉及的变量包括因变量、核心解释变量、中介变量和控制变量。其中，我们将人均真实 GDP(y) 作为因变量，用以衡量地区的经济增长水平，具体采用地区国民生产总值与其总就业人员之比度量。非基础设施资本 (k^F)、基础设施资本 (k^I) 以及点基础设施资本 (k^P) 和网络基础设施资本 (k^N) 作为核心解释变量，其生产性资本存量的估算具体见本书第四章。中介变量包括综合市场分割程度 (ms) 以及商品市场分割程度 (cms)、资本市场分割程度 (kms)、劳动力市场分割程度 (lms)，具体测算见本章第一节。其他控制变量与第五章一致，包括人力资本积累 (hum)、政府规模 (gz)、国有经济比重 (soe)、产业结构 (is)、城市化水平 (urb)、贸易依存度 (tdd)。

由于在测算国内市场分割程度时，西藏的缺失数据太多被剔除，本章的实证样本数据为 1993 ~ 2017 年 30 个省区市构成的面板数据，共750 个观测值。凡是以价值量单独出现的经济数据均以 1993 年为基期进行平减处理，从而消除价格波动的影响。其中，各地区的人均 GDP、非基础设施资本存量、基础设施资本存量（包括点基础设施资本存量和网络基础设施资本存量）均取自然对数以统一量级和消除可能存在的异方差影响，贸易依存度中的进出口总额以当年汇率中间价折换成人民币形式。涉及的相关数据主要取自历年《中国统计年鉴》《新中国 60 年统计资料汇编》《中国贸易外经统计年鉴》及各省区市历年统计年鉴。各变量的统计性描述结果见表 6.2。

表 6.2　　　　　　　　　　　　变量统计性描述

变量名称	符号	单位	平均值	标准差	最小值	最大值
人均经济增长水平	y	元/人	23751.040	20493.680	2374.561	123369.200
人均非基础设施资本	k^F	元/人	37039.080	43834.340	1406.757	277689.800
人均基础设施资本	k^I	元/人	20937.150	19625.220	949.921	150543.300
人均点基础设施资本	k^P	元/人	9409.334	9973.998	382.371	71227.710
人均网络基础设施资本	k^N	元/人	11114.800	9751.906	560.180	76716.690
综合市场分割程度	ms	%	0.120	0.193	0.016	2.504
商品市场分割程度	cms	%	0.068	0.066	0.010	0.779
资本品市场分割程度	kms	%	0.082	0.335	0.001	6.597
劳动力市场分割程度	lms	%	0.210	0.348	0.030	6.638
人力资本积累	hum	万元	19.559	15.220	4.450	101.230
政府规模	gz	—	0.172	0.090	0.048	0.627
国有经济比重	soe	—	0.415	0.173	0.101	0.880
产业结构	is	—	0.407	0.082	0.276	0.806
城市化水平	urb	—	0.347	0.167	0.130	0.910
贸易依存度	tdd	—	0.349	0.528	0.017	3.350

第三节 实证结果分析

一、基准分析

作为分析的起点,经过豪斯曼等检验后,回归结果支持固定效应(FE)。然后,在控制省份固定效应后,进一步添加时间趋势项(t)或其平方项(t^2)以消除可能存在的时间效应,所有回归结果汇报于表6.3第[1]~[6]列。根据第[3]列和第[6]列的结果可知,在控制t时,综合市场分割程度对经济增长产生统计上不显著的负向影响,而在控制t^2后,负向作用转为在1%水平上显著,并且回归系数的绝对值也大幅度提高。可能的解释是,由于综合市场分割程度在进入21世纪后随时间变化不太明显,呈现稳中略降的趋势,故直接控制时间趋势项t,可能对综合市场分割程度造成一定程度的干扰,而控制时间趋势项的平方项t^2则能较好地避免此干扰。因此,本章在此和下文均以控制t^2的回归结果进行分析。

表6.3 基准回归结果

变量	lny	ms	lny	lny	ms	lny
	[1]	[2]	[3]	[4]	[5]	[6]
$\ln k^I$	0.2175 *** (0.0157)	− 0.1670 *** (0.0316)	0.2167 *** (0.0159)	0.3355 *** (0.0181)	− 0.2189 *** (0.0311)	0.3152 *** (0.0184)
ms			− 0.0053 (0.0186)			− 0.0927 *** (0.0215)

续表

变量	lny	ms	lny	lny	ms	lny
	[1]	[2]	[3]	[4]	[5]	[6]
$\ln k^F$	0.0843 *** (0.0126)	0.2274 *** (0.0253)	0.0855 *** (0.0133)	0.1479 *** (0.0207)	0.1062 *** (0.0356)	0.1577 *** (0.0205)
hum	0.0019 *** (0.0007)	0.0051 *** (0.0013)	0.0020 *** (0.0007)	0.0075 *** (0.0008)	−0.0007 (0.0013)	0.0075 *** (0.0007)
gz	−0.1772 ** (0.0875)	0.9779 *** (0.1765)	−0.1721 *** (0.0895)	0.4698 *** (0.1185)	0.1222 (0.2039)	0.4811 *** (0.1171)
soe	−0.1558 *** (0.0491)	−0.0103 (0.0990)	−0.1559 *** (0.0491)	−0.6266 *** (0.0504)	0.3726 *** (0.0867)	−0.5921 *** (0.0504)
is	−0.6721 *** (0.0909)	−0.3768 ** (0.1831)	−0.6741 *** (0.0912)	−0.3197 *** (0.1107)	−0.7950 *** (0.1905)	−0.3934 *** (0.1107)
urb	0.3046 *** (0.0706)	0.1406 (0.1423)	0.3053 *** (0.0707)	0.6077 *** (0.0830)	−0.1252 (0.1429)	0.5961 *** (0.0820)
tdd	0.0021 (0.0124)	−0.0215 (0.0249)	−0.0020 (0.0124)	−0.0188 (0.0151)	−0.0060 (0.0259)	−0.0183 (0.0149)
常数项	6.4108 *** (0.1102)	−0.3356 (0.2222)	6.4090 *** (0.1105)	5.0474 *** (0.1399)	−1.2606 *** (0.2409)	5.1643 *** (0.1409)
时间效应（t）	是	是	是			
时间效应（t^2）				是	是	是
个体效应	是	是	是	是	是	是
调整 R^2	0.9870	0.3523	0.9873	0.9815	0.3096	0.9819
观测值	750	750	750	750	750	750
Sobel test		0.0008 (0.0027)			0.0203 *** (0.0055)	
Bs test 1 （间接效应）		0.0008 (0.0040)			0.0203 ** (0.0087)	
中介效应占比		0.00%			6.05%	

分析表 6.3 第［4］列的结果可知，基础设施资本投入依然对人均 GDP 存在显著正向影响，这与第五章的结论基本一致。根据该表第

[5] 列的结果发现，基础设施资本投入对综合市场分割程度存在统计上显著的负向影响，基础设施资本投入水平翻一番，可使综合市场分割程度降低 0.0022 个百分点。这说明基础设施尤其是交通通信设施的不断完善，促进了区域之间商品、资本和劳动力的快速流动，使市场逐步走向统一和融合。进一步观察该表第 [6] 列中综合市场分割程度对人均 GDP 的回归系数可发现，该系数在 1% 的水平下显著为负，表明地方市场分割确实不利于总体经济增长，这与刘小勇（2010）的研究不谋而合。综合表 6.3 第 [5] 列和第 [6] 列的结果可知，基础设施资本投入可通过促进国内市场一体化，进而推动建设地经济增长，综合市场分割程度的中介效应达到 0.0203，表明若基础设施资本存量翻一番，能通过促进市场融合带来经济增长水平提升 2.03%。同时，我们还发现基础设施资本存量的回归系数在该表第 [6] 列中仍然显著，且比第 [4] 列中略小，说明综合市场分割程度仅是部分中介变量。此外，Sobel 检验和 Bootstrap 检验均支持综合市场分割程度具有显著的中介效应，并且该中介效应在基础设施资本存量影响经济增长的总效应中占比达到 6.05%，因此第三章提出的研究假设 3.2 得以证实。

二、不同类型设施的异质性检验

根据本书第三章关于基础设施的类型划分可知，相比点基础设施建设增强建设地的公共资本禀赋，以吸引其他生产要素，网络基础设施作为一种运输通道，直接承担着资本、劳动力和各类商品的流动和转移职能，因此后者对国内市场一体化的影响可能更为明显。对此，我们将模型（6.4）~模型（6.6）中的基础设施资本存量拆分为点基础设施资本存量（k^P）和网络基础设施资本存量（k^N），再次采用双重固定效应进行估计，所有回归结果见表6.4第［7］~［9］列。

表6.4　　　　　不同类型基础设施资本投入的回归结果

变量	lny	ms	lny
	［7］	［8］	［9］
$\ln k^P$	0.1644*** (0.0270)	−0.0644 (0.0465)	0.1583*** (0.0267)
$\ln k^N$	0.1776*** (0.0213)	−0.1445*** (0.0368)	0.1640*** (0.0213)
ms			−0.0941*** (0.0215)
控制变量	是	是	是
常数项	5.2743*** (0.1441)	−1.1691*** (0.2484)	5.3842*** (0.1445)
个体效应	是	是	是
时间效应	是	是	是
调整 R^2	0.9815	0.3090	0.9820
观测值	750	750	750
点基础设施资本投入的中介效应检验			
Sobel test	0.0061 (0.0046)		
Bs test 1（间接效应）	0.0061 (0.0039)		
中介效应占比	0.00%		
网络基础设施资本投入的中介效应检验			
Sobel test	0.0136*** (0.0046)		
Bs test 1（间接效应）	0.0136* (0.0079)		
中介效应占比	7.66%		

　　根据表6.4第［8］列的结果可知，点基础设施资本存量对综合市场分割程度的影响为负向不显著，而网络基础设施资本存量对综合市场分割程度产生显著负向作用，故第三章提出的假设3.2a得以证实，即网络基础设施资本投入对打破国内市场分割具有更为明显的作用。这意味着该类基础设施的不断完善，对于促进国内市场的统一和整合，建立现代化的市场体系具有更为重要的政策意义。正是由于两类基础设施资本投入对于国内市场分割程度的影响存在差异，导致综合市场分割程度的中介效应仅在网络基础设施资本投入促进经济增长中通过 Sobel 检验和 Bootstrap 检验。此时综合市场分割程度的中介效应达到0.0136，在总效应中的占比为7.66%。

三、不同市场的机制检验分析

　　根据6.1节中商品、资本品和劳动力市场分割程度的测度结果可知，三类细分市场的分割程度在数值大小和波动幅度上并不一致。同时，从现有研究来看，三类细分市场在一体化过程中对基础设施资本投入的依赖程度和对区域经济增长的潜在影响可能存在差异。由此带来的疑问是，三者在基础设施资本投入促进经济增长中传导作用是否存在差异？鉴于此，我们将模型（6.5）中的中介变量分别代入商品、资本品和劳动力的市场分割程度，再次采用双重固定效应方法，依次估计模型（6.4）~模型（6.6），所有回归结果报告于表6.5第［10］~［15］列。由于模型（6.4）的估计结果与表6.3第［4］列的结果一致，故在此未列出。

表6.5 不同市场的机制检验结果

变量	商品市场		资本品市场		劳动力市场	
	cms	lny	kms	lny	lms	lny
	[10]	[11]	[12]	[13]	[14]	[15]
lnk^l	−0.0479*** (0.0089)	0.3140*** (0.0180)	−0.2583*** (0.0590)	0.3261*** (0.0182)	−0.3504*** (0.0600)	0.3253*** (0.0184)
cms（kms，lms）		−0.4496*** (0.0738)		−0.0365*** (0.0114)		−0.0292*** (0.0112)
控制变量	是	是	是	是	是	是
常数项	0.3697*** (0.0693)	5.2137*** (0.1392)	1.1898*** (0.4577)	5.0909*** (0.1397)	2.2224*** (0.4651)	5.1124*** (0.1416)
个体效应	是	是	是	是	是	是
时间效应	是	是	是	是	是	是
Sobel test	0.0215*** (0.0054)		0.0094*** (0.0036)		0.0102** (0.0043)	
Bs test 1 （间接效应）	0.0215** (0.0101)		0.0094 (0.0118)		0.0102 (0.0085)	
中介效应占比	6.41%		2.80%		3.04%	
调整 R^2	0.4973	0.9824	0.1664	0.9817	0.1857	0.9816
观测值	750	750	750	750	750	750

根据表6.5第［10］列、第［12］列和第［14］列的结果可知，基础设施资本存量对商品、资本品和劳动力市场分割程度均产生显著负向作用，但是三者回归系数存在显著差异，资本品和劳动力市场分割程度的回归系数绝对值，比商品市场分割程度高得多。这表明三类细分市场的产品流动虽然均对基础设施建设具有依赖性，但是资本品和劳动力市场的依赖程度显然更高。与之形成鲜明对比的是，资本品和劳动力市

场分割程度对经济增长的影响，却比商品市场分割程度低很多。根据该表第［11］列、第［13］列、第［15］列的结果可知，商品、资本品和劳动力市场分割程度对经济增长均存在显著负向影响，回归系数依次为 − 0.4496、− 0.0365 和 − 0.0292。这表明相比资本品和劳动力，商品是否能在更大范围内流通和销售，直接关乎企业经济绩效，其对区域经济增长的影响更为显著。

进一步根据表 6.5 的所有计量结果计算三类细分市场的中介效应，发现商品市场分割程度的中介效应最大，达到 0.0215，资本品和劳动力市场分割程度的中介效应较小，分别为 0.0094 和 0.0102，第三章提出的研究假设 3.3 得以证实。Sobel 检验和 Bootstrap 检验也基本支持三类细分市场分割程度具有显著的中介效应。此外，商品、资本品和劳动力市场分割程度的传导影响，在基础设施资本存量影响经济增长的总效应中的占比分别为 6.41%、2.80% 和 3.04%。

四、不同地区的机制检验分析

根据理论分析部分可知，沿海地区相比内陆地区具有更高市场发育程度和对市场一体化具有更高的内在要求，由此产生以下疑问：在沿海地区，国内市场分割的传导影响是否更为突出？对此，我们借鉴李涵和李志刚（Han Li & Zhigang Li，2013）的分样本机制检验方法，将整体样本分为沿海地区和内陆地区①，以检验在两地区市场一体化的传导作用是否存在差异，所有回归结果汇报于表 6.6 第［16］~［21］列。根

---

① 沿海地区的样本省份包括北京、天津、河北、辽宁、上海、江苏、浙江、福建、山东、广东、广西和海南等 12 个省区市，内陆地区的样本省份包括除西藏外的剩余 18 个省区市。

据该表第［16］列和第［19］列的结果可知，基础设施资本产出弹性在内陆地区比在沿海地区高，再次证明了资本边际效率递减规律，说明了分样本机制检验的回归结果具有相当可信度。

表6.6 不同地区的机制检验结果

变量	沿海地区		内陆地区			
	$\ln y$	ms	$\ln y$	$\ln y$	ms	$\ln y$
	［16］	［17］	［18］	［19］	［20］	［21］
$\ln k^{I}$	0.3438*** (0.0326)	-0.2276*** (0.0366)	0.2633*** (0.0320)	0.4046*** (0.0213)	-0.2550*** (0.0484)	0.3983*** (0.0219)
ms			-0.3533*** (0.0492)			-0.0246 (0.0214)
控制变量	是	是	是	是	是	是
常数项	5.3280*** (0.2340)	1.2619*** (0.2620)	5.7739*** (0.2240)	4.2672*** (0.1761)	1.4561*** (0.4008)	4.3030*** (0.1788)
个体效应	是	是	是	是	是	是
时间效应	是	是	是	是	是	是
Sobel test	0.0804*** (0.0171)			0.0063 (0.0055)		
Bs test 1 （间接效应）	0.0804*** (0.0205)			0.0063 (0.0063)		
中介效应占比	23.39%			0.00%		
调整 R^2	0.9794	0.4760	0.9826	0.9865	0.2738	0.9865
观测值	300	300	300	450	450	450

根据第［16］~［18］列的结果可知，基础设施资本存量对综合市场分割程度和综合市场分割程度对经济增长均产生显著负向影响，这说

明综合市场分割程度的中介作用在沿海地区依然存在，并且该效应达到 0.0804，在总效应中的占比高达 23.39%，远超全国平均水平。反观内陆地区的估计结果，综合市场分割程度对经济增长的影响虽然为负，但并不显著。可能的解释是，内陆地区各省份经济体量相对更小，采取适度的市场分割政策是保护本地战略性企业的占优策略。此外，该地区在以往政治晋升锦标赛的考核压力下，也有人为地设置贸易壁垒将经济租金留在本辖区的动机（踪家峰、岳耀民，2013）。由此所致，综合市场分割程度的中介效应在内陆地区未通过 Sobel 检验和 Bootstrap 检验。根据以上实证检验分析，第三章提出的研究假设 4 也得以证实，即在沿海地区，综合市场分割程度的传导影响可能更突出。

五、稳健性分析和内生性讨论

（一）稳健性分析

为检验本章主要结论的可靠性，我们采用主要变量替换、进一步添加控制变量和改变样本处理方式等进行稳健性检验。首先，在主要变量替换方面，一方面运用基础设施和非基础设施的资本存量净额替代其生产性资本存量进行机制检验，另一方面采用相应变量除以各地区常住人口数量以衡量其人均形式，进行稳健性检验。其次，考虑遗漏变量偏误问题，排除可能影响区域经济增长水平或国内市场分割程度的其他控制变量。在此，我们进一步控制财政分权度（fd）和相距大港口距离（pd）的影响。其中，fd 采用地方政府预算内人均财政支出占全国预算内人均财政总支出的比重来衡量（陆铭等，2004）。由于不恰当的财政分权可能会促使地方政府间采取动态的策略来开展区域间的分工政策，并使其有动机采用地方保护主义的政策来扶持本地经济，故预期 fd 对综合市场分割程度的影响为正。参考陆铭等（2019）的研究，选择各省级单位驻地到天津、上海和香港三个港口的最短距离作为到大港口距离（pd）的代理指标，添加至中介效应模型作为控制变量，预期其对综合市场分割程度和经济增长均产生负向影响。最后，为消除核心解释变量异常值对回归结果的影响，我们分别对基础设施资本存量进行双边1%和5%缩尾处理，构造新的计量样本，进行稳健性检验。

表6.7汇报了采用以上处理方式进行稳健性检验的回归结果。容易发现，在每一种方式的稳健性检验中，基础设施资本存量对综合市场分割程度的回归系数和综合市场分割程度对人均GDP的回归系数依然在统计上均显著负向，即综合市场分割程度在基础设施资本存量影响经济增长中的中介效应是稳健的。同时，我们还发现，在加入综合市场分割程度后，基础设施资本存量的回归系数均有一定程度的下降且仍保持显著，故综合市场分割程度作为部分中介变量这一结论也是稳健的。此外，新加入控制变量的回归结果，也与其他研究的结论基本一致，符合理论预期。

表6.7　　　　　　　　　稳健性检验的回归结果

变量	解释变量变化：采用资本存量净额			人均形式变化：采用常住人口衡量		
	lny	ms	lny	lny	ms	lny
lnk^I	0.3277 *** (0.0181)	−0.2176 *** (0.0318)	0.3099 *** (0.0185)	0.3124 *** (0.0182)	−0.2264 *** (0.0312)	0.2884 *** (0.0185)
ms			−0.0815 *** (0.0212)			−0.1057 *** (0.0215)

续表

变量	控制变量变化：排除财政分权度影响			控制变量变化：排除港口距离影响		
	lny	ms	lny	lny	ms	lny
$\ln k^I$	0.3355 *** (0.0181)	− 0.2192 *** (0.0309)	0.3151 *** (0.0185)	0.3434 *** (0.0183)	− 0.1724 *** (0.0236)	0.3245 *** (0.0188)
ms			− 0.0933 *** (0.0216)			− 0.0909 *** (0.0224)
fd	− 0.0041 (0.0265)	0.1221 *** (0.0454)	0.0073 (0.0263)	0.0141 (0.0236)	0.1220 *** (0.0273)	0.0282 (0.0235)
pd				− 0.1549 *** (0.0311)	0.0042 (0.0134)	− 0.1529 *** (0.0297)
	样本处理方式变化：$\ln k^I$ 双边 1% 缩尾			样本处理方式变化：$\ln k^I$ 双边 5% 缩尾		
	lny	ms	lny	lny	ms	lny
$\ln k^I$	0.3424 *** (0.0186)	− 0.2143 *** (0.0318)	0.3213 *** (0.0189)	0.3528 *** (0.0202)	− 0.1417 *** (0.0348)	0.3337 *** (0.0199)
ms			− 0.0984 *** (0.0216)			− 0.1344 *** (0.0213)

注：所有回归均包括控制变量、个体效应和时间效应。

（二）内生性分析

为消除基础设施资本存量与经济增长水平（或综合市场分割程度）可能由于互为因果关系而产生的内生性问题，本章在此仍采用工具变量估计予以解决。其中，基础设施资本存量的工具变量（Ⅳ）仍选择各省份明代驿站数量与年度虚拟变量的交互项（$year\#c.\,mp$）。进一步的样本处理参见第五章，工具变量的估计结果（采用 2SLS 估计）汇报于表6.8 第 [22] ~ [27] 列。首先，根据第 [22]、[24] 和 [26] 列的结果可知，$year\#c.\,mp$ 的回归系数在大部分年份均显著，说明选择的工具变量与基础设施资本存量显著相关。同时，弱识别检验的结果也通过了

10%的显著性检验，再次说明了工具变量的相关性。其次，该工具变量的外生性条件已在第五章予以检验。最后，根据第 [23]、[25]、[27] 列的结果发现，基础设施资本存量对综合市场分割程度的回归系数和综合市场分割程度对人均 GDP 的回归系数依然在统计上均显著负向。即在考虑模型内生性后，综合市场分割程度具有显著的中介效应这一结论依然稳健，并且此时数值达到 0.0289，在总效应中占比达到 5.51%。

表 6.8　　　　　　　　　　　　2SLS 的回归结果

变量	模型 (6.4)		模型 (6.5)		模型 (6.6)	
	$\ln k^I$	$\ln y$	$\ln k^I$	ms	$\ln k^I$	ms
	[22]	[23]	[24]	[25]	[26]	[27]
$\ln k^I$		0.5242 *** (0.0348)		-0.4367 *** (0.0536)		0.4835 *** (0.0384)
ms						-0.0661 ** (0.0295)
IV	是		是		是	
弱识别检验	541.87 [11.40]		541.87 [11.40]		550.84 [11.40]	
控制变量	是	是	是	是	是	是
常数项	2.1300 *** (0.3315)	4.3951 *** (0.2067)	2.1300 *** (0.3315)	2.5768 *** (0.3180)	2.4083 *** (0.3321)	4.5798 *** (0.2182)
个体效应	是	是	是	是	是	是
时间效应	是	是	是	是	是	是
调整 R^2	0.9807	0.9875	0.9807	0.3542	0.9814	0.9881
观测值	575	575	575	575	575	575

注：（1）结果第 [22]、[24]、[26] 列为第一阶段回归结果，结果第 [23]、[25]、[27] 列为第二阶段回归结果；（2）IV（$year\#c.\ mp$）的估计系数在所有回归中基本均显著，限于篇幅，在此未列出；（3）弱识别检验的结果对应 Kleibergen - Paap Wald rk F 统计量的值，中括号内的数值为 Stock - Yogo 检验 10% 水平上的临界值。

第四节　本章小结

　　根据第三章关于基础设施资本投入与经济增长的理论分析框架可知，基础设施资本投入有利于打破由空间距离所产生的国内自然性市场分割和由劳动者素质、技术水平成熟度不同所产生的技术性市场分割，同时整合和统一的市场对于促进生产要素自由流动、扩大市场规模和推动市场充分竞争等方面具有重要作用。鉴于此，本章在采用"价格法"审慎测度了 1993 ~ 2017 年国内综合市场以及商品、资本品和劳动力市场的分割指数基础上，将基础设施资本投入、市场一体化和经济增长纳入一个统一的研究框架，构建中介效应模型，实证检验了基础设施资本投入如何通过促进市场一体化推动经济增长的三个研究假设，并进一步对估计的结果展开了稳健性分析和内生性讨论。

　　研究发现：第一，国内综合市场以及商品、资本品和劳动力三大细分市场的分割程度在样本期间均呈现波动变小的趋势。其中，东部地区的结果在大部分年份相对更小，而西部地区很大。劳动力市场的波动幅度更大且大部分年份数据也更大，商品和资本品市场则反之。第二，基础设施资本投入可通过促进国内市场一体化进而推动经济增长，市场一体化的中介效应为 0.0203，在总效应中的占比达到 6.05%。相比点基础设施资本投入，综合市场分割程度在网络基础设施资本投入促进经济增长中的传导作用更为明显。第三，在三类细分市场中，进一步打破商品市场分割、促进商品市场融合，对于发挥基础设施资本投入促进经济增长的作用更有意义。第四，相比内陆地区，沿海地区中综合市场分割程度的传导影响更为突出，其中介效应为 0.0804，在总效应中的占比高达 23.39% 。此外，在通过替换主要变量、进一步添加控制变量和改变样本处理方式进行稳健性检验，以及采用工具变量估计展开内生性讨论后，国内市场一体化在基础设施资本投入促进经济增长中具有显著传导作用的结论依然稳健。

第七章

基础设施资本投入、区域创新能力与经济增长

上一章已经从市场一体化的视角，基本证实了基础设施资本投入可通过对其他生产要素产生外部性，进而促进经济增长。本章进一步将研究思路切换至基础设施资本投入是否可通过对技术进步产生外部性，进而推动经济可持续增长。事实上，进入 21 世纪以来，创新已逐渐成为国家、区域和城市经济增长的重要驱动力。党的十九大报告更是指出，创新是引领发展的第一动力，是建设现代化经济体系的战略支撑。索罗（Solow，1957）、保罗·罗默（Paul Romer，1986）和罗伯特·卢卡斯（Robert Lucas，1988）从理论上阐述了创新对经济增长的影响。赵树宽等（2012）和李苗苗等（2015）基于经验分析，认为创新是我国经济增长的决定因素。与此同时，基础设施作为区域创新体系的重要组成部分，可使区域创新活动对其具有较强的内在依耐性（Scaringella & Chanaron，2016）。科技、教育等点基础设施建设和交通、通信等网络基础设施，不仅有利于增强建设地的公共资本禀赋，而且能增强区域间的可达性并降低运输成本等，最终促进创新要素跨区域溢出，提升区域创新能力。鉴于此，本章将从区域能力视角出发，聚焦基础设施资本投入如

何对技术进步产生外部性，进而推动经济增长，为创新驱动发展背景下完善基础设施投资策略、科学制定区域创新战略以及推进创新型国家建设提供理论启示。

第一节 实证研究设计

一、中介效应模型构建

在进行中介效应检验时，本章参考第六章的研究，仍然沿用传统的分步回归法（温忠麟等，2004），构建以下中介效应模型：

$$\ln y_{it} = \alpha_0 + \beta_F \ln k_{it}^F + \beta_I \ln k_{it}^I + \sum_{j=1}^{7} \theta_j C_{i,j,t} + \mu_i + \kappa_t + \varepsilon_{it} \quad (7.1)$$

$$\ln ic_{it} = \alpha_1 + \chi_F \ln k_{it}^F + \chi_I \ln k_{it}^I + \sum_{j=1}^{7} \theta_j C_{i,j,t} + \mu_i + \kappa_t + \varepsilon_{it} \quad (7.2)$$

$$\ln y_{it} = \alpha_0 + \beta_F' \ln k_{it}^F + \beta_I' \ln k_{it}^I + \varphi \ln ic_{it} + \sum_{j=1}^{7} \theta_j C_{i,j,t} + \mu_i + \kappa_t + \varepsilon_{it}$$

$$(7.3)$$

其中，y_{it}、k_{it}^F、k_{it}^I 与上一章的含义一致，分别表示第 i 省份 t 年的人均真实 GDP、人均非基础设施资本存量、人均基础设施资本存量；$\ln ic_{it}$ 为中介变量，表示区域创新能力。

如果第三章提出的研究假设 3.4 成立，则产生以下预期结果：第一，加入路径变量之后，基础设施资本存量的回归系数将有所下降，即 $\beta_I' < \beta_I$；第二，系数 χ_I 和 β_I' 同时显著为正，对应的中介效应为 $\chi_I \times \beta_I'$。换言之，加大基础设施资本投入可通过提升区域创新能力，进而推动经

济增长。需要说明的是，如果系数 β_i' 不再显著，则表明区域创新能力的中介效应是完全的。

此外，考虑基础设施资本投入可能存在的异质性，将其拆分为点基础设施资本存量 k^P 和网络基础设施资本存量 k^N 之后，分别检验两者是否均能通过增强区域创新能力这一渠道，推动经济增长。

二、变量设定和数据来源

本书涉及的变量包括因变量、核心解释变量、中介变量和控制变量。其中，我们将人均真实 GDP(y) 作为因变量，用以衡量经济增长水平，具体采用地区国民生产总值与其总就业人员之比度量。非基础设施资本存量（k^F）、基础设施资本存量（k^I）以及点基础设施资本存量（k^P）和网络基础设施资本存量（k^N）作为核心解释变量，其生产性资本存量的估算具体见本书第四章。关于区域创新能力（ic）这一中介变量，本章参照国际通用标准，采用各地区每万人的专利申请数量作为代理指标。尽管采用专利数据衡量区域创新能力存在一定的局限性；但是由于相比新产品销售收入和区域创新能力综合指数等其他指标，专利数据不仅更易获得，而且更接近于创新能力的商业用途，同时长期以来认定标准客观且变化缓慢，故其仍是测量区域创新能力中相对可靠的代理指标（Griliches，1990；Acs et al.，2002；李平、黎艳，2013）。此外，相比专利授权数量，专利申请数据不易受到专利机构审查能力等人为评定因素的影响，从而能更加客观地反映某一地区创新能力的真实水平（倪鹏飞等，2011）。

其他控制变量除了包括第五章已经说明的人力资本积累（hum）、政府规模（gz）、国有经济比重（soe）、产业结构（is）、城市化水平

（*urb*）和贸易依存度（*tdd*）外，还纳入研发经费投入（*rd*）。增加研发经费投入有助于提升区域创新能力，已逐渐成为众多学者的共识（陈广汉、蓝宝江，2007；岳鹄、张宗益，2008）。在此，采用各地区研究与试验发展经费内部支出作为 *rd* 的代理指标。

受限于早期数据缺失以及统计口径变化的影响，本章以 1993~2017 年我国 31 个省区市（不包含港澳台地区）构成的面板数据作为实证模型的样本数据。凡是以价值量单独出现的经济数据均以 1993 年为基期进行平减处理，从而消除价格波动的影响。其中，各地区的人均 GDP、非基础设施资本存量、基础设施资本存量（包括点基础设施资本存量和网络基础设施资本存量）和区域创新能力均取自然对数以统一量级和消除可能存在的异方差影响，贸易依存度中的进出口总额以当年汇率中间价折换成人民币形式。涉及的相关数据主要取自历年《中国统计年鉴》《新中国 60 年统计资料汇编》《中国贸易外经统计年鉴》及各省区市历年统计年鉴。各变量的统计性描述结果见表 7.1。

表 7.1   **变量统计性描述**

变量名称	符号	单位	平均值	标准差	最小值	最大值
人均经济增长水平	y	元/人	23384.900	20292.650	2374.561	123369.200
人均非基础设施资本	k^F	元/人	36446.150	43307.680	1406.757	277689.800
人均基础设施资本	k^I	元/人	21422.750	19936.190	949.921	150543.300
人均点基础设施资本	k^P	元/人	9605.179	10048.210	382.371	71227.710
人均网络基础设施资本	k^N	元/人	11397.300	9970.631	560.180	76716.690
区域创新能力	ic	件/万人	11.050	21.058	0.080	157.200
人力资本积累	hum	万元	19.274	15.072	4.450	101.230
政府规模	gz	—	0.195	0.162	0.048	1.379
国有经济比重	soe	—	0.428	0.186	0.101	0.975

变量名称	符号	单位	平均值	标准差	最小值	最大值
产业结构	*is*	—	0.410	0.083	0.276	0.806
城市化水平	*urb*	—	0.341	0.168	0.130	0.910
贸易依存度	*tdd*	—	0.342	0.521	0.017	3.350
研发经费投入	*rd*	亿元	163.639	320.154	0.020	2343.630

第二节　实证结果分析

一、基准分析

作为分析的起点，经过豪斯曼（Hausman）等检验后，我们采用时间和地区层面的双重固定效应（FE）估计中介效应模型，模型（7.1）～模型（7.3）的回归结果分别汇报于表7.2第［1］～［3］列。首先，从第［1］列的结果来看，基础设施资本投入对人均GDP存在显著正向影响，表明基础设施资本水平的提高总体上有利于促进经济增长，这与第五章的结论基本一致。

表7.2 基准回归结果

变量	ln*y*	ln*ic*	ln*y*	变量	ln*y*	ln*ic*	ln*y*
	［1］	［2］	［3］		［1］	［2］	［3］
lnk^l	0.2171*** (0.0160)	0.1666*** (0.0604)	0.2100*** (0.0159)	*tdd*	0.0002 (0.0124)	0.1841*** (0.0468)	−0.0076 (0.0124)

续表

变量	lny [1]	lnic [2]	lny [3]	变量	lny [1]	lnic [2]	lny [3]
lnic			0.0426 *** (0.0097)	rd	-0.00002 (0.00002)	0.0003 *** (0.0001)	-0.0001 (0.0001)
lnk^F	0.0860 *** (0.0131)	0.6816 *** (0.0495)	0.0570 *** (0.0145)	常数项	6.3664 *** (0.1088)	-8.5812 *** (0.4147)	6.7165 *** (0.1367)
hum	0.0021 *** (0.0007)	0.0174 *** (0.0026)	0.0013 * (0.0007)	个体效应	是	是	是
gz	-0.1146 ** (0.0543)	1.7154 *** (0.2046)	-0.1878 *** (0.0561)	时间效应	是	是	是
soe	-0.1637 *** (0.0478)	0.6345 *** (0.1804)	-0.1908 *** (0.0476)	调整 R^2	0.9873	0.9423	0.9876
is	-0.5803 *** (0.0911)	0.1263 (0.3436)	-0.5857 *** (0.0900)	观测值	775	775	775
urb	0.3229 *** (0.0735)	1.5645 *** (0.2769)	0.2562 *** (0.0741)				
Sobel test	0.0071 ** (0.0030)						
Bs test 1 （间接效应）	0.0071 * (0.0036)						
中介效应占比	3.27%						

其次，根据第［2］列的结果可知，基础设施资本投入对区域创新能力具有统计上显著的正向影响，基础设施资本存量翻一番，可使区域创新能力增强 16.66%。这说明某地基础设施的不断完善，有利于增强该地的公共资本禀赋，提升区域竞争力，从而持续聚集高素质人才、资本、知识和信息等各种创新资源，增加创新产出成果。进一步观察第［3］列中区域创新能力对人均 GDP 的回归系数可发现，该系数在 1% 的

水平下显著为正，说明区域创新能力的不断增强促进了经济增长。综合第 [2] ~ [3] 列的结果可知，区域创新能力的中介效应为 0.0071，这表明若基础设施资本存量翻一番，能通过增强区域创新能力带来经济增长水平提升 0.71%。同时，我们还发现基础设施资本存量的回归系数在结果第 [3] 列中仍然显著，且比在结果第 [1] 列中略小，说明区域创新能力仅是基础设施资本促进经济增长水平的部分中介变量。

最后，Sobel 检验和 Bootstrap 检验均支持区域创新能力具有显著的中介效应，并且该中介效应在基础设施资本存量影响经济增长的总效应中占比达到 3.27%，因此第三章提出的研究假设 3.5 得以证实。

二、分样本的机制检验分析

根据第三章的理论分析，本书认为在经济更发达的地区，区域创新能力的中介效应可能更为重要。在我国，以直辖市命名的省级单位经济发展水平，平均要强于以省命名的省级单位，更要强于以自治区命名的省级单位。经测算，在样本期间内，北京等以直辖市命名的省级单位平均人均真实 GDP 为 4.51 万元/人，比河北等以省命名的省级单位高 2.45 万元/人，比内蒙古等以自治区命名的省级单位高 2.71 万元/人。鉴于此，我们借鉴李涵和李志刚（Han Li & Zhigang Li，2013）的分样本的机制检验方法，与整体样本按照省级单位命名的不同，将其分为直辖市、省和自治区三类，以判断区域创新能力这一传导路径在不同经济发展水平区域的异质性影响，回归结果汇报于表 7.3 第 [4] ~ [12] 列。从第 [4]、[7] 和 [10] 列的结果可知，基础设施资本存量的产出弹性值在直辖市、省和自治区的三类样本中依次递减，在一定程度上再次证明了资本边际效率递减规律，说明了分样本机制检验的回归结果是可信的。

表7.3　分样本的机制检验结果

变量	直辖市			省			自治区		
	[4]	[5]	[6]	[7]	[8]	[9]	[10]	[11]	[12]
	lny	lnic	lny	lny	lnic	lny	lny	lnic	lny
lnk^I	0.0439** (0.0218)	0.5461*** (0.1082)	0.0238 (0.0245)	0.1417*** (0.0174)	0.2677*** (0.0753)	0.1207*** (0.0166)	0.4807*** (0.0601)	-1.2900*** (0.2520)	0.4402*** (0.0666)
lnic			0.0369* (0.0215)			0.0782*** (0.0096)			-0.0315 (0.0227)
控制变量	是	是	是	是	是	是	是	是	是
常数项	8.1203*** (0.2591)	-2.8864** (1.2874)	8.2268*** (0.2636)	6.8469*** (0.1175)	-8.613*** (0.5085)	7.5204*** (0.1379)	4.4014*** (0.3953)	-5.0254*** (1.6559)	4.2432*** (0.4098)
个体效应	是	是	是	是	是	是	是	是	是
时间效应	是	是	是	是	是	是	是	是	是
Sobel test		0.0201* (0.0122)			0.0209*** (0.0064)			0.0406 (0.0303)	
Bs test 1 (间接效应)		0.0201 (0.0127)			0.0209*** (0.0060)			0.0406 (0.0357)	
中介效应占比		45.79%			14.75%			0.00%	
调整 R^2	0.9967	0.9423	0.9968	0.9918	0.9512	0.9927	0.9895	0.9245	0.9896
观测值	100	100	100	550	550	550	125	125	125

首先，结果第［4］~［6］列报告了直辖市样本的估计结果，容易发现，基础设施资本存量对区域创新能力的回归系数和区域创新能力对人均 GDP 的回归系数依然在统计上均显著正向，且前者通过了 1% 的显著性检验，再次证实了研究假设 3.5。同时，我们发现加入区域创新能力后，基础设施资本存量对人均 GDP 的影响不再显著，表明在直辖市样本中，区域创新能力是基础设施资本存量促进经济增长的完全中介变量，中介效应占比达到 45.79%。

进一步观察省样本的情形，回归结果见于第［7］~［9］列。容易发现，与直辖市样本的回归结果一样，基础设施资本存量对区域创新能力的回归系数以及区域创新能力对人均 GDP 的回归系数在统计上均显著正向。不同的是，在加入区域创新能力后，基础设施资本存量对人均 GDP 的回归系数变小且显著，这表明在省样本中，区域创新能力仅是部分中介变量。同时，Sobel 检验和 Bootstrap 检验均表明，区域创新能力的中介效应显著，并且在总效应的占比中达到 14.75%。

结果第［10］~［12］列报告了自治区样本的估计结果，容易发现，区域创新能力对人均 GDP 的影响在统计上不显著，并且 Sobel 检验和 Bootstrap 检验的结果也不显著，这表明区域创新能力的中介效应在自治区样本中并未得到验证。可能的解释是，以自治区命名的省级单位基本在沿边偏远地区，经济发展比较滞后，科技和教育等点基础设施建设极为缺乏，难以聚集高素质人才、投资和知识等创新要素。相反的是，随着跨区域网络基础设施的建设，这些地区与相对发达地区的通达性增强后，更可能加速本地高素质人才的流失。这也是基础设施资本存量影响区域创新能力的回归系数显著为负的可能原因。

综上，区域创新能力的中介效应在经济最发达的直辖市样本中最为明显，在总效应中的占比达到 45.79%；其次在经济相对发达的省样本中较为明显，在总效应中的占比达到 14.75%；在经济最不发到的自治区样本中则不显著。由此第三章提出的研究假设 3.6 得以证实，即当地经济越发达，区域创新能力这一传导作用越明显。

由于自治区样本中区域创新能力的中介效应不显著，因此我们从总样本中将其剔除，以削弱其掩盖其他样本中区域创新能力传导作用发挥的可能性，使区域创新能力的中介效应在总样本中更好呈现。仅包括直辖市和省样本的回归结果汇报于表 7.4 第 [13]~[15] 列。从中不难发现，不仅基础设施资本存量对区域创新能力的回归系数以及区域创新能力对人均 GDP 的回归系数在统计上均显著为正，区域创新能力的中介效应为 0.0252；而且此时其在总效应中的占比达到 13.79%，比在总样本估计时高了十多个百分点。这表明在总样本估计中，以自治区命名的省级单位样本确实存在掩盖区域创新能力传导作用的发挥，因此在下文中将主要以直辖市和省样本回归分析为主。

表 7.4　　　　　　　　　　直辖市和省样本的回归结果

变量	lny [13]	lnic [14]	lny [15]	变量	lny [13]	lnic [14]	lny [15]
$\ln k^I$	0.1827*** (0.0162)	0.2965*** (0.0620)	0.1575*** (0.0156)	个体效应	是	是	是
lnic			0.0851*** (0.0100)	时间效应	是	是	是
控制变量	是	是	是	调整 R^2	0.9891	0.9508	0.9902
常数项	6.7236*** (0.1120)	-8.9518*** (0.4290)	7.4855*** (0.1088)	观测值	650	650	650
Sobel test				0.0252*** (0.0060)			
Bs test 1 (间接效应)				0.0252*** (0.0062)			
中介效应占比				13.79%			

三、稳健性和内生性分析

（一）稳健性分析

为检验本章主要结论的可靠性，我们仍然采用主要变量替换、进一步添加控制变量和改变样本处理方式等进行稳健性检验。

首先，从三个方面进行主要变量替换：一是运用基础设施和非基础设施的资本存量净额替代其生成性资本存量进行机制检验。与生产性资本存量相比，资本存量净额虽然在有效反映资产的实际生产能力和服务效率方面略有不足，但是作为以市场价格估计的资本存量价值指标，可作为资本投入的代理变量，用以稳健性分析。二是在基准回归中采用各地区年末就业人员除以国内生产总值和各类资本存量以衡量其人均形式，而在此我们采用各地区常住人口数量除以相应变量衡量其人均形式，进行稳健性检验。三是选用各地区专利授权数量和新产品销售收入替换专利申请数量，衡量区域创新能力，进行稳健性分析。

其次，我们进一步考虑遗漏变量偏误问题，排除可能影响经济增长或区域创新能力的其他控制变量。一是考虑到科研院所较多的地区，集聚的高素质人才和研发投资就越多，区域创新能力相对越强，因此在中介效应模型中添加科教资源规模（se）这一控制变量。其中，se采用各地区高等学校在校生人数占总人口的比重来衡量（杨思莹和李政，2020）。二是为了进一步排除经济地理因素的影响，参考第六章的研究，选择各省级单位驻地到天津、上海和香港三个港口的最短距离作为到大港口距离（pd）的代理指标，添加至中介效应模型作为控制变量。

最后，为消除核心解释变量异常值对回归结果的影响，我们分别对基础设施资本存量进行双边 1% 和 5% 缩尾处理，构造新的计量样本，进行稳健性检验。

表 7.5 汇报了采用以上处理方式进行稳健性检验的回归结果。容易发现，在每一种方式的稳健性检验中，基础设施资本存量对区域创新能力的回归系数和区域创新能力对人均 GDP 的回归系数依然在统计上均显著正向，即区域创新能力在基础设施资本存量影响经济增长中的中介效应是稳健的。同时，我们还发现，在加入区域创新能力后，基础设施资本存量的回归系数均有一定程度的下降且仍保持显著，故区域创新能力作为部分中介变量这一结论也是稳健的。此外，新加入的控制变量的回归结果，也与其他研究的结论基本一致，符合理论预期。

表 7.5 稳健性检验的回归结果

变量	解释变量变化：采用资本存量净额			人均形式变化：采用常住人口衡量		
	$\ln y$	$\ln ic$	$\ln y$	$\ln y$	$\ln ic$	$\ln y$
$\ln k^l$	0.1828 *** (0.0162)	0.2779 *** (0.0626)	0.1595 *** (0.0156)	0.0556 *** (0.0141)	0.3941 *** (0.0681)	0.0259 * (0.0135)
$\ln ic$			0.0837 *** (0.0099)			0.0753 *** (0.0078)
变量	中介变量变化：采用专利授权数量			中介变量变化：采用新产品销售收入		
	$\ln y$	$\ln ic$	$\ln y$	$\ln y$	$\ln ic$	$\ln y$
$\ln k^l$	0.1827 *** (0.0162)	0.1989 *** (0.0623)	0.1713 *** (0.0159)	0.1827 *** (0.0162)	0.2140 *** (0.0725)	0.1824 *** (0.0161)
$\ln ic$			0.0574 *** (0.0102)			0.0193 *** (0.0071)

续表

变量	控制变量变化：排除科教规模影响			控制变量变化：排除港口距离影响		
	lny	lnic	lny	lny	lnic	lny
$\ln k^I$	0.1919 *** (0.0150)	0.3191 *** (0.0602)	0.1715 *** (0.0148)	0.2105 *** (0.0158)	0.3024 *** (0.0618)	0.1952 *** (0.0159)
lnic			0.0641 *** (0.0097)			0.0606 *** (0.0102)
se	0.1255 *** (0.0121)	0.3096 *** (0.0488)	0.1056 *** (0.0121)	0.1199 *** (0.0127)	0.3003 *** (0.0490)	0.1002 *** (0.0129)
pd				− 0.4673 *** (0.0474)	− 0.3591 *** (0.1184)	− 0.4369 *** (0.0432)
变量	样本处理方式变化：$\ln k^I$ 双边 1% 缩尾			样本处理方式变化：$\ln k^I$ 双边 5% 缩尾		
	lny	lnic	lny	lny	lnic	lny
$\ln k^I$	0.1915 *** (0.0159)	0.2429 *** (0.0619)	0.1719 *** (0.0153)	0.2121 *** (0.0169)	0.2814 *** (0.0660)	0.1899 *** (0.0163)
lnic			0.0808 *** (0.0099)			0.0788 *** (0.0098)

注：所有回归均采用直辖市和省样本，并包括控制变量、个体效应和时间效应。

（二）内生性分析

为消除基础设施资本存量与经济增长（或区域创新能力）可能由于互为因果关系而产生的内生性问题，我们采用工具变量估计予以解决。参考第五章的研究，在此仍然选择各省份明代驿站数量与年度虚拟变量的交互项（year#c. mp），作为基础设施资本积累的工具变量（Ⅳ）。进一步的样本处理参见第五章，工具变量的估计结果（采用 2SLS 估计）汇报于表7.6第［16］~［21］列。首先，根据结果第［16］、［18］和［20］列可知，Ⅳ的回归系数在大部分年份均显著，说明选择的工具变量与基础设施资本存量显著相关。同时，弱识别检验的结果也通过了

10%的显著性检验，再次说明了工具变量的相关性。其次，该工具变量的外生性条件已在第五章予以检验。最后，根据结果第［17］、［19］、［21］列发现，基础设施资本存量对区域创新能力的回归系数和区域创新能力对人均GDP的回归系数依然在统计上均显著正向。即在考虑模型内生性后，区域创新能力具有显著的中介效应这一结论依然稳健，并且此时数值达到0.0862，在总效应中占比达到44.14%。

表7.6　　　　　　　　　　内生性分析的回归结果

变量	模型（7.1）		模型（7.2）		模型（7.3）	
	$\ln k^I$	lny	$\ln k^I$	lnic	$\ln k^I$	lnic
	［16］	［17］	［18］	［19］	［20］	［21］
$\ln k^I$		0.1953***		1.0743***		0.1048**
		(0.0438)		(0.1716)		(0.0469)
lnic						0.0802***
						(0.0127)
IV	是		是		是	
弱识别检验	598.47 [11.40]		598.47 [11.40]		599.44 [11.40]	
控制变量	是	是	是	是	是	是
常数项	3.7329*** (0.3560)	7.2123*** (0.2439)	3.7329*** (0.3560)	−12.142*** (0.1154)	4.3555*** (0.4022)	8.2053*** (0.3030)
个体效应	是	是	是	是	是	是
时间效应	是	是	是	是	是	是
调整R^2	0.9840	0.9938	0.9840	0.9731	0.9843	0.9944
观测值	525	525	525	525	525	525

注：（1）结果第［16］、［18］、［20］列为第一阶段回归结果，结果第［17］、［19］、［21］列为第二阶段回归结果；（2）IV（year#c.mp）的估计系数在所有回归中基本均显著，限于篇幅，在此没有列出；（3）弱识别检验的结果对应Kleibergen–Paap Wald rk F统计量的值，中括号内的数值为Stock–Yogo检验10%水平上的临界值。

四、进一步的分析

根据是否具有网络属性，基础设施资本存量可拆为点基础设施资本存量和网络基础设施资本存量。其中，点基础设施资本存量主要包括科教文卫和公共管理等固定资产，该类资本的不断积累，有利于提高建设地的公共资本禀赋，提升该地的区域竞争力。尤其是科技和教育类设施的不断完善，对于增强建设地的综合科研和区域创新能力具有重要作用，从而有利于推动该地经济的高质量发展。网络基础设施主要包括能源、交通和通信等设施，该类资本作为一种运输通道，能实现各种高素质人才、投资、知识和信息在区域间进行流动和转移，从而使沿线地区的创新能力增强（或减弱）。鉴于此，我们将基础设施资本存量拆分为点基础设施资本存量和网络基础设施资本存量，分别考察两者在通过影响区域创新能力促进经济增长方面的差异，回归结果报告于表 7.7 第 [22] ~ [24] 列。

表 7.7　　　　点基础设施和网络基础设施资本投入的回归结果

变量	$\ln y$	$\ln ic$	$\ln y$
	[22]	[23]	[24]
$\ln k^P$	0.1744 *** (0.0168)	0.3778 *** (0.0628)	0.1412 *** (0.0165)
$\ln k^N$	0.1362 *** (0.0141)	0.1787 *** (0.0533)	0.1205 *** (0.0134)
$\ln ic$			0.0878 *** (0.0101)
控制变量	是	是	是

续表

变量	lny	ln*ic*	lny
	［22］	［23］	［24］
常数项	6.9574 *** (0.1088)	-8.5371 *** (0.4088)	7.7071 *** (0.1345)
个体效应	是	是	是
时间效应	是	是	是
调整 R^2	0.9886	0.9509	0.9898
观测值	650	650	650
点基础设施资本投入的中介效应检验			
Sobel test	0.0332 *** (0.0065)		
Bs test 1（间接效应）	0.0332 *** (0.0067)		
中介效应占比	19.04%		
网络基础设施资本投入的中介效应检验			
Sobel test	0.0157 *** (0.0052)		
Bs test 1（间接效应）	0.0157 *** (0.0056)		
中介效应占比	11.53%		

根据结果第［23］列容易发现，点基础设施资本投入和网络基础设施资本投入对区域创新能力的回归系数均显著为正，表明在其他条件不变的情况下，两类基础设施资本投入均可提升区域创新能力，并且点基础设施资本投入的促进作用更大。进一步分析结果第［24］列发现，区域创新能力对经济增长的回归系数依然显著为正。综合结果第［23］~［24］列可知，点基础设施资本投入和网络基础设施资本投入均可提升

区域创新能力，进而推动经济持续增长。Sobel 检验和 Bootstrap 检验的结果也表明，区域创新能力在点基础设施资本投入促进经济增长中的中介效应为 0.0332，在总效应中的占比达到 19.04%；而在网络基础设施资本投入促进经济增长中的中介效应更小，为 0.0157，在总效应中的占比达到 11.53%。

第三节 总体中介效应分析与作用机制的贡献分解

根据第六章和本章的实证分析，为了将市场一体化和区域创新能力两条作用机制纳入统一框架，检验两者在基础设施资本投入促进经济增长中的总体中介效应，我们在此采用直辖市和省样本构建省际面板数据，采用时间（t^2）和地区双重固定效应估计中介效应模型，回归结果汇报于表 7.8 第 [25]~[28] 列。

表 7.8   总体中介效应回归结果

变量	lny	ms	lnic	lny
	[25]	[26]	[27]	[28]
$\ln k^I$	0.3210 *** (0.0199)	− 0.2349 *** (0.0311)	0.1849 *** (0.0596)	0.2738 *** (0.0200)
ms				− 0.1432 *** (0.0245)
lnic				0.0738 *** (0.0128)

续表

变量	lny	ms	lnic	lny
	[25]	[26]	[27]	[28]
控制变量	是	是	是	是
常数项	5. 2937 *** (0. 1501)	1. 3002 *** (0. 2352)	− 9. 2200 *** (0. 4499)	6. 1606 *** (0. 1892)
个体效应	是	是	是	是
时间效应	是	是	是	是
调整 R²	0.9817	0.3414	0.9495	0.9834
观测值	650	650	650	650

从表 7.8 中容易发现，中介变量估计系数在正负方向和数值大小方面与第 6 章和本章的基准回归结果基本一致，再次表明基础设施资本投入显著且稳健地通过促进市场一体化和提升区域创新能力，推动经济增长。根据温忠麟和叶宝娟（2014）的研究，基础设施资本投入经由市场一体化和区域创新能力影响经济增长的中介效应量分别为 0. 0336 和 0. 0136。从作用机制的相对重要性来看，在基础设施资本投入影响经济增长的总效应中，市场一体化和区域创新能力的相对贡献份额分别为 10. 47%、4. 24%，故市场一体化的作用机制相对更为重要。这再次印证了市场一体化和区域创新能力是基础设施资本投入影响经济增长的重要渠道，其中市场一体化的作用机制相对更为重要。此外，根据结果第 [28] 列发现，在模型中纳入市场一体化和区域创新能力后，基础设施资本投入的估计系数仍然显著，表明除了上述两条渠道外，在基础设施资本投入影响经济增长中还有其他潜在的重要影响渠道。

第四节 本 章 小 结

根据第三章关于基础设施资本投入与经济增长的理论分析框架可知，基础设施作为区域创新体系的重要组成部分，可通过提升区域创新能力，对技术进步产生正外部性，间接推动经济增长。鉴于此，本章将基础设施资本投入、区域创新能力和经济增长纳入统一的研究框架，构建中介效应模型，编制 1993 ~ 2017 年省份面板数据，实证检验了基础设施资本投入如何通过增强区域创新能力促进经济增长的两个研究假设。此外，本章进一步将市场一体化和区域创新能力两条作用机制纳入统一框架，检验两者在基础设施资本投入促进经济增长中的总体中介效应，以判断这两条作用机制的相对贡献大小。

研究发现：第一，在总样本的检验中，区域创新能力在基础设施资本投入促进经济增长中的传导作用得以验证，中介效应达到 0.0071，在总效应中的占比为 3.27%。第二，分样本的机制检验表明，区域创新能力的中介效应占比在直辖市样本中比在省样本中高，比在自治区样本中更高，即在经济越发达的地区，区域创新能力的传导作用越明显。在去掉自治区样本后，以直辖市和省样本进行检验时，区域创新能力的中介效应由总样本中的 0.0071 增长至 0.0252，在总效应中的占比也提升至 13.79%。第三，在通过替换主要变量、进一步添加控制变量和改变样本处理方式进行稳健性检验，以及采用工具变量估计展开内生性讨论后，区域创新能力在基础设施资本投入促进经济增长中具有显著中介作用的结论依然稳健。第四，点基础设施资本投入和网络基础设施资本投入均可通过增强区域创新能力促进区域经济增长，但是区域创新能力的中介效应占比在前者中更高。第五，在将市场一体化和区域创新能力两条作用机制纳入统一框架后，实证检验发现在基础设施资本投入影响经济增长的总效应中，市场一体化和区域创新能力的相对贡献份额分别为 10.47%、4.24%，故市场一体化的作用机制相对更为重要。

第八章

结论与展望

　　本章在归纳和总结全书的主要研究结论基础上，根据前文理论研究部分和实证检验结果，针对性地提出不断完善资本核算制度、持续优化基础设施投资策略、加快推动国内市场一体化建设和着力提升区域创新能力等方面的对策建议，并指出本研究有待进一步拓展的研究方向和研究议题。

第一节　主要结论

　　为了释疑本书提出的关键性问题，即中国整体和不同类型基础设施的资本积累情况如何？中国基础设施资本投入还能促进经济增长吗？基础设施资本投入能解释中国经济增长的区域差异吗？市场一体化和区域创新能力是基础设施资本投入影响经济增长的潜在传导渠道吗？本书在对国内外基础设施资本投入度量、基础设施资本投入与经济增长的理论和实证研究等相关方面文献进行全面系统的梳理基础上，首先借鉴索罗（Solow，1957）、巴罗（Barro）和赫尔腾等（Hulten et al.，2006）的经济增长建模思路，搭建起基础设施资本投入影响经济增长的理论分析框架。其次，采用永续盘存法的非传统途径估算出整体和不同类型基础设施的全套资本存量，为后续研究奠定数据基础。紧接着，在对中国基础设施资本投入与经济增长的特征事实进行描述后，本书分别从总体和区域层面，采用普通面板模型、空间面板模型和面板分位数模型等一系列计量经济学方法，实证检验了基础设施资本投入对经济增长的影响。最后，进一步采用中介效应分析方法，实证检验了市场一体化和区域创新能力在基础设施资本投入促进经济增长中的传导作用。基于以上研究，本书得出以下基本结论：

（1）在保持近 40 年高投资率的现实发展背景下，中国基础设施资本积累较快，其生产性存量年均增速达到 12.66%，不过区域之间也存在不平衡和不充分问题。具体而言：第一，生产性基础设施资本存量由于综合考虑了该类资本品在使用过程中的退役和随着时间变化导致的生产力损失等情况，比财富性基础设施资本存量总额或净额更能反映实际服务于生产过程的基础设施资本投入规模。第二，中国生产性基础设施资本存量的快速积累过程存在一个不断加速的过程，年均增长率由 1993 之前不足 10%，增长至 1993~1999 年的 11.65%，逐渐攀升到 2000~2011 年的 14.00% 和 2012~2017 年的 15.82%。第三，生产性基础设施资本存量的总量在区域之间并不平衡，由东向西呈阶梯式分布，具有典型的"核心—外围"特征，即以东部的沿海地区为核心，以中西部地区为外围。在增速方面，中西部地区要快于东部地区。在消除人口规模的影响之后，西南和大西北地区的人均水平在目前要普遍高于东部地区，更高于中部地区。在具体省份之间，广东、江苏、山东、浙江和四川的生产性基础设施存量处于全国领先水平，西藏、青海、宁夏、海南和甘肃则处于落后状态。第四，在不同基础设施类型的生产性存量之间，点基础设施在早期低于网络基础设施，但是近年来不仅超越了后者，而且仍以更快速度攀升。这说明国家逐渐认识到环保、市政和科教文卫等点基础设施建设对于经济高质量发展的重要作用，持续加大了对该类设施的投资力度。

（2）中国基础设施资本投入仍然能显著促进经济增长，但是在不同基础设施类型、不同发展阶段和不同区域之间存在差异。第一，中国总体生产函数在纳入基础设施资本存量后，各生产要素产出弹性之和在 $1.0296 \sim 1.0372$ 之间，具有轻微规模报酬递增的性质，这说明基础设施的正外部效应强于可能存在的拥挤效应。第二，基础设施资本投入虽然整体上显著促进经济增长，但是这种正向促进作用在样本期间内呈现倒"U"形特征。在考虑基础设施资本投入的空间影响后，正向促进作用的后期下降趋势有所缓解，这很大程度上是由于基础设施资本投入具有负向溢出效应，通过聚集邻近地区的生产要素，使其产出弹性值返回到"拐点"以前。第三，不管是否考虑空间因素，点基础设施资本投入和网络基础设施资本投入均对经济增长具有显著促进作用。前者的产出弹性值更大，且在经济进入"新常态"后依然保持扩大态势；而后者的产出弹性值较小，且在样本期间呈现更为明显的倒"U"形特征。第四，在不同区域之间，基础设施资本投入的产出弹性值从高到底依次为西部地区、中部地区和东部地区。其中，东部地区内点基础设施资本投入和网络基础设施资本投入的产出弹性值较为接近，中部地区内网络基础设施资本投入的产出弹性值偏高；而西部地区内点基础设施资本投入的产出弹性值较高。第五，在具体空间影响方面，整体基础设施资本投入和点基础设施资本投入具有稳健负向溢出效应，网络基础设施资本投入整体上具有正向溢出效应，区域经济增长的空间滞后系数均为正值。第六，此外，面板分位数估计的实证结果也支持基础设施资本投入对经济增长的影响呈现倒"U"形特征。

（3）基础设施资本投入可通过促进市场一体化推动经济持续增长，并且在不同基础设施类型、不同细分市场和不同地区之间，市场一体化程度的传导作用存在异质性。本书在采用"价格法"审慎测度了1993～2017年国内综合市场以及商品、资本品和劳动力三大市场的分割指数基础上，构建中介效应模型，实证检验基础设施资本投入如何通过促进市场一体化推动经济增长的研究假设。研究结果表明：第一，国内综合市场以及商品、资本品和劳动力三大细分市场的分割程度在样本期间内均呈现波动变小的趋势。其中，东部地区的结果在大部分年份相对更小，而西部地区更大。劳动力市场的波动幅度更大且在大部分年份数据也更大，商品和资本品市场则反之。第二，市场一体化在基础设施资本投入影响经济增长中的中介效应为0.0203，在总效应中的占比达到6.05%。相比点基础设施资本投入，综合市场分割程度在网络基础设施资本投入促进经济增长中的传导作用更为明显。第三，在三类细分市场中，进一步打破商品市场分割、促进商品市场融合，对于发挥基础设施资本投入促进经济增长的作用更有意义。第四，在沿海地区，综合市场分割程度的传导影响更为突出，其中介效应为0.0804，在总效应中的占比高达23.39%。此外，一系列稳健性检验和内生性讨论的估计结果也支持上述结论。

（4）基础设施资本投入亦可通过提升区域创新能力推动经济持续增长，并且在不同类型基础设施和经济处于不同发展水平的地区之间，区域创新能力的传导作用存在差异。本书在将基础设施资本投入、区域创新能力和经济增长纳入统一的研究框架后，编制1993～2017年省份面板数据，采用中介效应分析方法，实证检验基础设施资本投入如何通过增强区域创新能力促进经济增长的研究假设。研究结果表明：第一，在总样本检验中，区域创新能力在基础设施资本投入影响经济增长中的中介效应达到0.0071，在总效应中的占比为3.27%。第二，在分样本机制检验中，区域创新能力的中介效应占比在直辖市样本中比在省样本中高，比在自治区样本中更高，这说明在经济越发达的地区，区域创新能力的传导作用越明显。进一步去掉自治区样本，在以直辖市和省样本进行检验时，区域创新能力的中介效应由总样本中的0.0071增长至0.0252，在总效应中的占比也提升至13.79%。第三，点基础设施资本投入和网络基础设施资本投入均可通过增强区域创新能力促进区域经济增长，但是区域创新能力的中介效应占比在前者中更高。此外，本书进一步将市场一体化和区域创新能力两条作用机制纳入统一框架，检验两者在基础设施资本投入促进经济增长中的总体中介效应，以判断这两条作用机制的相对贡献大小。检验结果表明，在基础设施资本投入影响经济增长的总效应中，市场一体化和区域创新能力的相对贡献份额分别为10.47%、4.24%，故市场一体化的作用机制相对更为重要。

第二节　对策建议

在中国经济进入"新常态"与基础设施积累迈向较高水平的现实背景下，捕捉并进一步发挥基础设施资本投入对经济增长的重要作用，对于确保区域经济运行在合理区间，并实现高质量发展至关重要。本书较为系统地探索了基础设施资本投入对经济增长的影响及其作用机制研究，不但具有一定的理论价值，而且蕴含着较为丰富的实践意义和政策启示。

（1）不断完善资本核算制度，编制一套由官方或权威机构定期公布的分行业（包括基础设施）资本存量数据集。首先，资本核算涉及的资本存量和资本服务两类数据在宏观经济中具有非常重要的作用。其中，资本存量测算涉及资本存量总额和资本存量净额，是国民资产负债表的重要项目，而后者涉及生产性资本存量，可用于经济增长等相关领域的实证分析和全要素生产率研究。同时，随着我国全面采用联合国《国民经济核算体系》，进入国际紧密接轨时期，作为国民经济核算体系的重要组成部分，资本核算的研究与完善显得尤为迫切。然而，我国目前的资本核算体系与美国、加拿大和澳大利亚等其他国家相比还有较大差距，还未有专门的官方机构系统公布全国、分行业、分省份的资本存量和资本服务数据，并且已编制的国民资产负债表中涉及的资本存量估算方法也与国际常用方法有区别。鉴于理论与经验研究对各层级分行业，尤其是基础设施行业资本存量及其流量数据的现实需要，中国相关部门应加大中国资本核算研究的投入力度，持续完善资本核算制度，最终给出由官方或权威机构定期公布的分行业（包括基础设施）资本存量与流量数据集。在完善我国资本核算制度时，本书认为有以下几点需要注意：首先，既要在资本核算内容、方法和制度体系方面与国际标准对接，又要考虑中国在资本核算经验欠缺和相关历史基础数据薄弱等现实情况，做到前瞻性与现实性并举（叶樊妮，2009）。其次，应借鉴《资本测算手册（2009）》中的操作实践，将资本存量和资本服务的测算纳入统一框架（即本书采用的永续盘存法非传统途径核算框架），保持二者在资产分类、基础设施数据来源与假设等方面相互协调，步调一致。最后，明确在资本存量及流量的准确估计时，不仅需要科学的核算方法，还依赖于一系列符合中国实际的基础数据和关键参数。因此应加快建立各层面分资产类型的固定资本形成额及其配套的资产价格指数等基础数据，开展各类固定资产的使用年限、退役模式和相对效率下降模式的专项调查，获取符合中国实际的第一手相关资料，为后续各层面分行业（包括基础设施）资本核算储备历史基础数据。

（2）持续优化基础设施投资策略，提升基础设施资本投入效率。在进一步深化改革开放并实现经济高质量增长过程中，各类基础设施投入的作用仍然不容忽视，必然要求从战略高度重新审视基础设施资本投入的经济增长效应，应从片面强调投资规模转向全面把握投资规模与投资效率相协调的目标上来，适时而有效地调整和优化点基础设施和网络基础设施的投资策略，持续增强基础设施投入对促进城乡和区域协调发展、改善民生等的支撑作用。首先，鉴于基础设施对区域经济增长仍然具有显著正向促进作用，故政府应继续以基础设施投资作为积极财政政策的重要手段，重点围绕其短板和弱项领域加大投入，例如市政设施、生态环保等点基础设施领域，确保经济运行在合理区间。其次，应因地制宜地优化基础设施投资策略，缩小基础设施建设的区域差异。东部地区继续坚持两类基础设施均衡发展的做法，保证两类基础设施存量适当提升的基础上，更加注重其质量的飞跃，加大 5G 基站、城际高速铁路、人工智能和工业互联网等新型基础设施建设力度。中部地区的投资重点应向网络基础设施领域倾斜，积极推动该区域的现代化交通和通信基础设施建设，促进劳动力在区域内部充分流动和就业。西部地区则应着重提高现有存量的利用效率，加大点基础设施这一短板的弥补力度，加快推动城市供水、城市道路和城市公交等市政基础设施建设。最后，考虑到基础设施具有较强的空间影响，需要中央从政策层面加以引导，促进投资主体间跨区域协作，削弱地理界限对经济发展的不利影响，促使基础设施负向溢出效应内部化，推动区域一体化战略纵深发展。此外，在促使基础设施负向溢出效应内部化的过程中，仍然要遵循在集聚中实现区域协调发展的思路，通过先发地区带动后发地区，目前中西部地区的"强省会"战略也正是基于此思路。

（3）持续推动市场化改革，不断提升国内市场融合程度，完善各类要素市场的竞争机制，进一步发挥市场一体化在基础资本投入促进经济增长中的传导作用。以往各区域实行区域市场分割战略是为了扶持本地企业并提高该地区区位分工地位，导致各地区产业同构严重，产品竞争力普遍较弱，难以发挥各自的比较优势。但是随着中国经济逐渐进入高质量发展轨道，这一违背比较优势的发展策略必然不可取。因此，首先应在"全国一盘棋"的顶层设计指导下，在全国范围内合理划分承担经济发展与保障粮食安全、生态安全、边疆安全等功能分区，并根据不同的功能分区，制定差异化的绩效考核标准，引导和鼓励各地区发挥自身比较优势，避免地方政府陷入分割竞争的"囚徒困境"，从而推动区域协调发展，最终实现更高级的一体化发展。其次，进一步放宽市场准入条件，实行统一的市场准入负面清单制度，依靠互联网、人工智能和大数据等新型网络基础设施完善市场监管体系，保障各类市场主体依法平等进入市场，营造公平竞争的市场环境。再次，相比商品市场和资本市场，劳动力市场分割程度更大，并且其在基础设施资本促进经济增长中的传导作用也相对更弱，这很大程度源于以往户籍制度的限制，人口难以轻松自由流动，已经流入大城市的农村劳动力转化为市民程度也偏低。因此，需要进一步改革户籍制度，放松大中城市的落户限制，加快农民市民化步伐。最后，从各区域层面看，内陆地区不仅市场分割程度更高，而且市场分割程度在该地区基础设施资本促进经济增长中的传导作用更弱，甚至统计上不显著。因此，中西部内陆地区应紧抓"一带一路"倡议、成渝地区双城经济圈建设、中新互联互通南向通道建设等合作倡议带来的新一轮发展机遇，发挥资源和劳动力比较优势，积极承接产业转移，加速融入国际国内市场，提升区域市场整合程度。

（4）在基础设施投资率和资本深化程度不断升高的情况下，应加大教育和研发投入，不断增强区域创新能力，发挥技术进步对基础设施资本边际报酬递减机制的缓冲作用。首先，以创新型国家建设为契机，以国家自主创新示范区建设为抓手，通过加强中东部发达地区和西部欠发达地区的沿线网络基础设施建设，尤其是城市间沿线高铁建设，推动知识与技术等关键创新要素在跨领域和跨区域间传播与溢出，发挥创新中心城市对欠发达地区的创新带动效应，不断缩小区域之间的创新能力水平。同时，也要警惕发达地区与欠发达地区之间由于通达性逐渐增强而可能存在的"创新俱乐部"效应，积极地防治发达地区对欠发达地区的虹吸效应，坚持走包容性科技创新道路。因此，欠发达地区更应不断提高自身综合比较优势，积极实施创新优惠政策，营造更加良好的创新环境，提高劳动力和资本等生产要素报酬，以此吸引并留住更加优质的创新要素，从而提升本区域整体创新能力。其次，持续优化基础设施结构，将投资重心从更偏重网络基础设施（具有经济性）逐渐转移到网络基础设施和点基础设施（具有社会性）并重，从而抑制由于点基础设施投资不足而对企业创新和发展形成阻力的可能性。再次，虽然大规模基础设施建设有益于企业创新研发活动，从而提升区域创新能力；但是也要注意由于基础设施投资推高了金融资本使用成本，从而可能仅有利于规模较大的企业进行创新研发活动，而不利于中小企业的研发活动。最后，加快创新模式转变，既要保持在专利申请数量上有一定增速，又要提升专利申请质量和后期应用水平。

第三节 研究展望

基础设施资本投入对经济增长的影响研究是发展经济学和公共经济

学领域的重要研究课题之一。本书以新经济增长理论和新经济地理学理论等为理论基础，集中于对全国和省际基础设施资本积累情况、基础设施资本投入影响总体经济增长和区域经济增长情况、基础设施资本投入影响经济增长的潜在作用机制进行经验观察和实证分析。这不仅是对现有基础设施资本存量测算及其对经济增长影响研究的丰富和补充，而且对不断完善我国资本核算制度、优化基础设施投资策略、促进国内市场整合和提升区域创新能力提供有益启示。当然，相对于基础设施资本投入和经济增长两者庞大的理论框架，本书的研究还存在一定的局限性，有以下几方面的内容值得进一步探讨。

（1）涉及基础设施资本的实证研究，审慎精确的资本投入指标测度问题是永远无法回避的。由于地市级及以下层面基础设施资本形成数据和其他关键基础数据的缺乏，本书仅估算出全国和省际层面基础设施的全套资本存量数据，而无法测算地市级及其以下层面整体和不同类型基础设施的资本存量数据，这在一定程度上制约着本书研究的深度和广度。此外，相比财富性资本存量总额、财富性资本存量净额，本书采用生产性基础设施资本存量作为基础设施资本投入的衡量指标，虽然更能反映该资产的实际生产能力和服务效率。但是正如劳动力投入的是一年的劳动量，而不是职工本身一样，资本投入也应是资本存量在一定期限的服务量，而非是资本存量本身。因此，随着中国"分省份—分行业—分资产"类型的固定资本形成数据的不断完善，进一步测算省际基础设施资本服务量，对于更精确地测度基础设施的经济增长效应具有更为重要意义。

（2）基础设施资本投入作用于经济增长的机制有待进一步挖掘。虽然基础设施资本投入对经济增长的促进作用已基本取得共识，但是由于基础设施资本自身所具有的异质性、网络性和不可分割性等复杂特性使其对经济增长的作用途径异常复杂。限于篇幅，本书主要从市场一体化和区域创新能力两个方面探讨了基础设施资本对经济增长的作用机制，还有其他诸如提高交易效率、降低企业成本和制度因素等其他作用渠道值得进一步探索。此外，本书在对作用机制进行理论分析时，以说理性质的分析和讨论为主，这虽然有利于从总体上概括出每个作用渠道的主要线条，但是基于经验的判断仍有可能忽视一些我们在直觉上注意不到的重要细节。因此，如何在一个更为严格、规范的理论框架下，将基础设施资本投入通过以上两条影响渠道作用于经济增长的数理推导过程，用数学的语言补充和完善是值得期待的。此外，本书的作用渠道分析部分主要是基于宏观数据进行检验的，如何采用微观企业数据再次验证这两条作用渠道颇有意义。

（3）从将宏观基础设施资本存量数据与企业微观层面数据相匹配，展开基础设施资本投入的实证研究将是异常诱人的。本书量化基础设施资本投入和经济增长等指标数据均是宏观加总数据，不可避免地面临反向因果等内生性问题。虽然本书采用工具变量法对此内生性问题进行了讨论，但是寻找到一个非常相关又严格外生的工具变量是非常难的。然而，如果将经济增长聚焦到企业绩效，从微观企业层面来探讨基础设施如何影响企业绩效，将有助于从基础数据上缓解内生性问题。从逻辑上讲，基础设施的改善可以影响企业经营行为，但具体企业的经营行为却很难影响一个地区的基础设施投入规模。因此，如何将各类微观数据库与省级或城市级基础设施资本存量数据相匹配，开展基础设施资本的实证研究将是非常值得挖掘的。

参 考 文 献

［1］郭鹏飞，胡歆韵，李敬．中国网络基础设施资本回报率的区域差异与空间收敛性研究［J］．数量经济技术经济研究，2022，39（1）：73－93．

［2］郭鹏飞，胡歆韵．基础设施投入、市场一体化与区域经济增长［J］．武汉大学学报（哲学社会科学版），2021，74（6）：141－157．

［3］郭鹏飞，曹跃群，杨玉玲．基础设施资本回报率的估算及影响因素研究［J］．南方经济，2021（1）：83－101．

［4］郭鹏飞，曹跃群，赵世宽．基础设施投入、非农就业转移与区域经济增长［J］．经济与管理研究，2021，42（1）：51－65．

［5］郭鹏飞，曹跃群．中国经济基础设施资本回报率：测算、分解及影响因素［J］．当代财经，2020（10）：3－17．

［6］郭鹏飞，罗玥琦．中国信息通信技术分行业资本存量的估算［J］．统计与决策，2018，34（13）：126－130．

［7］曹跃群，郭鹏飞，罗玥琦．基础设施投入对区域经济增长的多维影响——基于效率性、异质性和空间性的三维视角［J］．数量经济技术经济研究，2019，36（11）：140－159．

［8］曹跃群，郭鹏飞，杨玉玲．网络基础设施投入对区域经济高质量增长的影响研究——基于生产性资本存量的估算［J］．管理评论，

2022, 34 (3)：19 – 30, 54.

[9] 杨玉玲, 郭鹏飞. 省际第三产业资本存量：框架、检验及动态轨迹 [J]. 数量经济技术经济研究, 2017, 34 (10)：78 – 93.

[10] 曹跃群, 赵世宽, 郭鹏飞, 等. 中东欧国家交通基础设施的空间溢出及投入效率研究 [J]. 统计与信息论坛, 2021, 36 (9)：65 – 76.

[11] 白重恩, 杜颖娟, 陶志刚, 等. 地方保护主义及产业地区集中度的决定因素和变动趋势 [J]. 经济研究, 2004 (4)：29 – 40.

[12] 边志强. 网络基础设施的溢出效应及作用机制研究 [J]. 山西财经大学学报, 2014, 36 (9)：72 – 80.

[13] 边志强. 网络基础设施对全要素生产率增长效应研究 [D]. 大连：东北财经大学, 2015.

[14] 卞元超, 吴利华, 白俊红. 高铁开通是否促进了区域创新？ [J]. 金融研究, 2019 (6)：132 – 149.

[15] 蔡晓陈. 中国资本投入：1978~2007——基于年龄—效率剖面的测量 [J]. 管理世界, 2009 (11)：11 – 20.

[16] 蔡晓慧, 茹玉骢. 地方政府基础设施投资会抑制企业技术创新吗？——基于中国制造业企业数据的经验研究 [J]. 管理世界, 2016 (11)：32 – 52.

[17] 蔡新民. 经济增长视角下交通基础设施投资研究 [D]. 吉林长春：大学博士, 2017.

[18] 蔡跃洲, 付一夫. 全要素生产率增长中的技术效应与结构效应——基于中国宏观和产业数据的测算及分解 [J]. 经济研究, 2017, 52 (1)：72 – 88.

[19] 蔡跃洲, 张钧南. 信息通信技术对中国经济增长的替代效应与渗透效应 [J]. 经济研究, 2015, 50 (12)：100 – 114.

［20］曹跃群，秦增强，齐倩. 中国资本服务估算［J］. 统计研究，2012，29（12）：45－52.

［21］曹跃群，秦增强，齐倩. 中国省际资本服务测量：概念、框架和指数构建［J］. 数量经济技术经济研究，2013，30（12）：35－50.

［22］曹跃群. 公共政策背景下农业资本投入运行机制研究［M］. 北京：中国社会科学出版社，2014.

［23］曾五一，任涛. 关于资本存量核算的若干基本问题研究［J］. 统计研究，2016，33（9）：104－112.

［24］陈碧琼，张梁梁，曹跃群. 省际公共资本存量估算与区域配置［J］. 经济科学，2013（4）：26－40.

［25］陈昌兵. 可变折旧率估计及资本存量测算［J］. 经济研究，2014，49（12）：72－85.

［26］陈刚，李树. 司法独立与市场分割——以法官异地交流为实验的研究［J］. 经济研究，2013，48（9）：30－42，70.

［27］陈广汉，蓝宝江. 研发支出、竞争程度与我国区域创新能力研究——基于1998～2004年国内专利申请数量与R&D数据的实证分析［J］. 经济学家，2007（3）：101－106.

［28］陈劲，陈钰芬，余芳珍. FDI对促进我国区域创新能力的影响［J］. 科研管理，2007（1）：7－13.

［29］陈昆亭，龚六堂，邹恒甫. 什么造成了经济增长的波动，供给还是需求：中国经济的RBC分析［J］. 世界经济，2004（4）：3－11，80.

［30］陈柳，刘志彪. 本土创新能力、FDI技术外溢与经济增长［J］. 南开经济研究，2006（3）：90－101.

［31］陈诗一，陈登科. 雾霾污染、政府治理与经济高质量发展

[J]. 经济研究, 2018, 53 (2): 20-34.

[32] 陈宇峰, 叶志鹏. 区域行政壁垒、基础设施与农产品流通市场分割——基于相对价格法的分析 [J]. 国际贸易问题, 2014 (6): 99-111.

[33] 陈志国. 中国公共资本存量和私人资本存量的估计与分析 [J]. 财政研究, 2005 (9): 29-31.

[34] 程名望, 张家平. ICT 服务业资本存量及其产出弹性估算研究 [J]. 中国管理科学, 2019, 27 (11): 189-199.

[35] 储伊力, 储节旺. 信息化与技术创新的关系研究——基于东中西三大区域的比较分析 [J]. 情报杂志, 2016, 35 (7): 61-65, 30.

[36] 单豪杰. 中国资本存量 K 的再估算: 1952~2006 年 [J]. 数量经济技术经济研究, 2008, 25 (10): 17-31.

[37] 丁黄艳. 长江经济带基础设施发展与经济增长的空间特征——基于空间计量与面板门槛模型的实证研究 [J]. 统计与信息论坛, 2016, 31 (1): 24-32.

[38] 丁从明, 吉振霖, 雷雨, 等. 方言多样性与市场一体化: 基于城市圈的视角 [J]. 经济研究, 2018, 53 (11): 148-164.

[39] 董洪超, 蒋伏心. 交通基础设施对中国区域市场一体化的影响研究——基于动态面板模型的实证分析 [J]. 经济问题探索, 2020 (5): 26-39.

[40] 樊纲, 王小鲁, 马光荣. 中国市场化进程对经济增长的贡献 [J]. 经济研究, 2011, 46 (9): 4-16.

[41] 范九利, 白暴力, 潘泉. 我国基础设施资本对经济增长的影响——用生产函数法估计 [J]. 人文杂志, 2004 (4): 68-74, 193.

[42] 范九利, 白暴力. 基础设施投资与中国经济增长的地区差异

研究 [J]. 人文地理, 2004 (2): 35 – 38.

[43] 范欣, 宋冬林, 赵新宇. 基础设施建设打破了国内市场分割吗? [J]. 经济研究, 2017, 52 (2): 20 – 34.

[44] 范子英. 地区经济战略与区域经济融合 [J]. 经济社会体制比较, 2010 (6): 64 – 73.

[45] 方福前, 田鸽, 肖寒. 基础设施对中国经济增长的影响及机制研究——基于扩展的 Barro 增长模型 [J]. 经济理论与经济管理, 2020 (12): 13 – 27.

[46] 冯兴元, 刘会苏. 论我国地方市场分割与地方保护 [J]. 国家行政学院学报, 2002 (4): 26 – 32.

[47] 付强. 市场分割促进区域经济增长的实现机制与经验辨识 [J]. 经济研究, 2017, 52 (3): 47 – 60.

[48] 傅家骥, 程源. 面对知识经济的挑战, 该抓什么? ——再论技术创新 [J]. 中国软科学, 1998 (7): 36 – 39.

[49] 高新才. 区域经济与区域发展 [M]. 北京: 人民出版社, 2002.

[50] 古明明, 张勇. 中国资本存量的再估算和分解 [J]. 经济理论与经济管理, 2012 (12): 29 – 41.

[51] 桂琦寒, 陈敏, 陆铭, 等. 中国国内商品市场趋于分割还是整合: 基于相对价格法的分析 [J]. 世界经济, 2006 (2): 20 – 30.

[52] 郭美晨, 杜传忠. ICT 提升中国经济增长质量的机理与效应分析 [J]. 统计研究, 2019, 36 (3): 3 – 16.

[53] 郭庆旺, 贾俊雪. 基础设施投资的经济增长效应 [J]. 经济理论与经济管理, 2006 (3): 36 – 41.

[54] 郝枫, 郝红红, 赵慧卿. 中国基准资本存量研究——基于首次经济普查修订数据 [J]. 统计与信息论坛, 2009, 24 (2): 7 – 13.

[55] 何枫，陈荣，何林．我国资本存量的估算及其相关分析 [J]．经济学家，2003（5）：29－35.

[56] 何晓萍．基础设施的经济增长效应与能耗效应——以电网为例 [J]．经济学（季刊），2014，13（4）：1513－1532.

[57] 何凌云，陶东杰．高铁开通对知识溢出与城市创新水平的影响测度 [J]．数量经济技术经济研究，2020，37（2）：125－142.

[58] 贺菊煌．我国资产的估算 [J]．数量经济技术经济研究，1992（8）：24－27.

[59] 胡李鹏，樊纲，徐建国．中国基础设施存量的再测算 [J]．经济研究，2016，51（8）：172－186.

[60] 胡晨光，孙久文，王婷婷．大都市带基础设施、城市规模与城市经济增长——一个中介效应与调节效应的综合分析框架 [J]．中国软科学，2020（10）：85－95.

[61] 胡明，邵学峰．投入产出视角下 ICT 产业对中国经济增长的动态效应分析 [J]．求索，2021（6）：129－137.

[62] 黄勇峰，任若恩，刘晓生．中国制造业资本存量永续盘存法估计 [J]．经济学（季刊），2002（1）：377－396.

[63] 黄书雷，方行明，鲁玉秀，等．交通和信息基础设施对经济增长的影响机制、效应评估和路径优化研究 [J]．经济问题探索，2021（10）：100－111.

[64] 贾俊雪．公共基础设施投资与全要素生产率：基于异质企业家模型的理论分析 [J]．经济研究，2017，52（2）：4－19.

[65] 贾润崧，张四灿．中国省际资本存量与资本回报率 [J]．统计研究，2014，31（11）：35－42.

[66] 江艳泓，马艳华，宋伟，等．创新能力、创新溢出对经济增长

的动态影响——基于北京的数据 [J]. 科技管理研究, 2019, 39 (21):
14 – 19.

[67] 金戈. 中国基础设施资本存量估算 [J]. 经济研究, 2012,
47 (4): 4 – 14, 100.

[68] 金戈. 中国基础设施与非基础设施资本存量及其产出弹性估
算 [J]. 经济研究, 2016, 51 (5): 41 – 56.

[69] 柯善咨, 向娟. 1996 ~ 2009 年中国城市固定资本存量估算
[J]. 统计研究, 2012, 29 (7): 19 – 24.

[70] 雷淑珍, 王艳, 高煜. 交通基础设施建设是否影响了区域创
新 [J]. 科技进步与对策, 2021, 38 (21): 24 – 33.

[71] 李宾. 我国资本存量估算的比较分析 [J]. 数量经济技术经
济研究, 2011, 28 (12): 21 – 36, 54.

[72] 李成, 田懋, 张炜. 我国固定资本存量的重新估算: "一五"
到 "十一五" [J]. 西安交通大学学报 (社会科学版), 2014, 34 (4):
13 – 20.

[73] 李春根, 廖清成. 公共经济学 (第二版) [M]. 武汉: 华中
科技大学出版社, 2015.

[74] 李二玲, 崔之珍. 中国区域创新能力与经济发展水平的耦合
协调分析 [J]. 地理科学, 2018, 38 (9): 1412 – 1421.

[75] 李苗苗, 肖洪钧, 赵爽. 金融发展、技术创新与经济增长的
关系研究——基于中国的省市面板数据 [J]. 中国管理科学, 2015, 23
(2): 162 – 169.

[76] 李平, 黎艳, 李蕾蕾. 科技基础设施二次创新效应的差异性
分析 [J]. 科学学与科学技术管理, 2014, 35 (12): 30 – 38.

[77] 李平, 黎艳. 科技基础设施对技术创新的贡献度研究——基

于中国地区面板数据的实证分析 [J]. 研究与发展管理，2013，25（6）：92 - 102.

[78] 李平，王春晖，于国才. 基础设施与经济发展的文献综述 [J]. 世界经济，2011，34（5）：93 - 116.

[79] 李强，郑江淮. 基础设施投资真的能促进经济增长吗？——基于基础设施投资"挤出效应"的实证分析 [J]. 产业经济研究，2012（3）：50 - 58.

[80] 李善同，侯永志，刘云中，等. 中国国内地方保护问题的调查与分析 [J]. 经济研究，2004（11）：78 - 84，95.

[81] 李献国，董杨. 基础设施投资规模与经济增长——基于1993 ~ 2014年东、中、西部省级面板数据分析 [J]. 宏观经济研究，2017（8）：86 - 93.

[82] 李献国. 中国基础设施投资的经济增长效应研究 [D]. 辽宁大连：东北财经大学，2017.

[83] 李长英，张骞. 信息化投资如何影响区域创新能力——基于异质性和非线性的实证考察 [J]. 东岳论丛，2019，40（1）：133 - 142，192.

[84] 李治国，唐国兴. 资本形成路径与资本存量调整模型——基于中国转型时期的分析 [J]. 经济研究，2003（2）：34 - 42，92.

[85] 李强，郑江淮. 基础设施投资真的能促进经济增长吗？——基于基础设施投资"挤出效应"的实证分析 [J]. 产业经济研究，2012（3）：50 - 58.

[86] 李兰冰，阎丽，黄玖立. 交通基础设施通达性与非中心城市制造业成长：市场势力、生产率及其配置效率 [J]. 经济研究，2019，54（12）：182 - 197.

［87］廖茂林，许召元，胡翠，等．基础设施投资是否还能促进经济增长？——基于 1994～2016 年省际面板数据的实证检验 ［J］. 管理世界，2018，34（5）：63－73.

［88］林仁文，杨熠．中国的资本存量与投资效率 ［J］. 数量经济技术经济研究，2013，30（9）：72－88，121.

［89］刘刚，谢贵勇．交通基础设施、流通组织规模与农产品流通市场分割 ［J］. 北京工商大学学报（社会科学版），2019，34（3）：28－40.

［90］刘国亮．政府公共投资与经济增长 ［J］. 改革，2002（4）：80－85.

［91］刘建，许统生，涂远芬．交通基础设施、地方保护与中国国内贸易成本 ［J］. 当代财经，2013（9）：87－99..

［92］刘景林．论基础结构 ［J］. 中国社会科学，1983（1）：73－87.

［93］刘生龙，胡鞍钢．基础设施的外部性在中国的检验：1988～2007 ［J］. 经济研究，2010a，45（3）：4－15.

［94］刘生龙，胡鞍钢．交通基础设施与经济增长：中国区域差距的视角 ［J］. 中国工业经济，2010b（4）：14－23.

［95］刘生龙，胡鞍钢．交通基础设施与中国区域经济一体化 ［J］. 经济研究，2011，46（3）：72－82.

［96］刘小勇．市场分割能改善地方经济绩效吗 ［J］. 山西财经大学学报，2010，32（10）：18－27.

［97］刘小勇．市场分割对经济增长影响效应检验和分解——基于空间面板模型的实证研究 ［J］. 经济评论，2013（1）：34－41.

［98］刘卓珺，于长革．公共投资的经济效应及其最优规模分析 ［J］. 经济科学，2006（1）：30－41

［99］刘志红，王利辉．交通基础设施的区域经济效应与影响机制研

究——来自郑西高铁沿线的证据［J］.经济科学，2017（2）：32－46.

　　［100］刘俸奇.基础设施投资与中国经济增长：影响渠道及作用机制研究［J］.经济科学，2018（2）：16－29.

　　［101］刘冲，吴群锋，刘青.交通基础设施、市场可达性与企业生产率——基于竞争和资源配置的视角［J］.经济研究，2020，55（7）：140－158.

　　［102］柳卸林，胡志坚.中国区域创新能力的分布与成因［J］.科学学研究，2002（5）：550－556.

　　［103］吕鹏，石林.基础设施、技术创新与产业结构升级［J］.求是学刊，2021，48（6）：58－70.

　　［104］陆铭，陈钊，严冀.收益递增、发展战略与区域经济的分割［J］.经济研究，2004（1）：54－63.

　　［105］陆铭，陈钊.分割市场的经济增长——为什么经济开放可能加剧地方保护？［J］.经济研究，2009，44（3）：42－52.

　　［106］陆铭，李鹏飞，钟辉勇.发展与平衡的新时代——新中国70年的空间政治经济学［J］.管理世界，2019，35（10）：11－23，63，219.

　　［107］马淑琴，谢杰.网络基础设施与制造业出口产品技术含量——跨国数据的动态面板系统GMM检验［J］.中国工业经济，2013（2）：70－82.

　　［108］马拴友.中国公共资本与私人部门经济增长的实证分析［J］.经济科学，2000（6）：21－26.

　　［109］马昱，邱菀华，王昕宇.城市基础设施、技术创新与区域经济发展——基于中介效应与面板门槛模型分析［J］.工业技术经济，2019，38（8）：116－123.

　　［110］倪鹏飞，白晶，杨旭.城市创新系统的关键因素及其影响机

制——基于全球 436 个城市数据的结构化方程模型 [J]. 中国工业经济，2011 (2)：16 - 25.

[111] 欧阳艳艳，张光南. 基础设施供给与效率对"中国制造"的影响研究 [J]. 管理世界，2016 (8)：97 - 109.

[112] 潘雄锋，韩翠翠，李昌昱. 科技基础设施投入与技术创新的交互效应 [J]. 科学学研究，2019，37 (7)：1326 - 1333，1344.

[113] 潘雅茹，罗良文. 基础设施投资对区域创新效率的异质性影响研究 [J]. 贵州社会科学，2019 (4)：145 - 153.

[114] 潘爽，叶德珠. 交通基础设施对市场分割的影响——来自高铁开通和上市公司异地并购的经验证据 [J]. 财政研究，2021 (3)：115 - 129.

[115] 彭迪云，刘畅，周依仿. 区域经济增长与创新能力耦合协调发展研究——以长江经济带为例 [J]. 科技管理研究，2016，36 (7)：104 - 110，121.

[116] 皮建才. 中国地方政府间竞争下的区域市场整合 [J]. 经济研究，2008 (3)：115 - 124.

[117] 齐绍洲，罗威. 中国地区经济增长与能源消费强度差异分析 [J]. 经济研究，2007 (7)：74 - 81.

[118] 钱家骏，毛立本. 要重视国民经济基础结构的研究和改善 [J]. 经济管理，1981 (3)：12 - 15.

[119] 任若恩，刘晓生. 关于中国资本存量估计的一些问题 [J]. 数量经济技术经济研究，1997 (1)：19 - 24.

[120] 任若恩，孙琳琳. 我国行业层次的 TFP 估计：1981 ~ 2000 [J]. 经济学（季刊），2009，8 (3)：925 - 950.

[121] 任晓红，张宗益. 交通基础设施、要素流动与城乡收入差距

[J]. 管理评论, 2013, 25 (2): 51 - 59.

[122] 邵帅, 李欣, 曹建华, 杨莉莉. 中国雾霾污染治理的经济政策选择——基于空间溢出效应的视角 [J]. 经济研究, 2016, 51 (9): 73 - 88.

[123] 沈坤荣, 付文林. 税收竞争、地区博弈及其增长绩效 [J]. 经济研究, 2006 (6): 16 - 26.

[124] 沈利生, 乔红芳. 重估中国的资本存量: 1952 ~ 2012 [J]. 吉林大学社会科学学报, 2015, 55 (4): 122 - 133, 252.

[125] 盛斌, 毛其淋. 贸易开放、国内市场一体化与中国省际经济增长: 1985 ~ 2008 年 [J]. 世界经济, 2011 (11): 44 - 66.

[126] 师博, 沈坤荣. 市场分割下的中国全要素能源效率: 基于超效率 DEA 方法的经验分析 [J]. 世界经济, 2008 (9): 49 - 59.

[127] 史自力. 区域创新能力与经济增长质量关系的实证研究 [J]. 重庆大学学报 (社会科学版), 2013, 19 (6): 1 - 8.

[128] 司增绰. 港口基础设施与港口城市经济互动发展 [J]. 管理评论, 2015, 27 (11): 33 - 43.

[129] 苏汝劼, 姜玲. 空间溢出视角下基础设施投资对经济增长的影响研究 [J]. 宏观经济研究, 2020 (9): 36 - 47, 57.

[130] 随洪光, 周瑾, 张媛媛, 等. 基础设施投资仍然是有效的扩张性工具吗?——基于增长质量视角的流量效应分析 [J]. 经济评论, 2022 (1): 66 - 81.

[131] 孙川. 中国省际信息通信技术资本存量估算 [J]. 统计研究, 2013, 30 (3): 35 - 42.

[132] 孙传旺, 罗源, 姚昕. 交通基础设施与城市空气污染——来自中国的经验证据 [J]. 经济研究, 2019, 54 (8): 136 - 151.

［133］孙琳琳，任若恩．资本投入测量综述［J］．经济学（季刊），2005a（3）：823－842.

［134］孙琳琳，任若恩．中国资本投入和全要素生产率的估算［J］．世界经济，2005b（12）：3－13.

［135］孙琳琳，任若恩．我国行业层次资本服务量的测算（1981～2000年）［J］．山西财经大学学报，2008（4）：96－101.

［136］孙琳琳，任若恩．转轨时期我国行业层面资本积累的研究——资本存量和资本流量的测算［J］．经济学（季刊），2014，13（3）：837－862.

［137］孙琳琳，佟婳，韩敏生．基础设施投资规模和经济增长——基于三部门经济增长模型的研究［J］．南方经济，2013（9）：52－61.

［138］孙晓华，刘小玲，徐帅．交通基础设施与服务业的集聚效应——来自省市两级的多层线性分析［J］．管理评论，2017，29（6）：214－224.

［139］孙早，徐远华．信息基础设施建设能提高中国高技术产业的创新效率吗？——基于2002～2013年高技术17个细分行业面板数据的经验分析［J］．南开经济研究，2018（2）：72－92.

［140］孙早，杨光，李康．基础设施投资促进了经济增长吗——来自东、中、西部的经验证据［J］．经济学家，2015（8）：71－79.

［141］谭建华，丁红燕，谭志东．高铁开通与企业创新——基于高铁开通的准自然实验［J］．山西财经大学学报，2019，41（3）：60－70.

［142］陶秋燕，高腾飞．信息通信技术对国家创新能力的影响路径［J］．科技管理研究，2019，39（13）：46－52.

［143］田友春．中国分行业资本存量估算：1990～2014年［J］．数量经济技术经济研究，2016，33（6）：3－21，76.

[144] 万勇. 区域技术创新推动经济增长的微观效应与宏观机制 [J]. 华东经济管理, 2011, 25 (5): 36 - 40.

[145] 汪同三. 实现积极财政政策的完整性 [EB/OL]. (2019 - 03 - 19). http://www.50forum.org/home/article/detail/id/7627.html.

[146] 汪向东. 资本投入度量方法及其在中国的应用 [J]. 数量经济技术经济研究, 1996 (12): 41 - 48.

[147] 王春杨, 孟卫东, 凌星元. 高铁能否提升沿线城市的创新能力? ——基于地级城市专利数据的分析 [J]. 研究与发展管理, 2020, 32 (3): 50 - 60.

[148] 王任飞, 王进杰. 中国基础设施的产出弹性与最优规模——基于总量生产函数的研究 [J]. 经济科学, 2006 (2): 99 - 111.

[149] 王伟, 孔繁利. 交通基础设施建设、互联网发展对区域市场分割的影响研究 [J]. 云南财经大学学报, 2020, 36 (7): 3 - 16.

[150] 王小鲁, 樊纲, 刘鹏. 中国经济增长方式转换和增长可持续性 [J]. 经济研究, 2009, 44 (1): 4 - 16.

[151] 王小鲁, 樊纲. 中国经济增长的可持续性——跨世纪的回顾与展望 [M]. 北京: 经济科学出版社, 2000.

[152] 王益煊, 吴优. 中国国有经济固定资本存量初步测算 [J]. 统计研究, 2003 (5): 40 - 45.

[153] 王自锋, 孙浦阳, 张伯伟, 等. 基础设施规模与利用效率对技术进步的影响: 基于中国区域的实证分析 [J]. 南开经济研究, 2014 (2): 118 - 135.

[154] 王晓东, 邓丹萱, 赵忠秀. 交通基础设施对经济增长的影响——基于省际面板数据与 Feder 模型的实证检验 [J]. 管理世界, 2014 (4): 173 - 174.

[155] 王亚菲, 王春云. 中国行业层面信息与通信技术资本服务核算 [J]. 统计研究, 2017, 34 (12): 24 - 36.

[156] 王亚菲, 王春云. 中国行业层面研究与试验发展资本存量核算 [J]. 数量经济技术经济研究, 2018a, 35 (1): 94 - 110.

[157] 王亚菲, 王春云. 中国制造业研究与开发资本存量测算 [J]. 统计研究, 2018b, 35 (7): 16 - 27.

[158] 王钧天, 曾宁, 谭戈平. 长三角地区基础设施投入对经济增长影响研究 [J]. 苏州大学学报 (哲学社会科学版), 2021, 42 (6): 19 - 29.

[159] 韦倩, 王安, 王杰. 中国沿海地区的崛起: 市场的力量 [J]. 经济研究, 2014, 49 (8): 170 - 183.

[160] 魏辉, 王春云. 准确理解资本存量与资本服务测度 [J]. 经济统计学 (季刊), 2016 (2): 194 - 209.

[161] 温忠麟, 叶宝娟. 中介效应分析: 方法和模型发展 [J]. 心理科学进展, 2014, 22 (5): 731 - 745.

[162] 温忠麟, 张雷, 侯杰泰, 刘红云. 中介效应检验程序及其应用 [J]. 心理学报, 2004 (5): 614 - 620.

[163] 文雁兵, 张梦婷, 俞峰. 中国交通基础设施的资源再配置效应 [J]. 经济研究, 2022, 57 (1): 155 - 171.

[164] 吴方卫. 我国农业资本存量的估计 [J]. 农业技术经济, 1999 (6): 34 - 38.

[165] 吴明娥, 曾国平, 曹跃群. 资源环境约束下基于资本服务的全要素生产率增长研究 [J]. 中国人口·资源与环境, 2015, 25 (5): 83 - 91.

[166] 吴明娥, 曾国平, 曹跃群. 中国省际公共资本投入效率差异

及影响因素 [J]. 数量经济技术经济研究, 2016, 33 (6): 22 - 40.

[167] 吴明娥. 中国省际公共资本投入效率研究 [D]. 重庆: 重庆大学, 2016.

[168] 吴群锋, 刘冲, 祁涵. 交通基础设施建设、市场可达性与企业出口产品质量 [J]. 经济科学, 2021 (2): 33 - 46.

[169] 夏进文. 第二产业资本投入效率地区差异的实证研究 [D]. 重庆: 重庆大学, 2009.

[170] 向蓉美, 叶樊妮. 永续盘存法核算资本存量的两种途径及其比较 [J]. 统计与信息论坛, 2011, 26 (3): 20 - 26.

[171] 肖挺. 公共基础设施建设对城市产业效率的影响: 以地铁为例 [J]. 中国经济问题, 2022 (1): 107 - 122.

[172] 谢波. 资源产业集聚、技术创新能力与区域经济增长——基于省际面板的实证分析 [J]. 科技进步与对策, 2013, 30 (7): 31 - 36.

[173] 谢千里, 罗斯基, 郑玉歆. 改革以来中国工业生产率变动趋势的估计及其可靠性分析 [J]. 经济研究, 1995 (12): 10 - 22.

[174] 徐杰, 段万春, 杨建龙. 中国资本存量的重估 [J]. 统计研究, 2010, 27 (12): 72 - 77.

[175] 徐宝亮, 刘震, 邓宏图. 基础设施资本与经济增长——"倒U型"理论的经济逻辑与中国经验证据 [J]. 南开经济研究, 2022 (3): 21 - 40.

[176] 薛成, 孟庆玺, 何贤杰. 网络基础设施建设与企业技术知识扩散——来自"宽带中国"战略的准自然实验 [J]. 财经研究, 2020, 46 (4): 48 - 62.

[177] 薛俊波, 王铮. 中国17部门资本存量的核算研究 [J]. 统计研究, 2007 (7): 49 - 54.

［178］薛桂芝．中国城市基础设施资本存量及产出弹性测算［J］．经济评论，2018（4）：72-83．

［179］闫先东，朱迪星．基础设施投资的经济效率：一个文献综述［J］．金融评论，2017，9（6）：109-122，126．

［180］杨思莹，李政．高铁开通对区域创新格局的影响及其作用机制［J］．南方经济，2020（5）：49-64．

［181］杨晓维，何昉．信息通信技术对中国经济增长的贡献——基于生产性资本存量的测算［J］．经济与管理研究，2015，36（11）：66-73．

［182］杨正泰．明代驿站考：增订本［M］．上海：上海古籍出版社，2006．

［183］杨仲舒，那艺．交通基础设施、制造业资本规模与区域经济增长［J］．经济问题探索，2020（11）：144-156．

［184］杨国超，邝玉珍，梁上坤．基础设施建设与企业成本管理决策：基于高铁通车的证据［J］．世界经济，2021，44（9）：207-232．

［185］姚树洁，张帅．可再生能源消费、碳排放与经济增长动态关系研究［J］．人文杂志，2019（5）：42-53．

［186］叶樊妮．资本存量与资本服务核算研究［D］．成都：西南财经大学，2009．

［187］叶明确，方莹．中国资本存量的度量、空间演化及贡献度分析［J］．数量经济技术经济研究，2012，29（11）：68-84．

［188］叶宗裕．中国省际资本存量估算［J］．统计研究，2010a，27（12）：65-71．

［189］叶宗裕．中国资本存量再估算：1952~2008［J］．统计与信息论坛，2010，25（7）：36-41．

[190] 于长革. 经济增长与政府公共投资分析 [J]. 经济科学, 2004 (6): 103 –111.

[191] 于长革. 政府公共投资的经济效应分析 [J]. 财经研究, 2006 (2): 30 –41.

[192] 余东华. 地方保护能够提高区域产业竞争力吗 [J]. 产业经济研究, 2008 (3): 69 –78.

[193] 岳鹄, 张宗益. R&D 投入、创新环境与区域创新能力关系研究: 1997 ~2006 [J]. 当代经济科学, 2008 (6): 110 –116, 126.

[194] 詹宇波, 王晓萍. ICT 产业资本存量的度量及其增长效应——一个文献综述 [J]. 世界经济文汇, 2012 (2): 74 –88.

[195] 张光南, 洪国志, 陈广汉. 基础设施、空间溢出与制造业成本效应 [J]. 经济学 (季刊), 2014, 13 (1): 285 –304.

[196] 张光南, 李小瑛, 陈广汉. 中国基础设施的就业、产出和投资效应——基于1998 ~2006 年省际工业企业面板数据研究 [J]. 管理世界, 2010 (4): 5 –13, 31, 186.

[197] 张军, 吴桂英, 张吉鹏. 中国省际物质资本存量估算: 1952 ~2000 [J]. 经济研究, 2004 (10): 35 –44.

[198] 张军, 章元. 对中国资本存量 K 的再估计 [J]. 经济研究, 2003 (7): 35 –43.

[199] 张军扩. "七五" 期间经济效益的综合分析——各要素对经济增长贡献率测算 [J]. 经济研究, 1991 (4): 8 –17.

[200] 张学良. 中国交通基础设施与经济增长的区域比较分析 [J]. 财经研究, 2007 (8): 51 –63.

[201] 张学良. 中国交通基础设施促进了区域经济增长吗——兼论交通基础设施的空间溢出效应 [J]. 中国社会科学, 2012 (3): 60 –

77, 206.

［202］张培丽，陈畅．经济增长框架下的基础设施投资研究——一个国外的文献综述［J］．经济学家，2015（3）：93-104.

［203］张永林．互联网、信息元与屏幕化市场——现代网络经济理论模型和应用［J］．经济研究，2016，51（9）：147-161.

［204］张勋，王旭，万广华，等．交通基础设施促进经济增长的一个综合框架［J］．经济研究，2018，53（1）：50-64.

［205］张睿，张勋，戴若尘．基础设施与企业生产率：市场扩张与外资竞争的视角［J］．管理世界，2018，34（1）：88-102.

［206］张津瑞，施国庆．公共基础设施资本存量对区域经济增长的影响——以长江经济带为例［J］．长江流域资源与环境，2019，28（7）：1552-1562.

［207］赵鹏．交通基础设施对区域经济增长的影响［D］．长春：吉林大学，2017.

［208］赵奇伟，熊性美．中国三大市场分割程度的比较分析：时间走势与区域差异［J］．世界经济，2009（6）：41-53.

［209］赵善梅，吴士炜．基于空间经济学视角下的我国资本回报率影响因素及其提升路径研究［J］．管理世界，2018，34（2）：68-79.

［210］赵树宽，余海晴，姜红．技术标准、技术创新与经济增长关系研究——理论模型及实证分析［J］．科学学研究，2012，30（9）：1333-1341，1420.

［211］赵鹏．交通基础设施对区域一体化影响研究［J］．经济问题探索，2018（3）：75-82.

［212］赵新宇，李宁男．能源投资与经济增长：基于能源转型视角［J］．广西社会科学，2021（2）：112-120.

[213] 赵培阳，鲁志国．粤港澳大湾区信息基础设施对经济增长的空间溢出效应——基于空间计量和门槛效应的实证分析 [J]．经济问题探索，2021（8）：65 - 81.

[214] 郑世林，周黎安，何维达．电信基础设施与中国经济增长 [J]．经济研究，2014，49（5）：77 - 90.

[215] 郑毓盛，李崇高．中国地方分割的效率损失 [J]．中国社会科学，2003（1）：64 - 72，205.

[216] 种照辉，高志红，覃成林．网络基础设施建设与城市间合作创新——"宽带中国"试点及其推广的证据 [J]．财经研究，2022，48（3）：79 - 93.

[217] 周浩，郑筱婷．交通基础设施质量与经济增长：来自中国铁路提速的证据 [J]．世界经济，2012，35（1）：78 - 97.

[218] 周亚雄．基础设施、区域经济增长和区域差距的关系研究——基于新经济地理学的视角 [D]．天津：南开大学，2013.

[219] 周煜祺．基建投资转热，平衡风险是关键 [EB/OL]．2018，https：//www. sohu. com/a/246256958_ 115362.

[220] 朱勇，陶雪飞．技术创新能力与经济增长的区域性差异研究 [J]．科技进步与对策，2006（4）：85 - 87.

[221] 诸竹君，黄先海，王煌．交通基础设施改善促进了企业创新吗？——基于高铁开通的准自然实验 [J]．金融研究，2019（11）：153 - 169.

[222] 踪家峰，李静．中国的基础设施发展与经济增长的实证分析 [J]．统计研究，2006（7）：18 - 21.

[223] 踪家峰，岳耀民．官员交流改变了什么？——经济增长、地区差距还是基础设施水平 [J]．北京师范大学学报（社会科学版），

2013（6）：119 – 131.

［224］朱发仓，祝欣茹. 基于生产和财富视角的中国基础设施资本测度研究［J］. 统计研究，2022，39（4）：21 – 32.

［225］邹至庄，刘满强. 中国的资本形成与经济增长［J］. 数量经济技术经济研究，1995（3）：35 – 43.

［226］ACS Z J, ANSELIN L, VARGA A. 2002. Patents and Innovation Counts as Measures of Regional Production of New Knowledge ［J］. Research Policy, 31（7）：1069 – 1085.

［227］AGENOR P R. 2008a. Fiscal Policy and Endogenous Growth with Public Infrastructure ［J］. Oxford Economic Papers – New Series, 60（1）：57 – 87.

［228］AGENOR P R. 2008b. Health and Infrastructure in A Model of Endogenous Growth ［J］. Journal of Macroeconomics, 30（4）：1407 – 1422.

［229］ALMEIDA P, KOGUT B. 1999. Localization of Knowledge and the Mobility of Engineers in Regional Networks ［J］. Management Science, 45：905 – 916.

［230］ARROW K J. 1962. The Economic Implications of Learning by Doing ［J］. Review of Economic Studies, 29（3）：155 – 173.

［231］ANGRIST J D, A B KRUEGER. 1991. Does Compulsary School Attendance Affect Schooling and Earnings? ［J］. Quarterly Journal of Economics, 106：1127 – 1170.

［232］ASCHAUER D A. 1989a. Is Public Expenditure Productive? ［J］. Journal of Monetary Economics, 23（2）：177 – 200.

［233］ASCHAUER D A. 1989b. Does Public Capital Crowed Out Private

Capital? [J]. Journal of Monetary Economic, 24: 171 – 188.

[234] BAI C, LI D, TAO Z, et al. 2000. A Multi – Task Theory of the State Enterprise Reform [J]. Journal of Comparative Economics, 28 (4): 716 – 738.

[235] BALDWIN R E, KRUGMAN P. 2004. Agglomeration, Integration and Tax Harmonisation [J]. European Economic Review, 48 (1): 1 – 23.

[236] BARRO R J. 1990. Government Spending inA Simple Model of Endogenous Growth [J]. Journal of Political Economy, 98 (5): 103 – 125.

[237] BARRO R J. 1991. Economic Growth inA Gross – Section of Countries [J]. Quarterly Journal of Economics, 106: 407 – 443.

[238] BERNDT E R, B Hansson. 1991. Measuring the Contribution of Public Infrastructure Capital in Sweden [J]. NBER Working Paper No. 3842.

[239] BIEHL D. 1991. The Role of Infrastructure in Regional Development [J]. In Infrastructure and Regional Development R. W. Vickerman. London, Pion, 3 – 9.

[240] BOARNET G M. 1998. Spillovers and the Locational Effects of Public Infrastructure [J]. Journal of Regional Science, 38 (3): 381 – 400.

[241] BOSKIN M J, M S ROBINSON, A M HUBER. 1987. New Estimates of State and Local Government Tangible Capital and Net Investment [R]. NBER Working Paper No. 2131.

[242] BOUGHEAS S, DEMETRIADES P O, MAMUNEAS T P. 2000. Infrastructure, Specialization, and Economic Growth [J]. Canadian Journal of Economics, 33 (2): 506 – 522.

[243] CALDERÓN C, SERVÉN L. 2004. The Effects of Infrastructure Development on Growth and Income Distribution [J]. Policy Research Work-

ing Paper No. 3400.

[244] CANNING D, FAY M. 1993. The Effects of Transportation Networks on Economic Growth [J]. Research Working Paper, 1 – 47.

[245] CANTOS P, GUMBAU ALBERT M, MAUDOS J. 2005. Transport Infrastructure, Spillover Effects and Regional Growth: Evidence of the Spanish Case [J]. Transport Reviews, 25 (1): 25 – 50.

[246] CAZZAVILLAN G. 1996. Public Spending, Endogenous Growth and Endogenous Fluctuations [J]. Journal of Economic Theory, 71 (2): 394 – 415.

[247] CELBIS M G, CROMBRUGGHE D. 2018. Internet Infrastructure and Regional Convergence: Evidence from Turkey [J]. Papers in Regional Science, 97 (2): 387 – 409.

[248] CHERNOZHUKOV V. 2005. Extremal Quantile Regression [J]. The Annals of Statistics, 33 (2): 806 – 839.

[249] CHERNOZHUKOV V, HANSEN C. 2008. Instrumental Variable Quantile Regression: A Robust Inference Approach [J]. Journal of Econometrics, 142 (1): 379 – 398.

[250] CHOW G C. 1993. Capital Formation and Economic Growth in China [J]. Quarterly Journal of Economics, 108 (3): 809 – 842.

[251] COHEN J P, PAUL C J M. 2004. Public Infrastructure Investment, Interstate Spatial Spillovers, and Manufacturing Costs [J]. Review of Economics and Statistics, 86 (2): 551 – 560.

[252] COOKE P, URANGA M G, ETXEBARRIA G. 1998. Regional Systems of Innovation: An Evolutionary Perspective [J]. Environment and Planning, 30 (9): 1563 – 1584.

[253] DEVARAJAN S, SWAROOP V, ZOU H. 1998. Fiscal Decentralization, Public Spending, and Economic Growth in China [J]. Journal of Public Economic, 67: 221 - 240.

[254] DÉMURGER S. 2001. Infrastructure Development and Economic Growth: An Explanation for Regional Disparities in China? [J]. Journal of comparative economics, 29 (1): 95 - 117.

[255] DONALDSON D. 2018. Railroads of the Raj: Estimating the Impact of Transportation Infrastructure [J]. American Economic Review, 4 (6): 899 - 934.

[256] DUGGAL V G, SALTZMAN C, KLEIN L R. 1999. Infrastructure and Productivity: A Nonlinear Approach [J]. Journal of Econometrics, 92 (1): 47 - 74.

[257] ÉGERT, BALÁZS, KOZLUK T J. 2009. Sutherland D. Infrastructure and Growth: Empirical Evidence [J]. Cesifo Working Paper, 50: 355 - 364

[258] EISNER R. 1991. Infrastructure and Regional Economic Performance: Comment [J]. New England Economic Review, (9): 47 - 58.

[259] ELHORST J P. 2012. Dynamic Spatial Panels: Models, Methods, and Inferences [J]. Journal of Geographical Systems, 14 (1): 5 - 28.

[260] ESFAHANI H S, RAMIREZ M T. 2003. Institutions, Infrastructure, and Economic Growth [J]. Journal of Development Economics, 70 (2): 443 - 477.

[261] EVANS P, KARRAS G. 1994. Are Government Activities Productive? Evidence from A Panel of U. S. States [J]. The Review of Economics and Statistics, 76 (1): 1 - 11.

［262］ EVERAERT G. 2003. BalancedGrowth and Public Capital： An Empirical Analysis with I（2）Trends in Capital Stock Data ［J］. Economic Modelling, 20（4）： 741 – 763.

［263］ FAN S, X ZHANG. 2004. Infrastructure and Regional Economic Development in Rural China ［J］. China Economic Review, 15： 203 – 214.

［264］ FERNALD J G. 1999. Roads to Prosperity? Assessing the Link between Public Capital and Productivity ［J］. American Economic Review, 89（3）： 619 – 638.

［265］ FINN M G. 1993. Is All Government Capital Productive? ［J］. Economic Quarterly, 79（4）： 53 – 80.

［266］ GALVAO A F. 2011. Quantile Regression for Dynamic Panel Data with Fixed Effects ［J］. Journal of Econometrics, 164（1）： 142 – 157.

［267］ GALVAO A F, MONTES ROJAS G. 2015. On Bootstrap Inference for Quantile Regression Panel Data： A Monte Carlo Study ［J］. Econometrics, 3（3）： 654 – 666.

［268］ GARCIA MILA T, MCGUIRE T J, PORTER R H. 1996. The Effect of Public Capital in State – Level Production Functions Reconsidered ［J］. Review of Economics and Statistics, 78（1）： 177 – 180.

［269］ GHALI K H. 1998. Public Investment and Private Capital Formation in A Vector Error-correction Model of Growth ［J］. Applied economics, 30（6）： 837 – 844.

［270］ GOLDSMITH R W. 1951. A Perpetual Inventory of National Wealth ［R］. Studies in Income and Wealth, New York： NBER.

［271］ GRILICHES Z. 1990. Patent Statistics as Economic Indicators： A Survey ［J］. Journal of Economic Literature, 28（4）： 1661 – 1707.

[272] GROSSMAN G M, HELPMAN E. 1991. Quality Ladders in the Theory of Growth [J]. Review of Economic Studies, 58 (1): 43 – 61.

[273] GRUBER S, L MARATTIN. 2010. Taxation, Infrastructure and Endogenous Trade Costs in New Economic Geography [J]. Paper in Regional Science, 89 (1): 203 – 222.

[274] HALL R E, C I JONES. 1999. Why Do Some Countries Produce So Much More Output per Worker than Others? [R]. NBER Working Papers No. 6564.

[275] HIRSCHMAN A O. 1958. The Strategy of Economic Development [M]. New Haven: Yale University Press.

[276] HE X, FU B, FUNG W K. 2003. Median Regression for Longitudinal Data [J]. Statistic in Medicine, 22 (1): 3655 – 3669.

[277] HOLTZ EAKIN D. 1994. Public-sector Capital and the Productivity Puzzle [J]. Review of Economics and Statistics, 76 (1): 12 – 21.

[278] HOWITT P, AGHION P. 1992. A Model of Growth Through Creative Destruction [J]. Econometrica, 60 (2): 323 – 351.

[279] HULTEN C R, F C. WYKOFF. 1981. The Estimation of Economic Depreciation Using Vintage Asset Prices: An Application of the Box – Cox Power Transformation [J]. Journal of Econometrics, 15 (3): 367 – 396.

[280] HULTEN C R, SCHWAB R M. 1991. Public Capital Formation and the Growth of Regional Manufacturing Industries [J]. National Tax Journal, 44 (4): 121 – 134.

[281] HULTEN C R, ESRA B, SYLAJA S. 2006. Infrastructure, Externalities, and Economic Development: A Study of the Indian Manufacturing Industry [J]. World Bank Economic Review, (2): 291 – 308.

[282] HURLIN C. 2006. Network Effects of the Productivity of Infrastructure in Developing Countries [R]. Working Paper No. 3808.

[283] ISLAM N. 1995. Growth Empirics: A Panel Data Approach [J]. The Quarterly Journal of Economics, 10 (4): 1127 – 1170.

[284] JORGENSON D W. 1963. Capital Theory and Investment Behavior [J]. The American Economic Review, 53 (2): 247 – 259.

[285] JORGENSON D W, Z GRILICHES. 1967. The Explanation of Productivity Change [J]. The Review of Economic Studies, 34 (3): 249 – 283.

[286] JORGENSON D W. 1988. Productivity and Postwar U. S. Economic Growth [J]. The Journal of Economic Perspectives, 2 (4): 23 – 41.

[287] JORGENSON D W. 2005. Productivity, Vol. 3 Information Technology and the American Growth Resurgence [M]. New York: The MIT Press.

[288] JORGENSON D W, P SCHREYER. 2013. Industry – Level Productivity Measurement and the 2008 System of National Accounts [J]. Review of Income and Wealth, 59 (2): 185 – 211.

[289] KAMPS C. 2005. The Dynamic Effects of Public Capital: VAR Evidence for 22 OECD Countries [J]. International Tax & Public Finance, 12 (4): 533 – 558.

[290] KARRAS E G. 1994. Are Government Activities Productive? Evidence from A Panel of U. S. States [J]. Review of Economics & Stats, 76 (1): 1 – 11.

[291] KATO K, JR A F G, MONTES ROJAS G V. 2012. Asymptotics for Panel Quantile Regression Model with Individual Effects [J]. Journal of Econometrics, 170 (1): 76 – 91.

［292］ KOENKER R， BASSETT G. 1978. Regression Quantiles ［J］. Econometrica， 46 （1）： 33 – 50.

［293］ KOENKER R. 2004. Quantile Regression for Longitudinal Data ［J］. Journal of Multivariate Analysis， 91 （1）： 74 – 89.

［294］ KRUGMAN P. 1991. Increasing Returns and Economic Geography ［J］. The Journal of Political Economy， 99 （3）： 483 – 499.

［295］ LAMARCHE C. 2010. Robust Penalized Quantile Regression Estimation for Panel Data ［J］. Journal of Econometrics， 157 （2）： 396 – 408.

［296］ LEE L F， YU J. 2010. A Spatial Dynamic Panel Data Model with Both Time and Individual Fixed Effects ［J］. Econometric Theory， 26 （2）： 564 – 597.

［297］ LESAGE J P， PACE R K. 2009. Introduction to Spatial Econometrics ［M］. Boca Raton： CRC Press， Taylor & Francis Group.

［298］ LEWIS W A. 1954. Economic Development with Unlimited Supplies of Labor ［J］. Manchester School， 22 （2）： 139 – 191.

［299］ LI H， Z G LI. 2013. Road Investments and Inventory Reduction： Firm Level Evidence from China ［J］. Journal of Urban Economics， 76： 43 – 52.

［300］ LUCAS R E. 1988. On the Mechanics of Economic Development ［J］. Journal of Monetary Economics， 22 （1）： 3 – 42.

［301］ MADDISON A. 1993. Standardized Estimates of Fixed Capital Stock： A six Country Comparison ［R］. Italy： Studio AGR.

［302］ MAMUNEAS D T P. 2000. Intertemporal Output and Employment Effects of Public Infrastructure Capital： Evidence from 12 OECD Economies ［J］. Economic Journal， 110 （465）： 687 – 712.

［303］ MARTIN P， C A ROGERS. 1995. Industrial Location and Public

Infrastructure [J]. Journal of International Economics, 39 (3/4): 335 –
351.

[304] MORENO R, LOPEZ BAZO E. 2007. Returns to Local and
Transport Infrastructure under Regional Spillovers [J]. International Regional
Science Review, 30 (1): 47 –71.

[305] MUNNELL A H. 1990. Why Has Productivity Growth Declined?
Productivity and Public Investment [J]. New England Economic Review, 30
(Jan): 3 –22.

[306] MUNNELL A H. 1992. Policy Watch – Infrastructure Investment
and Economic – Growth [J]. Journal of Economic Perspectives, 6 (4):
189 –198.

[307] MUNNELL A H, COOK L M. 1990. How does public infrastruc-
ture affect regional economic performance? [J]. New England Economic Re-
view, 30: 69 –112.

[308] OECD. 2001a. Measuring Capital – OECD Manual (2001) [M].
Paris: OECD Publishing.

[309] OECD. 2001a. Measuring Productivity – OECD Manual (2001)
[M]. Paris: OECD Publishing.

[310] OECD. 2009. Measuring Capital – OECD Manual (2009) [M].
Paris: OECD Publishing.

[311] OTTAVIANO G I, TABUCHI T, THISSE J F. 2002. Agglomer-
ation and Trade Revisited [J]. International Economic Review, 43 (2):
409 –436.

[312] PARSLEY D C, S J WEI. 1996. Convergence to the Law of One
Price without Trade Barriers or Currency Fluctuations [J]. Quarterly Journal of

Economics, 111: 1211 – 1236.

[313] PARSLEY D C, S J WEI. 2001. Explaining the Border Effect: The Role of Exchange Rate Variability, Shipping Cost, and Geography [J]. Journal of International Economics, 55 (1): 87 – 105.

[314] PENNINGS J M, HARIANTO F. 1992. Technological Networking and Innovation Implementation [J]. Organization Science, 3 (3): 356 – 382.

[315] PEREIRA A, ROCA SAGALES O. 2003. Spillover Effects of Public Capital Formation: Evidence from the Spanish Regions [J]. Journal of Urban Economics, 53 (2): 238 – 256.

[316] PONCET S. 2003. Measuring Chinese Domestic and International Integration [J]. China Economic Review, 14 (1): 1 – 21.

[317] PONCET S. 2005. A Fragmented China: Measure and Determinants of Chinese Domestic Market Disintegration [J]. Review of International Economics, 13 (3): 409 – 430.

[318] P R RODAN. 1943. Problems of Industrialization of Eastern and South – Eastern Europe [J]. The Economic Journal, 53 (3): 1211 – 1236.

[319] PUGA D, VENABLES A J. 1998. Trading Arrangements and Industrial Development [J]. The World Bank Economic Review, 12 (2): 221 – 249.

[320] R NURKSE. 1953. Problems of Capital Formation in Underdeveloped Countries [M]. Oxford: Basil Blackwell.

[321] RÖLLER L H, WAVERMAN L. 2001. Telecommunications Infrastructure and Economic Development: A Simultaneous Approach [J]. American Economic Review, 91 (4): 909 – 923.

[322] ROMER P M. 1986. Increasing Returns and Long – Run Growth

[J]. Journal of Political Economy, 94 (5): 1002 – 1037.

[323] ROMER P M. 1990. Endogenous Technological Change [J]. Journal of Political Economy, 98: 71 – 102.

[324] ROMP W, HAAN J D. 2007. Public Capital and Economic Growth: A Critical Survey [J]. Perspektiven der Wirtschaftspolitik, 8 (S1): 6 – 52.

[325] ROSTOW W W. 1959. The Stages of Economic Growth [J]. Economic History Review, 12 (1): 1 – 16.

[326] SAMUELSON P A. 1952. The Transfer Problem and Transport Costs: The Terms of Trade When Impediments Are Absent [J]. Economic Journal, 62 (246): 278 – 304.

[327] SEUNG C K, KRAYBILL D S. 2003. The Effects of Infrastructure Investment: A Two-sector Dynamic Computable General Equilibrium Analysis for Ohio [J]. International Regional Science Review, 24 (2): 261 – 281.

[328] SCARINGELLA L, CHANARON J J. 2016. Grenoble – Giant Territorial Innovation Models: Are Investments in Research Infrastructures Worthwhile? [J]. Technological Forecasting and Social Change, 112: 92 – 101.

[329] SCHULTZ T W. 1962. Reflections on Investment in Man [J]. The Journal of Political Economy, 70 (5): 1 – 8.

[330] SHIOJI E. 2001. Public Capital and Economic Growth: A Convergence Approach [J]. Journal of Economic Growth, 6 (3): 205 – 227.

[331] SOLOW R M. 1957. Technical Change and the Aggregate Production Function [J]. Review of Economics and Statistics, 39: 312 – 320.

[332] SOLOW R M. 1962. Technical Progress, Capital Formation, and

Economic Growth [J]. American Economic Review, 52 (5): 76 – 86.

[333] SPULBER D F. 2007. Global Competitive Strategy [M]. Cambridge: Cambridge University Press.

[334] STERN S, PORTER M E, FURMAN J L. 2002. The Determinants of National Innovative Capacity [J]. Research Policy, 31 (6): 899 – 933.

[335] STIGLITZ J E. 1992. Capital Markets and Economic Fluctuations in Capitalist Economies [J]. European Economic Review, 36 (2): 269 – 306.

[336] TATOM J A. 1991. Public Capital and Private Sector Performance [J]. Federal Reserve Bank of St Louis Review, 73 (5): 3 – 15.

[337] WORLD BANK. 1994. Infrastructure for Development [M]. Oxford: Oxford University Press.

[338] WYLIE P G. 1996. Infrastructure and Canada Economic Growth 1946 – 1991 [J]. The Canadian Journal of Economics, 29 (4): 350 – 355.

[339] YOUNG A. 2000. The Razor's Edge: Distortions and Incremental Reform in the People's Republic of China [J]. Quarterly Journal of Economics, 115 (4): 1091 – 1135.

[340] YOUNG A. 2003. Gold into Base Metals: Productivity Growth in the People's Republic of China during the Reform Period [J]. Journal of Political Economy, 111 (6): 1220 – 1261.

[341] YU N N, DE JONG, MARTIN S, et al. 2013. Spatial Spillover Effects of Transport Infrastructure: Evidence from Chinese Regions [J]. Journal of Transport Geography, 28: 56 – 66.

[342] JAFFEE D. Neoliberal urbanism as 'Strategic Coupling' to global chains: Port infrastructure and the role of economic impact studies [J]. Environment and Planning C – Politics and Space, 2019, 37 (1): 119 – 136.

后　记

　　本书是在我的导师、重庆大学博士生导师曹跃群教授的精心指导下完成的，同时，也是国家社会科学基金青年项目" 新型基础设施的投入效率测度及优化路径研究" 的重要支撑性研究成果之一，受到重庆工商大学经济学院经济学拔尖人才培养示范基地资助出版。在本书撰写过程中，重庆科技大学胡歆韵博士参与第六章、第七章的写作和完善，重庆工商大学陈航、周姝言等为本书校稿和顺利出版付出了艰辛劳动，在此向大家表示衷心感谢！在本书部分成果的发表过程中，《数量经济技术经济研究》《管理评论》《武汉大学学报（哲学社会科学版）》《经济与管理研究》《经济研究》（*Economic Research – Ekonomska Istraživanja*）等期刊匿名审稿人提出的中肯意见与建议为本书部分章节的顺利完成创造了条件，在此对其致以诚挚的谢意。

　　本书的成稿还得益于众多的启发和建议，他们有重庆大学郭科博士、赵世宽博士、崔寰宇博士、邱远宏博士、沈玲丽博士、周颖博士、向礼晖博士，重庆工商大学何增华博士、李玉山博士、王丽纳博士、随淑敏博士、许岩博士、田园博士和肖伶俐博士，中国社会科学院马原博士，西南财经大学秦增强博士，西南大学刘培森博士、王京雷博士，西南政法大学吴明娥博士，重庆理工大学付小鹏博士、万秋兰博士，中共重庆市委党校王正攀博士、刘娟博士，四川外国语大学李兆洋博士，重庆科技大学谭志恒，西安财经大学顾冉博士，重庆工程职业技术学院唐波博士，桂林航天工业学院唐卞博士，中共重庆市委统战部吴建博士，重庆农村商业银行李金林博士，重庆机场集团吕佩博士，乐山市金融工作局张昊博士等，在此特别致谢。

此外，感谢经济科学出版社应用经济分社李雪社长、袁溦老师、徐昕老师和邱天老师等为本书顺利出版所做出的出色工作！

当然，本书得以顺利完成，参考和引用了大量的文献研究资料，特此向所有文献的作者表示感谢！如有遗漏，在此致歉并表谢忱！本书也不可避免地存在局限性，以期抛砖引玉，祈望专家学者不吝赐教。

最后，要将最深切的爱送给我的父母、岳父母和妻子胡歆韵。

郭鹏飞
2024 年 1 月
于重庆工商大学田家炳书院